Über den Autor

Christian/Bischoff ist der Experte für unternehmerische, berufliche und private Spitzenleistung – Geh deinen Weg!

Dies ist die Mission und Vision von Christian/Bischoff: auch Ihnen Ihren PERSÖNLICHEN Weg zu einem erfüllten Leben zu zeigen.

Fast zwei Jahrzehnte war der Basketball-Profisport sein knallharter Lehrmeister: Mit 16 Jahren war er zu seiner Zeit jüngster Basketball-Bundesliga-Spieler. Er spielte für die deutsche Junioren-Nationalmannschaft und in den USA. Mit 25 Jahren war er einer der jüngsten Bundesliga-Cheftrainer.

Als Profitrainer betreute Bischoff von der Junioren-Nationalmannschaft bis zur Erstligamannschaft über 30 verschiedene Teams aller Leistungs- und Altersklassen und hat dabei sämtliche Höhen und Tiefen miterlebt. Er wurde dreimal zum Trainer des Jahres gewählt und war mit seinen Teams fünfmal bei der deutschen Meisterschaft vertreten.

Christian/Bischoff coacht und trainiert jährlich über 250.000 Menschen jeden Alters und aus allen Lebensbereichen. Seine Homepage:

www.christian-bischoff.com

CHRISTIAN/BISCHOFF

MACHEN SIE DEN POSITIVEN UNTERSCHIED

Warum Ihre eigene Einstellung das entscheidende
Element in Ihrem Leben ist

Bibliografische Information der Deutschen Nationalbibliothek
Die Deutsche Nationalbibliothek verzeichnet diese Publikation in der Deutschen Nationalbibliografie. Detaillierte bibliografische Daten sind im Internet abrufbar: http://d-nb.info/991899261

Bischoff, Christian (2009).
Machen Sie den positiven Unterschied. Leipzig: Draksal Fachverlag.
ISBN 978-3-93290-802-6

Gesamtherstellung

Draksal Fachverlag
Postfach 10 04 51
D-04004 Leipzig
Deutschland

Satz & Grafik: Christine Mann, Katja Krüger
Lektorat: Carina Heinrich
Druck: fgb – Freiburger Graphische Betriebe

www.draksal-verlag.de

Als Ergänzung empfohlen:

Bischoff, Christian (2009). *Machen Sie den positiven Unterschied.*
Das Hörbuch zum Bestseller (Doppel-CD).
Leipzig: Draksal Fachverlag
ISBN 978-3-93290-865-1

Dieses Werk ist urheberrechtlich geschützt!
Jede Verwertung außerhalb der engen Grenzen des Urheberrechtsgesetzes ist ohne schriftliche Genehmigung des Verlages unzulässig und strafbar.

Die unerlaubte Verwendung von urheberrechtlich geschützten Texten ist kein Kavaliersdelikt, sondern eine Straftat. Nehmen Sie Kontakt auf, wenn Sie die Texte verwenden möchten:

5. – 25. Tausend 2009

© 2009 Draksal Fachverlag, Leipzig   –   Printed in Germany

INHALT

Vorwort	9
Bevor Sie anfangen zu lesen	15
Der Tag, der alles veränderte	17

Jetzt geht's richtig los

Ihre Einstellung – Das alles Entscheidende	21
Erfolg ist einfach	65

1. Lebenseinstellung
Übernehmen Sie 100 % Verantwortung — 71

2. Lebenseinstellung
Ohne Selbstdisziplin geht gar nichts — 91

3. Lebenseinstellung
Ohne Prioritäten verrinnt Ihre Zeit wie Sand in der Hand — 115

4. Lebenseinstellung
Nie mehr Langeweile und fehlender Lebenssinn:
Entdecken Sie die Macht der persönlichen Zielsetzung — 133

5. Lebenseinstellung
Handeln Sie und geben Sie Ihr Bestes — 161

6. Lebenseinstellung
Persönliche Flexibilität –
Die Erfolgskomponente des 21. Jahrhunderts — 183

7. Lebenseinstellung
Lerne oder stirb! — 193

8. Lebenseinstellung
Der einzige Grund, warum Sie arbeiten:
Dienen Sie anderen — 209

9. Lebenseinstellung
Spaß muss sein, denn ohne Spaß macht's keinen Spaß   229

10. Lebenseinstellung
Hartnäckigkeit und Ausdauer –
Am Ende ist Erfolg NUR harte Arbeit   247

11. Lebenseinstellung
Fragen Sie, Sie Feigling   257

12. Lebenseinstellung
Der richtige Umgang mit sich selbst und anderen   263

13. Lebenseinstellung
Pflegen Sie Ihre Gesundheit   299

14. Lebenseinstellung
Finden Sie Ihre Einzigartigkeit   321

15. Lebenseinstellung
Seien Sie integer   337

Zum Abschluss

Machen Sie den positiven Unterschied   355
Bleiben Sie demütig, denn im Leben ist alles relativ   361

VORWORT

„Man kann einen Menschen nichts lehren,
man kann ihm nur helfen, es in sich selbst zu entdecken."
– Galileo Galilei, 1564-1642, italienischer Naturforscher

Ja, Sie haben richtig gelesen! Dieses Buch behandelt das wichtigste Persönlichkeitsthema in unserem Leben: unsere eigene Einstellung. Alles im Leben beginnt mit der eigenen Einstellung.

Machen Sie den positiven Unterschied – lautet der Titel des Buches. Um dies zu schaffen, müssen Sie sich zuerst einmal knallhart mit sich selbst auseinandersetzen. Deshalb ist dieses Buch ein direkter Blick in den Spiegel, denn alle Veränderungen in Ihrem Leben beginnen nur in Ihnen selbst – in niemand anderem. Dafür müssen Sie in der Lage sein, offen, ehrlich und knallhart zu analysieren. Eben darum bin ich auch genau das: offen, direkt, ehrlich und knallhart. Denn nur so kommen Sie vorwärts.
Dieses Buch benutzt außerdem eine sehr einfache Sprache. Warum? Im Leben sollte immer folgende Regel gelten:
Denken wie ein Philosoph, reden wie ein Arbeiter.
Das bedeutet: komplex, philosophisch übers Leben nachdenken – einfach kommunizieren, damit es jeder versteht: Was haben Sie davon, wenn ich ein wissenschaftliches Buch schreibe, das Ihnen im Alltag nicht weiterhilft?!
Wenn Sie gern sehen möchten, wie komplex und philosophisch am Kunden vorbeigeredet wird (auch um die eigene Unwissenheit zu verbergen), dann führen Sie mal ein Gespräch mit Ihrem Bankberater ...

Der Fehler, den die meisten Deutschen machen, ist, dass sie reden wollen wie ein Philosoph, aber denken wie ein Arbeiter.
Seien Sie kritisch. Lesen Sie dieses Buch und schaffen Sie sich Ihre eigene Lebensphilosophie. Denn darauf kommt es an: Ihre eigene Einstellung und die daraus resultierende Lebensphilosophie sind die entscheidenden Faktoren dafür, wie sich Ihr Leben entwickelt.

Vorwort

Dieses Buch ist für all die Unternehmen und Menschen, die genug vom Mittelmaß haben. Ja, wahrscheinlich ist es genau für Menschen wie Sie! Wenn Sie sagen: „Ich kann mehr. Ich weiß, dass ich mehr Potenzial in mir trage. Ich möchte lernen und besser werden!", dann lesen Sie dieses Buch! Wir haben fast 400 Seiten Zeit miteinander. Nutzen Sie diese Zeit und setzen Sie sich mit meinen Ideen auseinander. Wir müssen nicht immer einer Meinung sein. Aber machen Sie sich Gedanken darüber, was ich zu sagen habe. Denn auch Sie haben nur dieses eine Leben! Ihre Zeit auf dieser Erde ist kurz. Und ich möchte eins verhindern: Dass Sie eines Tages auf Ihrem Sterbebett liegen, reuevoll in die Vergangenheit zurückblicken und sagen:

„Hätte ich in meinem Leben doch nur gewisse Dinge anders gemacht!"

„Reue ist Klugheit mit Verspätung."
– Aus Irland

„Reue kommt immer zu spät."
– Sprichwort, Autor unbekannt

Deswegen bin ich sehr ehrlich. Stellen Sie sich nun die alles entscheidende Frage:
Was will ich im Leben wirklich?
Die meisten Menschen haben diese Frage vollkommen vergessen, weil sie konditioniert worden sind, in unserer Gesellschaft zu funktionieren: im Job (wollen Sie diesen Job eigentlich WIRKLICH?), in der Ehe (muss man eigentlich wirklich heiraten oder kann man sich nicht auch einfach so die Treue halten?), als Mensch in den verschiedenen Rollen des Alltags. Darum müssen Sie sich mit der wichtigsten Person auf diesem Planeten wieder mehr beschäftigen: mit sich selbst.
Analysieren Sie mal, was Sie den ganzen Tag, den ganzen Monat und das ganze Jahr so machen und fragen Sie sich bei jeder Tätigkeit:
Will ich das WIRKLICH???
Wenn die Antwort „JA" ist: Herzlichen Glückwunsch, machen Sie weiter so!
Wenn die Antwort „NEIN" ist, dann habe ich eine Frage an Sie:
Warum machen Sie es dann, Sie Vollidiot?
Nun antworten Sie beleidigt: „Weil ich MUSS!"

Meine Gegenfrage: „Wer sagt das?"
Wer sagt, dass Sie DIESEN Beruf ausüben müssen, täglich DIESE Verhaltensweisen zeigen müssen, an DIESEM Ort, in DIESEM Haus leben sollen und DIESES Auto fahren müssen, DIESEN Sport treiben sollen oder nicht und DIESES Essen essen …
Wer sagt das?
Sind das wirklich Sie? Oder sind Ihnen diese Überzeugungen im Laufe Ihres Lebens antrainiert worden von Eltern, Lehrern, Freunden, Medien und unserer Gesellschaft?
Hier ist die ehrliche Antwort: SIE MÜSSEN GAR NICHTS!
Und: SIE KÖNNEN ALLES!

Ich bin ehrlich und direkt, weil ich Ihr Freund bin! Ja, Sie haben richtig gehört: Ich bin Ihr Freund!
Ich habe genug von diesem deutschen „Höflichkeits-Blabla", bei dem ein Mensch dem anderen mit irgendwelchen Schmeicheleien ins Gesicht lügt. Jeder erzählt dem Gegenüber doch nur noch, was dieser hören möchte – und nicht, was dieser hören müsste.
Wir werden nur so besser, wenn wir ehrlich miteinander sind. Wahre Freunde sagen Ihnen das, was Sie hören müssen und nicht das, was Sie hören wollen! So ist dieses Buch. Es spricht an, was Sie hören müssen. Dazu werden wir uns mit der Wahrheit auseinandersetzen. Und die Wahrheit tut manchmal weh! Können Sie die Wahrheit ertragen?

> *„Die Wahrheit hat nichts zu tun mit der Zahl der Leute,*
> *die von ihr überzeugt sind."*
> – Paul Claudel, 1868-1955, französischer Dichter

> *„Die Wahrheit ist ein bitt'rer Trank und wer sie braut,*
> *hat selten Dank, denn der Menge schwacher Magen kann*
> *sie nur verdünnt vertragen."*
> – Deutsches Sprichwort

Wir versinken in Deutschland immer mehr in der „Wohlstandsverwahrlosung". Das ist gefährlich. Für uns selbst und für unsere Gesellschaft. Sind wir doch mal ganz ehrlich: In welchem anderen Land auf der Welt geht es Menschen wirklich besser als uns in Deutschland? Ich kenne keins! (Nein, auch nicht in den USA!)

Wir haben hier alles, was es braucht, um erfolgreich zu werden: die Infrastruktur, das Wissen, die Schul- und Universitätseinrichtungen, die Weiterbildungsmöglichkeiten, den Lebensstandard, die Technik und Wissenschaft, das Angebot in allen erdenklichen Bereichen!

Es ist alles vorhanden hier in Deutschland! Es ist unglaublich, was hier seit dem 2. Weltkrieg aufgebaut wurde! Ich bewundere die Menschen, die das geschaffen haben, nachdem wir 1945 vollkommen am Boden waren. Als Konsequenz leben Sie und ich heute in einem Land, in dem es alles gibt! Wir haben alles! Anstatt diese Dinge zu nutzen und etwas aus unserem Leben zu machen, versinken wir aber mit unserem immer dicker werdenden Hintern mehr und mehr in eine absolute Bequemlichkeit, Selbstzufriedenheit und trügerische Trägheit.

Wir machen nichts aus unserem Leben, gehen nicht mehr an unser persönliches Limit, sondern lassen uns lieber bedienen. Darunter leiden wir persönlich – und darunter wird früher oder später auch unsere Gesellschaft leiden. Für unsere Faulheit und Trägheit werden wir alle gemeinsam noch den Preis zahlen!

Wir müssen wieder härter und kritischer gegen uns selbst werden. Wir gehen häufig nicht an unsere Grenzen und fordern uns nicht selbst heraus. Warum auch? Das Leben ist doch bequem genug. Damit ist der Absturz ins Mittelmaß vorprogrammiert.

Glücklich werden wir jedoch auf Dauer nur, wenn wir unser Potenzial ausschöpfen und das Beste aus unseren Möglichkeiten machen. Darin liegt Glück: zu wissen, die eigene persönliche Bestleistung gegeben zu haben. Denn jeder Mensch möchte innerlich wachsen und besser werden.

In den letzten 16 Jahren im Leistungssport als Basketballspieler und -trainer habe ich an hunderten von menschlichen Beispielen aus der ganzen Welt eine Sache immer und immer wieder eindrucksvoll bestätigt bekommen: persönlicher Erfolg oder Misserfolg, Entwicklung oder Stillstand, Fortschritt oder Rückschritt hängen hauptsächlich von einer einzigen Sache ab: unserer eigenen Einstellung!

Viele Menschen überschätzen die Wichtigkeit von Talent und unterschätzen die zentrale Bedeutung ihrer eigenen Einstellung.

Sie denken jetzt vielleicht: „Nein, Herr Bischoff, Talent ist wichtig!" Sie haben teilweise Recht: Talent ist gut!
Aber nicht so wichtig, wie viele Menschen denken!

Die meisten Menschen reden sich und anderen ständig ein, dass Talent das Allerwichtigste ist, damit sie gleich eine Entschuldigung haben, warum sie nicht erfolgreich sind!

> *„Niemand kann es mit Talent allein zu etwas bringen.*
> *Talent ist eine Gottesgabe, aber erst harte*
> *Arbeit macht daraus Genialität."*
> – Unbekannt

Lassen Sie uns all unsere Entschuldigungen begraben und uns stattdessen fragen: Was könnte ich alles schaffen? Welche Chancen und Möglichkeiten besitze ich, wenn ich ein paar Dinge in meiner persönlichen Einstellung verändere? Wie kann ich damit selbst mein Leben so verändern, wie ich es mir immer gewünscht habe?

Ich habe im Basketball-Sport und im Leben leider so viele Spieler und Menschen scheitern sehen, die eigentlich eine Menge Talent hatten ... jedoch nicht die richtige Einstellung. Genauso kenne ich Spieler, denen nie viel zugetraut wurde, und heute spielen sie in der Europaliga!
Was für den Sport gilt, gilt für unser ganzes Leben: Ihre eigene Einstellung ist der entscheidende Faktor dafür, wie sich Ihr Leben entwickelt!

> *Ihre eigene Einstellung ist der*
> *entscheidende Faktor dafür,*
> *wie sich Ihr Leben entwickelt!*

BEVOR SIE ANFANGEN ZU LESEN ...

Ein paar grundlegende Sachen vorweg:
Das Leben ist einfach! Und ich stehe für folgende Adjektive: pragmatisch und einfach!

Wir machen heutzutage alles unnötig kompliziert. In unserem Bürokratenland sind wir mittlerweile Weltmeister im Dinge-kompliziert-umständlich-und-für-alle-unnötig-schwierig-machen!
Ich hasse das! Das Leben ist einfach. Ihre Lebensführung ist einfach! Erfolg ist einfach! Und in unserer heutigen Gesellschaft braucht es nur immer wieder jemanden, der uns daran erinnert, wie einfach es ist, erfolgreich zu sein. Das ist der Sinn und Zweck dieses Buches.

Fangen wir ganz einfach an. Ich bin von zwei Dingen felsenfest überzeugt:

1. Jeder Mensch muss 100 % Verantwortung für sein Leben übernehmen.

2. Unser Sinn auf Erden ist, anderen Menschen zu dienen.

Ich bin überzeugt von all dem, was ich schreibe. Ich bin mit Sicherheit nicht perfekt in der Umsetzung! Wie alle Menschen kann ich nur probieren, mein Bestes zu geben.

Ein paar Dinge vorweg:

- Ich habe nichts neu erfunden. Will ich auch gar nicht. Dieses Buch ist die Zusammenfassung meiner Erfahrungen aus über 15 Jahren Profisport und über 1.000 gelesenen Büchern. An einige Autoren habe ich mich angelehnt. Ihre wunderbaren Werke finden Sie in der Literaturliste am Ende. Alles Bücher, die ich Ihnen sehr ans Herz lege.

Bevor Sie anfangen zu lesen

Lesen Sie dieses Buch nicht einmal, lesen Sie es öfters. Lesen Sie auch nicht zu viel auf einmal. Es ist besser, nur ein Kapitel zu lesen, und sich dann zu fragen, wie Sie die Inhalte in Ihrem Alltag umsetzen können.

Machen Sie sich Notizen und Markierungen bei den Stellen, die für Sie besonders wichtig sind. Wenn Sie das Buch beendet haben, lesen Sie noch einmal in Ruhe Ihre Markierungen und Notizen. DAS sind die Informationen, die das Potenzial haben, Ihr Leben zu verändern.

Wenn Ihnen das Buch gefällt, dann freue ich mich über eine positive Rezension auf *amazon.de*. Schon jetzt vielen Dank dafür.

Sollte Ihnen das Buch nicht gefallen, dann bin ich für eine Nachricht und Ihre Verbesserungsvorschläge ebenfalls dankbar. Eine Bitte jedoch: Formulieren Sie diese Kritik auf der Sachebene! Wie alle Menschen freue ich mich über hilfreiche Hinweise zur Optimierung.

Haben Sie den Mut und setzen Sie sich persönlich mit mir in Verbindung.

So, und nun viel Spaß beim Lesen

Ihr *Christian Bischoff*

DER TAG, DER ALLES VERÄNDERTE

Es gibt Momente im Leben, nach denen ist nichts mehr wie zuvor. Meine Karriere als Basketballtrainer begann mit so einem Tag. Ich war erst 20 Jahre alt, hatte keine Ahnung vom Leben und erst recht nicht von Persönlichkeitsentwicklung.

Im Sommer rief mich ein guter Trainerkollege an, Florian Kröpelin aus Dachau bei München, und sagte zu mir:

„Christian, du musst als Trainer zu meinem Basketballcamp kommen. Ich habe einen Trainer aus den USA eingeladen, den MUSST du kennen lernen. Er ist ein ganz besonderer Mensch."

Ich hatte zugesagt, war aber nicht besonders beeindruckt. Als einer der jungen Erwachsenen, die glaubten, schon alles zu wissen, sagte ich meinem Trainerkollegen fünf Tage vor Beginn des Camps ab. Mir war nicht klar, was ich verpasste ...

Genau ein Jahr später rief Florian Kröpelin wieder bei mir an: „Ich mache das Camp wieder, der Trainer ist wieder da. Du musst kommen, du bist so ein engagierter Trainer, du wirst für deine Trainerkarriere enorm viel lernen."

Diese Sätze stimmten mich nachdenklich. Wir wissen, dass jeder Mensch prinzipiell nur an sich selbst denkt. Wenn ein Trainerkollege mich zwei Jahre in Folge zu „etwas Besonderem" einlädt, dann muss da doch was dran sein! Ich sagte wieder zu und war dieses Mal fest entschlossen, dabei zu sein.

Das Camp begann mit einer Vorbesprechung für alle Trainer um 13 Uhr. Allerdings kam ich aufgrund eines Staus auf der Autobahn zu spät!

Als ich zu der Trainersitzung hinzustieß, war der Raum vollkommen überfüllt. Etwas schüchtern setzte ich mich leise in die letzte Reihe. In diesem Moment wurde der amerikanische Trainer vorgestellt: Dr. Ron Slaymaker.

Kurz darauf fing er an zu sprechen. Mit seinen ersten Worten durchströmte mich ein unbeschreibliches Gefühl: Mir war sofort klar, dass da vorne ein ganz besonderer Mensch saß, eine Person, wie ich sie noch nie zuvor persönlich erlebt hatte.

Jeder seiner Sätze drückte Wissen, Weisheit und Kompetenz aus, gleichzeitig aber auch jede Menge Vertrautheit, Fürsorge und Nächstenliebe. Mir war sofort klar: Dieses Camp wird etwas Besonderes.

Dr. Ron Slaymaker wurde in dieser Woche mein Freund und Mentor. Heute ist er 72 Jahre alt und gilt nach seiner 45-jährigen Trainerkarriere als angesehenster Einwohner seiner Heimatstadt. Er wurde aufgenommen in die Kansas Basketball Hall of Fame und ist jeden Sommer noch immer Teil unseres Basketball-Sommercamps in Bamberg.

Im Laufe dieser Campwoche in Dachau schenkte er mir ein großartiges Buch mit jeder Menge Sprüchen, Zitaten, Lebensweisheiten und Basketballwissen. Er hatte dies alles während seiner aktiven Zeit als Trainer gesammelt und aufgeschrieben. In diesem Buch war eine Geschichte, die innerhalb von Sekunden meine Denkweise, meine persönliche Zielstrebigkeit und damit mein Leben veränderte:

Adler oder Muschel –
Welches Leben möchtest du führen?

Eines Tages erschuf Gott die Muschel. Er gab ihr ihren Lebensbereich und legte sie auf den Meeresgrund. Dort führte die Muschel ein sicheres, doch auch sehr eintöniges Leben: Den ganzen langen Tag öffnete sie ihre Klappe, ließ etwas Meerwasser hindurchlaufen und schloss ihre Klappe wieder. Dieses Leben war sehr sicher, wurde jedoch auch schnell ziemlich langweilig und eintönig. Den ganzen Tag gab es für die Muschel nichts anderes zu tun als: Klappe auf, Klappe zu, Klappe auf, Klappe zu, Klappe auf, Klappe zu …

Am nächsten Tag erschuf Gott den Adler. Er gab ihm Flügel, die ihn überallhin trugen. Damit konnte der Adler die ganze Welt erobern. Seine Flügel trugen ihn an jeden beliebigen Ort. Für diese grenzenlose Freiheit musste der Adler einen Preis zahlen: Jeden Tag musste er auf die Jagd gehen, um nicht zu verhungern.

Adler oder Muschel – welches Leben möchtest du führen?

Besonders herausfordernd wurde dies, wenn er auch noch seine Kinder großziehen musste. Doch diesen Preis zahlte der Adler gern als Gegenleistung für seine grenzenlose Freiheit.

Schließlich erschuf Gott den Menschen. Er nahm ihn an die Hand, führte ihn zunächst zu der Muschel, dann zum Adler. Danach schaute er ihm tief in die Augen und sagte: „Nun entscheide du, welches Leben du führen möchtest."

– alte indische Schöpfungsgeschichte

Mit dieser Geschichte begann alles bei mir ... Denn ich wusste von dem Moment an, dass ich immer ein Adler sein wollte!

IHRE EINSTELLUNG – DAS ALLES ENTSCHEIDENDE!

„Wie bitte? Sie behaupten, dass ich eine schlechte Einstellung habe?"

Ich weiß es nicht, aber vielleicht machen Sie jeden Tag tausende von elementaren Fehlern, ohne Ihr Handeln kritisch zu hinterfragen. Wenn Sie wie die meisten Menschen sind, dann haben Sie schon lange nicht mehr kritisch hinterfragt, ob das, was Sie eigentlich den ganzen Tag so tun und denken, richtig ist.

Die meisten von uns sind eines Tages aus der Schule gegangen, haben voller Freude ein paar Luftsprünge gemacht und geschrien:
„Endlich vorbei! Nie mehr lernen!"
Autsch! Schon haben Sie den ersten, elementarsten Fehler auf Ihrer Lebensreise begangen: Denn wenn wir aus der Schule kommen, geht das wichtige Lernen erst richtig los!
Aber bevor Ihre Lebensreise richtig losgehen konnte, hat Ihnen Ihre eigene Einstellung schon einen dicken Strich durch die Rechnung gemacht! Damit haben Sie das wichtigste Lebensgesetz missachtet: Was nicht wächst, stirbt!

Kennen Sie einen Baum, der nicht jedes Jahr wächst? Ich kenne keinen. Jeder Baum treibt jedes Jahr neue Äste und Blätter aus. Wenn ein Baum nicht mehr wächst, dann stirbt er ab.

Bei uns Menschen ist es genau das Gleiche: Wenn wir durch Lernen nicht persönlich wachsen, dann sterben wir! Nicht körperlich, sondern geistig, seelisch und intellektuell. Jeden Tag verkümmert Ihr Potenzial ein bisschen mehr, weil Sie es nicht zwingen zu wachsen.
Lassen Sie mich gleich zu Beginn den Begriff „Einstellung" definieren:

Einstellung
=
wie Sie mit einer Situation umgehen oder darauf reagieren

Ihre Einstellung – das alles Entscheidende!

Das ist es! Nichts anderes! Ihre Einstellung ist der alles entscheidende Faktor in Ihrem Leben! Hier ist das einzige Zitat, das Sie in diesem Buch von mir persönlich lesen. Es ist das Zitat, für das ich stehe:

„Meine eigene Einstellung ist der alles entscheidende Faktor dafür, wie sich mein Leben entwickelt."
– Christian Bischoff

Ihre Einstellung ist der alles entscheidende Faktor in Ihrem Leben! Ihre Einstellung zeigt sich in der Art und Weise, wie Sie mit etwas umgehen oder auf etwas reagieren!

Es gibt doch letztendlich nur zwei Lebensbereiche:
Das, was Sie kontrollieren können, und das, was Sie nicht kontrollieren können!
Das ist es! Nicht mehr!

Mit diesem Ansatz wird Ihr Leben ganz einfach:
Warum sollten Sie sich Sorgen über all das machen, was Sie nicht kontrollieren können? Verschwenden Sie dafür bitte keine Energie.
Stattdessen führen Sie sich Folgendes klar vor Augen:
Sie brauchen sich keinerlei Sorgen über Ihr Leben zu machen, denn alles, was Sie beeinflussen können, liegt in Ihrer Hand. Warum sollten Sie sich also Sorgen machen?
Sie entscheiden heute, ob Sie beeinflussbare Dinge ändern oder nicht! Wenn Ihnen Ihr Job nicht mehr gefällt, dann kündigen Sie! Wer kann Sie daran hindern? Niemand!
Wenn Sie diese Entscheidung nicht treffen, dann müssen Sie im Gegenzug die damit verbundenen Konsequenzen akzeptieren. Aber hören Sie dann auch bitte auf rumzujammern, Ihre Kollegen negativ zu beeinflussen und sie mit Ihrer Unzufriedenheit anzustecken. Denn Sie haben es selbst in der Hand, wie Sie mit Ihrer Situation umgehen! Das ist Ihre Einstellung!

Es ist Ihre und nur IHRE Entscheidung!

Warum macht sich der Mensch überhaupt Sorgen über etwas, das er kontrollieren kann?
Ganz einfach: Weil er entweder feige ist oder Angst hat, etwas zu ändern. Wir sicherheitsbewussten Deutschen sind viel zu ängstlich! In der gegenwärtigen Finanzkrise wird das wieder schön sichtbar. Da kann man nur noch sagen: Wer vor allem Angst hat, ist schon fast gestorben!

Zum zweiten Lebensbereich: Dinge, die Sie nicht beeinflussen können.
Darüber brauchen Sie sich überhaupt keine Sorgen zu machen, denn Sie können es sowieso nicht beeinflussen.
Nehmen wir ein einfaches Beispiel: die hohen Benzinpreise. Können Sie beeinflussen, wie teuer Benzin morgen an Ihrer Tankstelle wird? Wenn Sie nicht gerade der Unternehmenschef von Aral oder Shell sind, dann können Sie es bedauerlicherweise nicht.
Also hören Sie auf, sich darüber zu sorgen! Es kommt eh so, wie es kommt!
Vor kurzem saß ich vor dem Fernseher und musste mitleidsvoll den Kopf schütteln:
Einer unserer öffentlich-rechtlichen Fernsehsender brachte mal wieder einen Bericht über die steigenden Benzinpreise. Um die Sensationslust der Zuschauer zu befriedigen und ein allgemeines „Kopfnicken-und-der-hat-Recht-das-ist-alles-unfair" in deutschen Wohnzimmern sicherzustellen, hatte der Reporter an einer Tankstelle einige ahnungslose Kunden nach ihrer Meinung gefragt und ihnen das Mikrofon unter die Nase gehalten. Ein Mann kurbelte voller Ärger sein Fahrerfenster runter und antwortete sinngemäß auf die Frage, was er zu den steigenden Benzinpreisen sage:
„Das ist eine riesengroße Sauerei. Ich tank' jetzt nicht und warte erst mal ein paar Tage ab!"
Dabei setzte er ein richtiges Protestgesicht auf!

> *„Ganz Deutschland scheint auf den Buch-Ratgeber zu warten:*
> *'Richtig Jammern leicht gemacht!'"*
> – Wolfgang J. Reus

Ich bemitleidete diesen Autofahrer einerseits ob seiner Situation, andererseits musste ich den Kopf schütteln. Der arme Mann hatte bei seiner Aussage anscheinend eine Überlegung vergessen: Wie hoch sind die Preise wohl in ein paar Tagen, wenn sein Tank leer ist und er ihn auffüllen muss, um mit seinem Auto von A nach B zu kommen?

Sie können die Benzinpreise nicht beeinflussen, also machen Sie sich bitte keine Sorgen darüber! Die entscheidende Frage ist auch nicht, ob die Mineralölfirmen uns abzocken, auch wenn ich mir das manchmal selbst denke.

Fakt ist: Die Energiereserven auf unserer Welt neigen sich dem Ende zu – wir müssen uns nach Alternativen umsehen. Oder bis dahin die immer höher werden Preise zahlen. Nur diese beiden Optionen gibt es für Sie. An einer Tankstelle zu stehen und zu jammern und zu klagen, ist Zeitverschwendung.

> *„Wenn es einem schlecht geht, ist es besser,*
> *zu handeln als zu jammern."*
> – Aus China

> *„Alle, die nicht gerade verhungern, jammern auf hohem Niveau."*
> – Erhard Blanck

Ich überlegte, ob der Mann im Auto sich jemals Gedanken darüber gemacht hatte, wie er mehr Geld verdienen könnte, um die höheren Preise bezahlen zu können, anstatt zu jammern.

Aber dann müsste er ja Eigenverantwortung übernehmen! Das ist zu anstrengend! Wofür habe ich denn „Vater Staat", der mir bisher immer schön den Hintern gepudert hat?

Wenn Sie die hohen Benzinpreise stören, ist die richtige Einstellung, sich zu fragen, wie Sie jeden Monat 100 Euro mehr verdienen können. Wer anfängt, seine Einstellung zu ändern und sich solche neuen Fragen stellt, wird früher oder später Antworten (= Lösungen) finden!

> *Kümmern Sie sich nicht um Dinge, die Sie nicht beeinflussen können! Konzentrieren Sie sich auf die Dinge, die Sie in Ihrem Leben beeinflussen können!*

Viele Menschen scheinen diese elementare Grundregel nicht zu berücksichtigen! Wundert es da noch, dass so viele Menschen unzufrieden mit ihrem Leben sind?

Ich gebe Ihnen ein klassisches Alltagsbeispiel, das Sie alle schon erlebt haben: Menschen, die sich übers Wetter beschweren! Kennen Sie die? Sie treffen jemanden auf der Straße und stellen ihm die Floskel-Frage: „Wie geht es Ihnen?" (Es ist eine Floskel, weil die Antwort den Fragesteller in 99 % der Fälle eh nicht interessiert.)

Das Gefragte antwortet: „Ja, ganz gut, wenn nur das Wetter nicht so kalt (nass, scheußlich, grässlich, ungemütlich) wäre!"

Und dann beginnt die Jammer-Orgie mit Spielfilmcharakter! Kennen Sie das? Garantiert!

Solche Menschen, die sich primär mit dem beschäftigen, was sie nicht beeinflussen können, sind selten Erfolgsmenschen.

Ich habe gelernt, dass mir das Wetter vollkommen egal sein kann. Wenn es regnet, dann regnet es, wenn es schneit, dann schneit es und wenn die Sonne scheint, dann freue ich mich darüber. Aber ich mache nicht meine Stimmung davon abhängig. Wie dumm wäre das denn von mir? Wenn Ihnen das Wetter in Deutschland nicht gefällt, dann könnten Sie auswandern und irgendwo hinziehen, wo Sie das Wetter Ihrer Wahl vorfinden! Wenn Sie das nicht tun, dann akzeptieren Sie, was Sie nicht ändern können und investieren Sie ihre wertvolle Lebensenergie in Dinge, die Sie beeinflussen können.

Ihre Einstellung – das alles Entscheidende!

„Wir brauchen Könner. Wenn Jammern ein Beruf wäre,
gäbe es keine Arbeitslosen mehr."
– Lena Meichsner

Zurück zu unserer Definition:
Einstellung = wie Sie mit einer Situation umgehen oder darauf reagieren

Vielleicht denken Sie sich jetzt: „Die beste Einstellung hilft nicht, wenn ein Mensch falsche Sachen macht. Dann endet das eigene Leben immer noch im Chaos! Das hat nichts mit schlechter Einstellung zu tun, sondern mit fehlendem Wissen!"
Da haben Sie vollkommen Recht! Hier greift wieder der klassische Einstellungsfehler, der zu allererst beschrieben wurde:
Sie sind aus der Schule raus und hatten die Einstellung „Ab jetzt ist Schluss mit Lernen!"
Mit diesem klassischen Einstellungsfehler haben Sie sich nicht das Lebens-Wissen angeeignet, das Basis für die Entwicklung einer Lebensphilosophie wäre, mit der Sie erfolgreich sein können.
Und wessen Fehler ist das? Ihr eigener!!

> *Sie und nur Sie sind dafür*
> *verantwortlich,*
> *wie Sie im Moment leben und*
> *wie sich Ihr Leben in Zukunft*
> *entwickelt!*

Halten Sie sich fest:
Unser Schulsystem ist dringend reformbedürftig. Ich sage Ihnen, was die Schule aus mir gemacht hat.

Im Alter von 19 habe ich nach 13 Jahren unser deutsches Schulsystem verlassen – mit meinem Abiturzeugnis in der Hand und der sicheren Gewissheit, dass ich ein intelligenter Mensch bin.

„Was ist der Unterschied zwischen der Schule und einem Knochen?
Antwort: Der Knochen ist für den Hund,
die Schule ist für die Katz."
– Unbekannt

„Die Schule ist wie ein Kuhstall,
man steigt von einer Scheiße in die andere."
– Unbekannt

Spätestens jetzt springen mir die Lehrer und Pädagogen ins Gesicht. Ich habe Sie gewarnt: An manchen Stellen provoziert dieses Buch! Wenn Sie es nicht ertragen können, legen Sie es bitte weg.

Heute weiß ich, dass ich in der Schule essenzielle Dinge fürs Leben NICHT gelernt habe:

1. Keiner hat mir beigebracht, wie ich mir Ziele setze, wie ich mein Leben plane und wie ich selbstbestimmt entscheide, was ich in und aus meinem Leben mache. Wie denn auch? Die meisten Lehrer konnten es selber nicht.

2. Ich hatte keinerlei Kenntnisse darüber, wie ich wirklich richtig mit Menschen umgehe.

3. Ich war nicht in der Lage, mit Selbstbewusstsein vor einer Kleingruppe zu reden, geschweige denn einen Vortrag zu halten.

4. Ich hatte keine Ahnung vom richtigen Leben.

5. Ich habe nicht gewusst, wie ich meinen Körper gesund und fit halte und wie ich mich richtig ernähre. Wundert es Sie da noch, warum unser Volk so fett ist? Weil keiner unserem Nachwuchs richtige Ernährung beibringt!

6. Ich wusste nicht, was ich beruflich machen sollte und ging zum Arbeitsamt, um dort Antworten zu finden. Ich war einer der Abiturienten, die dachten, das Leben spielt sich in der Theorie ab. Praxis gibt es an deutschen Gymnasien ja kaum.

7. Ich hatte keine Ahnung, wie ich mich in Vorstellungsgesprächen verhalte usw. usw. usw.

Dafür kannte ich alle mathematischen Rechenwege, alle physikalischen Formeln, alle französischen Begriffe, all das Wissen in Biologie, Erdkunde, Geschichte und Musik, das ich brauchte, um das Abitur zu schaffen. Nur habe ich davon seitdem das Wenigste in meinem Leben gebraucht!

„Schule? Das Vorbereiten auf all die Eventualitäten des Lebens, die sowieso nicht eintreffen."
– Titus Len

„Der Unterschied zwischen der Schule und dem Leben ist, dass im Leben die Lösung zählt und nicht der Lösungsweg."
– Ilja Pohl

Nun, verstehen Sie mich bitte nicht falsch:
Ich sage nicht, dass Schule unwichtig ist! An alle Kinder und Jugendlichen da draußen: Schule ist wichtig und der elementare Grundstein für Euer Leben.
Ich sage, dass unser Schulsystem vollkommen an der Lebensrealität vorbei lehrt!

Warum erzähle ich Ihnen das alles? Um jetzt die entscheidende Frage zu stellen: Können Sie oder ich unser Schulsystem ändern?
Nein!
Aber wir können uns selbst (ver-)ändern!
Wir können entscheiden, uns all das Wissen für ein erfolgreiches, selbstdefiniertes und zufriedenes Leben durch Lebenserfahrungen, Neugierde, Offenheit für neue Dinge, Flexibilität, Wissbegierde, Bücher, Seminare, Hörbücher, Gespräche, Mentoren, Vorbilder usw. anzueignen und in die Tat umzusetzen.

> *Es ist einfach!*
> *Aber womit geht es los?*
> *Mit Ihrer eigenen Einstellung!*

Ja, richtig: mit Ihrer Einstellung! Nicht die Schule ist das Entscheidende, sondern Sie! Nur Sie! Sie entscheiden, ob Sie lernen wollen oder nicht. Ich habe eines Tages entschieden, dass ich selber dafür verantwortlich bin, mir die wichtigen Dinge fürs Leben anzueignen und beizubringen.

Und wenn Sie jetzt sagen: „Herr Bischoff, für eines dieser sieben Probleme habe ich auch keine Antwort", dann helfe ich Ihnen sehr gerne. Denn ich möchte Ihnen helfen, besser zu werden. Unwissenheit in diesen sieben Bereichen kommt eines Tages wie eine schallende Ohrfeige zu Ihnen zurück.

> *„Die Schule des Lebens kann man nicht schwänzen."*
> – Lebensweisheit

Hier sind ganz einfache Empfehlungen, wie Sie einen RIESIGEN ersten Schritt bei der Beantwortung dieser sieben Fragen machen (blättern Sie einfach noch einmal zurück, um die Punkte zu lesen):

1. Lesen Sie die Bücher von Anthony Robbins. Er ist der Maßstab. Alle anderen sind seine Schüler!

2. Lesen Sie das Buch „Wie man Freunde gewinnt" von Dale Carnegie. Danach werden Sie KEINE weiteren Fragen mehr zu diesem Thema haben!

3. Üben Sie! Überwinden Sie Ihre Angst und machen Sie es so oft, bis es Ihnen Spaß macht!

Ihre Einstellung – das alles Entscheidende!

„Christian, wenn Du schnell erfolgreich werden möchtest,
dann überwinde Deine größten Ängste und Zweifel."
– Mein 71-jähriger Freund und Mentor Dr. Ron Slaymaker zu mir
in einem persönlichen Gespräch während der Brose Baskets Bamberg
Basketball-Sommercamps, August 2007

4. Erst mit der Zeit und durch aktives Handeln kommt das Wissen! Sorry, dafür gibt es keine Abkürzung!

„You can't teach experience!"
– Mike Krzyzewski, Headcoach Duke University und Hall-of
Fame-Coach in einem persönlichen Gespräch zu mir

5. Lesen Sie das Buch: „Die neue F. X.-Mayr-Kur" von Dr. med. Martin Winkler und machen Sie sie! Danach werden Sie eine vollkommen andere Einstellung zu Ihrem Körper haben und das Thema „Gesundheit und körperliche Fitness" von einem ganz neuen Blickwinkel aus betrachten. Kaufen Sie sich das Buch „Ich bin dann mal schlank" von Patric Heizmann.

6. Machen Sie das nicht? Fragen Sie sich: Wo sind meine Stärken? Was mache ich mit Leidenschaft? Und dann suchen und finden Sie Ihren Weg, wie Sie aus diesen Antworten Ihren Beruf und Ihre Berufung machen können (Vorsicht: Der Weg ist steinig, schwer und hart!). Wenn Sie die Abkürzung nehmen möchten (wer möchte das nicht ☺), dann lesen Sie das Buch: „Entdecken Sie Ihre Stärken jetzt!" von Marcus Buckingham.
Mit Hilfe eines Online-Tests erkennen Sie innerhalb eines Tages Ihre fünf größten Stärken.

7. Wenden Sie das an, was Sie in dem Buch: „Wie man Freunde gewinnt" gelernt haben. Ansonsten üben Sie mit Freunden. Das ist Praxis, das lernen Sie nicht aus Büchern.

Einfach, oder?

Leider nicht.

Es ist Ihre und nur IHRE Entscheidung!

Was glauben Sie, wie viele meiner Leser wirklich einen dieser sieben Punkte umsetzen, wenn sie Handlungsbedarf bei sich sehen? Sehr wenige!

Warum? Weil sie mit ihrem fetten Hintern lieber faul auf der Couch rumhängen. Ist einfacher und bequemer. Bloß keinen Stress, Alter!

Ich habe einmal ein Buch von mir in einer Druckauflage von 4.000 Stück drucken lassen. Leider ist der Druckerei dabei ein Fehler unterlaufen: Das Buch hatte 215 Seiten, doch die Seiten 188 und 189 fehlten.
Eines Tages bekam ich eine E-Mail von einem Schüler(!), der den Fehler bemerkt hatte und ein neues Buch haben wollte.
Kein Problem!
Ich ging in den Keller und merkte, dass von den 4.000 Büchern nur noch ca. 250 da waren.

Welche Schlussfolgerung ziehen wir daraus?
Viele Menschen kaufen Bücher, ohne sie richtig zu lesen. Ich nenne das: Gewissensberuhigung und Selbstverarschung!

Nicht erfolgreich in der Schule gewesen?

Sie sind in der Schule durchgefallen? Machen Sie sich keine Sorgen.
Sie haben kein Abitur, sondern waren auf der Real- oder Hauptschule?
Nicht so schlimm!
Sie waren zu Schulzeiten der Schlechteste in der Klasse? Auch das muss
noch kein Grund zur Verzweiflung sein.

Vielleicht inspiriert Sie dieses Beispiel: Einer meiner besten Freunde,
Hermann Oberschneider, ging auf die Hauptschule, und hatte seinen
Abschluss gerade so mit einem Notendurchschnitt von 3,3 geschafft. In
der Schule war er nie gut, aber seine Einstellung war unschlagbar. Über
den Ski-Leistungssport hat er seine erste Firma aufgebaut. Heute gehört
ihm die vielleicht angesehenste Ski-Schule in Österreich, der Ski-Dome
Kaprun.
Doch das ist nur der Anfang der Geschichte: Vor ein paar Jahren hat
Hermann Oberschneider sich bei MBT eingekauft, das sind die Schuhe
mit der gesunden Wackelsohle. Kennen Sie diese Schuhe? Wenn Sie sie
nicht kennen, dann werden Sie sie in den nächsten Jahren garantiert
kennen lernen.
Heute ist er Besitzer und Eigentümer von MBT mit einem Firmenwert
von ca. 500 Millionen Dollar!

Hermann hat mir vor kurzem ganz einfach erklärt, was für ihn Erfolg ist:

„Erfolg ist doch nur die Antwort auf die Frage:
Wollen Sie oder wollen Sie nicht?
Wenn Sie den Willen haben, können Sie relativ schnell viel lernen!
Wenn nicht, dümpeln Sie Ihr ganzes Leben vor sich hin!
Heutzutage will doch keiner mehr!
Jeder will ´nen Job haben, gleich wichtig sein
und viel Geld verdienen.
Jeder möchte etwas sein, keiner möchte etwas werden!
Den Leuten fehlt komplett die richtige Einstellung!"

Das ist es! Lesen Sie es noch einmal!

Stopp!
Seien Sie nett zu mir. Ich habe Sie gebeten:
Lesen Sie das Zitat noch einmal!
Danke!
Ihr Wille und Ihre Einstellung zählen! Es geht wieder nur bei Ihnen los!

Drei Hauptgründe für Misserfolg

Zuerst möchte ich Ihnen sagen, warum manche Menschen nicht erfolgreich sind. Denn auch das ist überhaupt nicht kompliziert, sondern ganz einfach. Der Motivationscoach Larry Winget sagt, dass es nur drei Hauptgründe gibt, warum gesunde Menschen nicht erfolgreich sind:

Sie sind entweder dumm,
sie sind faul,
oder es ist ihnen egal.
Das ist es. Diese drei Gründe. Nicht mehr!

> *Die drei Hauptgründe für*
> *Misserfolg:*
> *Sie sind entweder dumm,*
> *Sie sind faul,*
> *oder es ist Ihnen egal!*

An diesem Punkt frage ich in manchen Vorträgen:
„Nun, wer von Ihnen ist dumm?", um ein paar Sekunden später hinterherzuschieben:
„Bitte heben Sie jetzt nicht die Hand!"

Ihre Einstellung – das alles Entscheidende!

Ob Sie es glauben oder nicht:
Meistens hebt jemand die Hand!
Ich antworte dann immer: „Es gibt immer ein paar Zuhörer, die auf Drogen sind." Der ganze Saal lacht.
Innerlich denke ich mir: *Was für eine traurige Welt! So weit gehen unsere Ausreden schon, dass wir allen Ernstes von uns selbst behaupten, dass wir dumm sind.*

Ich glaube nicht, dass gesunde Menschen wirklich dumm sind. Jeder von uns trägt in sich die Fähigkeit, sich all das Wissen anzueignen, das es braucht, um die richtigen Entscheidungen zu treffen.

Jeder Sportler weiß genau, dass er täglich intensiv und konzentriert trainieren muss, um an die Spitze zu kommen.
Jeder von Ihnen weiß genau, was er machen müsste, um mehr zu erreichen.
Wir wissen meistens, was wir tun müssten, um erfolgreicher zu sein:

Sie wissen, dass Sie weniger essen sollten, um Ihr Idealgewicht zu erreichen.

Sie wissen, dass Sie nicht rauchen sollten, weil es Ihrer Gesundheit schadet.

Sie wissen, dass Sie mehr Sport machen sollten!

Sie wissen, dass Sie einem Kunden gegenüber freundlicher und offener auftreten sollten.

Sie wissen, dass Sie täglich etwas mehr leisten könnten.

Sie wissen, dass Sie schon längst Ihre Verwandtschaft und besten Freunde mal wieder hätten kontaktieren sollen.

Sie wissen innerlich schon sehr viel, um erfolgreich zu sein.

Sie denken jetzt vielleicht:
„Die meisten Menschen wissen nicht, was sie wissen müssen, um erfolgreicher zu sein."

So ein Schwachsinn!!! Jeder Mensch weiß zumindest EINE Sache, die er sofort tun könnte, damit er besser/erfolgreicher/gesünder/vitaler … wäre.

Sprechen Sie mal ein paar Passanten auf der Straße an. Jeder kann Ihnen eine Antwort geben. Diese EINE Sache müsste diese Person nur machen. Wenn das geschehen würde, dann würde dieser Person nämlich ganz schnell die nächste Sache einfallen, die sie besser machen könnte.

Nehmen wir mal an, Ihre Behauptung wäre zutreffend und es gäbe wirklich Menschen, die nicht wüssten, was sie anders machen müssen. Wessen Fehler ist das? Ihr eigener!!! Denn: All das Wissen der gesamten Welt, ja fast der gesamten Menschheit ist heutzutage nur noch ein paar Sekunden von Ihnen entfernt. Sie müssen nur Ihren Computer anschalten, ins Internet gehen und das Wissen „googeln", das Sie suchen. Es dauert keine 2 Sekunden, bis Ihr Computer Ihnen über 10.000 Antworten gibt.

> *Wenn Sie also wirklich dumm sind und etwas nicht wissen, dann ist es Ihre Schuld!*

Jeder Mensch in Deutschland hat heutzutage Zugang zum Internet! Wenn wir es nicht zu Hause haben, dann brauchen wir nur in ein Internetcafé zu gehen. Heute sind all die notwendigen Informationen durch Ihre Fingerspitzen und Ihre Tastatur abrufbar. Oder in Seminaren, Büchern und Hörbüchern vorhanden.

Vielleicht möchte jetzt jemand entgegnen: „Diese Dinge sind zu teuer. Das kann ich mir nicht leisten."

Herzlichen Glückwunsch zu einer der dümmsten Ausreden, die es gibt! Bitte machen Sie nicht diesen Fehler! Lassen Sie uns doch gemeinsam ein Beispiel mal gedanklich durchgehen:

Ihre Einstellung – das alles Entscheidende!

Wie viel kostet ein gutes Buch, das das Wissen enthält, wie Sie Ihr Leben in einem gewünschten Bereich vollkommen zum Posittiven verändern können? Höchstens 24,95 Euro. Das ist nicht viel Geld! Das sind weniger als fünf Big-Mäc-Menüs bei McDonalds; oder nur zwölf Flaschen Cola oder fünf Packungen Zigaretten. Alle drei Sachen vergiften Ihren Körper und schädigen langfristig und nachhaltig Ihre eigene Gesundheit. Zigaretten sindDrogen, die eine Sucht auslösen, Cola ist eine Zucker-Koffein-Droge und McDonalds ist eine ungesunde Fressdroge. Dennoch geben die meisten Menschen ihre 25 Euro lieber für diese „Drogen" aus, als das Geld in ein gutes Buch zu investieren.

Sie sehen: Es ist alles Ansichtssache. Die entscheidende Frage ist nur: Wollen Sie das Buch wirklich lesen oder nicht?
Wenn Sie möchten, dann haben Sie auch das Geld, denn Sie sparen es woanders ein!!!

Das verfügbare Wissen ist nicht das Problem! Es ist die Umsetzung.
In unserer Gesellschaft hält sich seit Jahren ein Satz, den ich für die gefährlichste Illusion und eine große Lüge halte.
Bitte nicken Sie einmal ganz stark, wenn Sie diesen Satz auch schon einmal gehört haben:

Wissen ist Macht!

Kennen Sie den?
Dieser Satz ist eine Lüge!
Wissen ist nicht Macht!

Sie können all das Wissen der Welt besitzen, das bringt Sie überhaupt nicht weiter. Erfolg liegt nur in der Anwendung und Umsetzung von dem, was Sie wissen! Erst dann wird Wissen zur Macht. Lieber wissen Sie nur eine einzige Sache und setzen diese richtig um, als dass Sie ein wandelndes Lexikon sind, das niemals in die Aktionsebene kommt.

> *Wissen ist nur teilweise Macht!*
> *Das Entscheidende ist nicht,*
> *ob Sie etwas KENNEN,*
> *sondern dass Sie es KÖNNEN!*

Diese zwei Sätze müssten jedem Jugendlichen an jeder Schule von jedem Lehrer eingetrichtert werden, bis er sie nicht mehr hören kann, weil sie ihm links und rechts zu den Ohren herauskommen! Dann erreicht die Botschaft irgendwann das Kleinhirn und wir integrieren sie in unser Leben. Auch jeder Erwachsene sollte sich diese Worte irgendwohin hängen, wo er sie täglich vor Augen hat:

Persönlicher Erfolg heißt: Handeln! Machen! Tun! Klappe halten und Hintern bewegen!
Basta!
Die meisten Menschen sind nicht dumm. Woran liegt Erfolglosigkeit dann?

Sie sind faul!

Das ist das Problem: SIE sind faul! Auf die allermeisten von uns trifft folgender Satz zu (auch auf mich):

> *Wir alle könnten täglich*
> *viel mehr leisten!*

Machen Sie den positiven Unterschied

Ihre Einstellung – das alles Entscheidende!

Warum sind wir stattdessen faul? Weil wir den Willen nicht mehr haben, wie mein Freund Hermann Oberschneider es schon richtig angesprochen hat.

Hören wir auf, uns selbst anzulügen, und sind wir mal ehrlich: Wir sagen sehr schnell „Ich kann etwas nicht!"

Das ist meistens eine Lüge und Ausrede. Die entscheidende Frage ist nicht, ob wir etwas können, sondern ob wir etwas lernen wollen oder nicht.

Wir wollen meistens nicht.

Viele Arbeitslose sagen: „Ich kann keinen neuen Job finden!"

Stimmt das wirklich? Die entscheidende Frage ist: Wollen Sie einen neuen Job finden oder wollen Sie nicht? Die meisten wollen nicht mit letzter Konsequenz. Weil sie zu faul sind! Wer will, der kann. Wo ein Wille ist, da ist auch ein Weg.

Als ich ein Seminar von Anthony Robbins besuchte, wurde mir Folgendes klar:

Wenn Sie in Ihrem Leben ein Ziel nicht erreicht haben und jemand fragt Sie: „Warum haben Sie dieses Ziel nicht erreicht?" Welche Gründe nennen Sie dann???

Häufig kommen folgende Sätze:

„Ich hatte nicht die Zeit."

„Ich hatte nicht das Geld."

„Ich hatte nicht das Wissen."

„Ich hatte nicht den richtigen Chef/die richtigen Mitarbeiter."

„Es war zu schwierig."

„Ich hatte nicht die richtigen Kontakte." usw …

Was haben alle diese Antworten gemeinsam?

Sie benutzen Ausreden und Entschuldigungen, weil Sie angeblich nicht die richtigen Hilfsmittel hatten!

Vielleicht hatten Sie sogar Recht und Sie hatten nicht das Geld, die Zeit oder das richtige Netzwerk, um Ihr Ziel zu erreichen. Aber das sind nicht die entscheidenden Gründe. Die entscheidenden Gründe sind niemals die fehlenden Hilfsmittel! Der entscheidende Grund ist immer Ihre fehlende Willenskraft!

Ihre Willenskraft zeigt sich in solchen Dingen wie:

G   eduld
E   nthusiasmus
D   etaillierter Handlungsplan
A   usdauer und Hartnäckigkeit
N   ächstenliebe
K   onkrete Ziele
E   ntschlossenheit
N   eugierde

Ihre Willenskraft könnte auf Dauer Ihre fehlenden Hilfsmittel immer beseitigen. Könnte ... – denn dazu braucht es persönlichen Einsatz.
Zurück zu unserem Arbeitslosen. Ich habe in meinem Leben noch keinen gesunden Menschen kennen gelernt, der mit aller Konsequenz und innerer Bereitschaft einen neuen Job finden wollte und das nicht geschafft hat.

Viele übergewichtige Menschen sagen: „Ich kann nicht abnehmen!"
Die ehrliche Aussage wäre für die meisten: Ich möchte nicht abnehmen. Hören Sie auf, mir irgendetwas von Ihrer Schilddrüse zu erzählen. Nur 1 % der übergewichtigen Menschen können ihr Übergewicht wirklich auf Krankheiten oder körperliche Dysfunktionen zurückführen. Der Rest ist zu faul, bewegt sich zu wenig und isst zu viel!
Hier ist die ehrliche Antwort:

> *Die Frage ist nie:*
> *Können Sie sich oder etwas in*
> *Ihrem Leben verändern?*
> *NATÜRLICH KÖNNEN SIE !!!!!*
>
> *Die alles entscheidende Frage*
> *ist: Wollen Sie etwas in Ihrem*
> *Leben verändern?*

Ihre Einstellung – das alles Entscheidende!

Die meisten Menschen wollen nichts verändern. Die Mehrheit ist nicht bereit, die Arbeitsstunden zu investieren, die Anstrengung zu unternehmen, die Veränderungsbereitschaft aufzubringen und den Mut zu entfalten, den es braucht, damit sie sich ändern, wachsen und bessern und damit sich ihr Leben verbessert!

Im Basketball sind die meisten Spieler nicht bereit, die Zeit, die Trainingsintensität und das Engagement zu investieren, das es brauchte, um ihr Potenzial voll auszuschöpfen und wirklich gut zu werden. Ich habe so viele 18-jährige gesehen, die als „eins der größten Talente in Deutschland" galten: Scouts, Vereinsmanager und Trainer haben sie mit Werbeanrufen belagert. Das führte bei vielen dazu, dass sie ernsthaft glaubten, schon jemand zu sein.
Viele junge Spieler haben nicht erkannt, dass diese Agenten und Trainer ihr Potenzial interessant fanden, nicht ihr Können! Um dieses Potenzial in Können zu verwandeln, braucht es noch viele harte Trainingsstunden mit der richtigen Trainingseinstellung!
Doch die meisten dachten, sie hätten ihr Ziel schon erreicht und quälten sich nicht mehr so, wie es hätte sein müssen. Weil ein paar Scouts, Freunde und Manager ihnen ständig erzählten, wie toll sie schon wären. Drei Jahre später interessierte sich kein Top-Verein mehr für sie. Das Können war immer noch nicht da, das Potenzial wäre noch da gewesen, doch die Zeit und ihre Altersuhr spielten gegen sie. Was Hänschen nicht lernt, lernt Hans nimmermehr.

Dieses Gesetz gilt im Basketball, in jeder anderen Sportart, und genauso läuft es auch in Unternehmen und in Ihrem Leben. Überall gibt es Menschen, die ihr Potenzial nicht ausschöpfen, weil sie nicht die richtige Einstellung haben.
In vielen Mannschaftssportarten wird zurzeit eine hitzige Diskussion bezüglich der Ausländerregelung geführt. Wie viele Ausländer dürfen in einer deutschen Profiliga spielen? Vor kurzem habe ich in einer großen Tageszeitung zu diesem Thema ein Interview mit Paul Breitner gelesen. Ich kann Ihnen leider die genaue Quelle des Artikels nicht mehr sagen.
Paul Breitner ist einer der wenigen, die die manchmal unangenehme Wahrheit klar ansprechen.
Er antwortete auf die Frage, ob in Deutschland ein Ausländerlimit im Profifußball eingeführt werden sollte:

„Das Problem sind nicht die vielen Ausländer, sondern dass unsere deutschen Talente sich nicht gegen diese Spieler durchsetzen können! So schaut's aus, die müssen nicht mehr kämpfen, denen scheint die Sonne aus dem Arsch!"

Genau das ist es! Das Problem sind nicht die Ausländer. Das Problem ist die fehlende Einstellung. Im Basketball gilt das Gleiche. Ebenso in der freien Wirtschaft. Wir werden uns noch wundern, wie die Chinesen uns in den nächsten Jahren den Rang ablaufen werden, wenn wir nicht bereit sind, uns mit einer gesunden Arbeitseinstellung dem Wettbewerb zu stellen. Ein Chinese schaut sich ein Unternehmen einmal gut von innen an, lernt die Arbeitsprozesse, fliegt zurück nach Hause und stellt dann das gleiche Produkt günstiger und in einer besseren Qualität her.

„Wenn Sie erfolgreich werden wollen, suchen Sie sich jemanden, der die Erfolge vorweisen kann, die Sie erreichen möchten, kopieren Sie ihn und Sie werden den gleichen Erfolg haben."
– Anthony Robbins

Wir wollen gar nicht diskutieren, ob das legal ist oder nicht! Und es ist auch vollkommen klar, dass das Original in der Regel besser als die Kopie ist.
Auf der anderen Seite ist allerdings auch Fakt: Wir Deutschen sind immer weltweit führend bei Patentanmeldungen für neue Erfindungen. Umgesetzt und in Geld verwandelt werden diese aber meist im Ausland …

Wir sind eine Nation der passiven Zuschauer geworden, die andere lieber beim Arbeiten beobachtet, als selbst anzupacken. Es ist eben einfacher und bequemer, auf der eigenen Fernsehcouch zu sitzen und anderen beim Wettkampfsport zuzuschauen, als selbst Sport zu machen. Stimmt das nicht?
Die meisten schauen lieber wochenlang eine komplette Fußball-EM im Fernsehen, anstatt selbst den Hintern zu bewegen und Fußball zu spielen. Wir schauen lieber einer selbstdarstellerischen „Super Nanny" dabei zu, wie sie versucht, andere Kinder zu erziehen, als unsere eigenen zu erziehen.

Ihre Einstellung – das alles Entscheidende!

Es ist einfacher, sich von „Gute Zeiten, schlechte Zeiten" berieseln zu lassen, als den Hintern zu heben und im eigenen Leben die guten und die schlechten Zeiten zu erleben. Wir schauen nur noch zu und wollen nichts mehr selbst tun. Warum? Weil wir faul geworden sind.

Mittlerweile besteht unsere deutsche Gesellschaft aus den dicksten Menschen in ganz Europa. Laut den letzten Untersuchungen und einer Veröffentlichung im Focus vom 19. April 2007 sind drei Viertel der erwachsenen Männer und mehr als die Hälfte der erwachsenen Frauen in Deutschland übergewichtig oder fettleibig.

Welcher Bürger in unserem Land weiß nicht, was die Ursachen für diese Fettleibigkeit sind? Jeder von Ihnen weiß, was er tun müsste, um abzunehmen. Es gibt nur zwei Variablen, an denen Sie drehen können, um abzunehmen:

1. weniger essen und/oder

2. mehr bewegen

Andere Möglichkeiten gibt es nicht! Und das wissen wir alle.
Problem: Wir machen es nicht!
Warum? Weil wir faul, bequem und träge sind und nicht die richtige Einstellung haben. Wir lassen unseren Hintern lieber auf der Couch liegen.

Es ist uns egal

Dies ist der dritte Punkt. Es ist uns egal! Es interessiert uns einfach nicht! Und warum ist es uns egal? Weil es keiner von uns verlangt! In dem Moment, in dem etwas nicht von außen her verpflichtend ist, wird es den meisten Menschen egal. Sie haben nicht die Selbstdisziplin, den Willen und die innere Härte, es von sich selbst zu verlangen.

Kein Gesetz in Deutschland verlangt von Ihnen, dass Sie gesund leben müssen, damit Sie keinen Herzinfarkt bekommen. Es gibt kein Gesetz dafür. Sie müssen es von sich selbst verlangen!

Es gibt kein Gesetz, das vorschreibt, genug Geld für die eigene finanzielle Unabhängigkeit zu verdienen.
Das müssen Sie von sich selbst verlangen.
Es gibt kein Gesetz, in dem steht, dass jeder Mensch sein Potenzial ausschöpfen muss, um das Leben in vollen Zügen leben zu können. Wir müssen es uns selbst vorschreiben.

Es ist Ihr Leben! Sie entscheiden, was Sie daraus machen!

Keiner verlangt von Ihnen, dass Sie Ihren Körper gesund und fit halten, damit Sie Ihr Leben möglichst lange genießen können. SIE müssen es von sich selbst verlangen! Es ist Ihr Gesetz!

Keiner verlangt von Ihnen, dass Sie finanziell unabhängig werden, damit Sie Ihr Leben im Rentenalter genießen können und nicht auf den Staat angewiesen sind. SIE müssen es von sich selbst verlangen! Es ist Ihr Gesetz!

Keiner verlangt von Ihnen, dass Sie Ihr Potenzial ausschöpfen und erfolgreich werden. SIE müssen es von sich selbst verlangen! Es ist Ihr Gesetz!
Keiner verlangt von Ihnen, dass Sie eine schriftliche Zielliste haben, damit Sie wissen, was Sie alles in Ihrem Leben erreichen/schaffen/machen/erleben/besitzen/unternehmen und sehen wollen. Sie müssen es von sich selbst verlangen! Es ist Ihr Gesetz!

Noch nie in unserer Geschichte gab es so viele verschiedene Chancen und Möglichkeiten. Chancen und Möglichkeiten sind überall! Doch Sie müssen aufhören rumzujammern, andere für Ihre schlechte Situation verantwortlich zu machen, und stattdessen so schnell wie möglich in die Aktionsebene kommen. Mehr denn je braucht jeder von uns heutzutage die Fähigkeit, neue Chancen und Möglichkeiten zu entdecken.

Ihre Einstellung – das alles Entscheidende!

Problem:

> *Die meisten Menschen verlangen nur von sich selbst, was andere von ihnen verlangen. Alles andere ist ihnen egal!*
> *Was verlangen andere Menschen von uns? Nichts oder sehr wenig – es sei denn, Sie befriedigen damit deren Eigeninteressen.*

Eines der gefährlichsten Stadien der eigenen Einstellung ist Gleichgültigkeit. Wie wollen Sie einem Menschen helfen, dem alles egal ist? Uns ist heute viel zu viel einfach egal:

- Vielen Jugendlichen ist die Schule und ihre Ausbildung egal. Bildung? Scheißegal!

- Vielen Menschen ist ihr Körper und Erscheinungsbild egal. Gesund leben? Mir egal!

- Ich habe Schulden. Mir egal! Hauptsache heute Spaß – nach mir die Sintflut.

- Ich habe einen Job. Was mit meiner Firma passiert, ist mir egal. Hauptsache, mir geht's gut!

- Anderen geht's nicht so gut wie mir? Mir egal.

44   Machen Sie den positiven Unterschied

- Ein Fortbildungsseminar, bei dem ich Neues lernen kann? Interessiert mich nicht.

- Weiterbildung? Mir egal! Ich fühl mich wohl in meinem Maulwurfbunker. Warum soll ich meinen Geist für Neues öffnen?

Gleichgültigkeit! Ein Killer! Er tötet unsere Emotionen und macht unser Leben monoton, eintönig und langweilig. Mit dieser Monotonie kommt Frust. Aus diesem Frust entsteht häufig Gewalt.

Ich gebe Ihnen ein Beispiel, das Sie bestimmt kennen: Ein junger, dynamischer, ambitionierter Mann lernt eine wunderschöne Frau kennen. Er verliebt sich und sagt sich: „Das ist meine Traumfrau, die Liebe meines Lebens. Diese Frau muss ich haben!"

Ab diesem Moment unternimmt der Mann alles, um das Herz seiner Angebeteten zu erobern: Er kümmert sich um sie und investiert seine ganze Zeit in sie, obwohl er tausend andere Sachen zu tun hätte. Er liebt es auf einmal zu tanzen, einkaufen zu gehen und tiefsinnige Gespräche zu führen, obwohl er diese Dinge bis gestern noch gehasst hat. Er fängt an, ins Fitness-Studio zu gehen, stählt seinen Körper, trainiert seine Ausdauer. Er fährt mit der Frau seiner Träume in den Urlaub, investiert sein Geld und verspricht ihr den Himmel auf Erden: „Schatz, nichts wird uns entzweien! Ich bin immer für dich da!"

Kennen Sie diese Situation?

Nun, eines Tages fällt die Frau darauf rein und heiratet diesen Mann. Sie hat die Schauspielerei nicht erkannt. Vor dem Traualtar schiebt ihr der Mann den Ehering auf den Finger und vollführt innerlich einen Freudensprung: „Ja, ich habe die Eroberung meines Lebens gemacht!" Damit ist sein Ziel erreicht! Es dauert nicht lange, bis er sich gehen lässt und in seinen alten Lebensstil verfällt. Zehn Jahre später hat die Frau einen übergewichtigen, völlig unmotivierten Mann auf der Couch liegen!

Konfrontiert ihn seine Ehefrau mit dieser schlechten Einstellung, die ihn seines ganzen Lebens beraubt? Wahrscheinlich nicht. Viel häufiger sagt sie auch noch: „So ist eben das Leben!"

Klingt dieses Szenario in Ihren Ohren überspitzt? Ich glaube nicht!

„Dein Körper ist das Gepäck, das du durchs Leben tragen musst.
Je höher das Übergewicht, desto kürzer die Reise."
– Unbekannt

Wir lassen Menschen mit solchen Einstellungen durchs Leben gehen. Solche Menschen nennt man übrigens nicht „Freunde", die Ihnen nicht ehrlich ins Gesicht sagen, was Sie anders machen müssen. Ein wahrer Freund sagt zu Ihnen: „Das ist nicht dein Ernst. Du bist besser, du kannst mehr, du schaffst mehr!" Das ist ein Freund: ein Mensch, der Sie herausfordert, der Sie anstachelt, besser zu werden. Fragen Sie sich mal auf Basis dieser Aussage, wie viele wahre Freunde Sie im Leben haben. Ich gebe Ihnen auch gleich die Antwort: wahrscheinlich keine.

Vor kurzem war ich in unserem Trainerbüro. Als ich gerade auf dem langen Flur war, sah ich vor mir einen Kollegen im Türrahmen stehen. Er hatte sich so an den Türrahmen gelehnt, dass ich ihn genau von der Seite aus sehen konnte. Als er da so stand, bemerkte ich, dass unterhalb seiner Brust in letzter Zeit etwas gewachsen war. Ich ging zu ihm hin, klopfte auf seinen Bauch und sagte zu ihm: „Du hast im letzten Jahr ganz schön zugelegt." Natürlich habe ich ihn dabei angelächelt. Anschließend habe ich ihm die alles entscheidende Frage gestellt:

„Wo wird das hinführen, wenn Du die nächsten zehn Jahre so weitermachst?" Er blickte etwas verschämt auf seinen Bauch und antwortete: „Ich weiß, aber mir hat das noch nie jemand so direkt gesagt wie Du." Meine Antwort: „Gerne, ich bin ja auch dein Freund!"

Drei ehrliche Einstellungs-Tatsachen

Es gibt drei offene und ehrliche Einstellungs-Tatsachen, die wir alle verstehen und akzeptieren müssen. Wie wir mit diesen zeitlosen Tatsachen umgehen, beeinflusst nachhaltig unsere persönliche Entwicklung:

1. Sie entscheiden mit Ihrer Einstellung über Ihre Zukunft

Schauen wir doch mal gemeinsam in Ihr Unternehmen oder an Ihren Arbeitsplatz. Folgendes Szenario findet GARANTIERT auch bei Ihnen statt: Zwei Mitarbeiter haben genau den gleichen Job, in der gleichen Firma und bekommen genau das gleiche Gehalt.

Das kommt Ihnen bestimmt bekannt vor! Der eine Mitarbeiter hat folgende innere Einstellung (die er meistens nicht offen nach außen kommuniziert!):

„Ich verdiene nicht so viel, wie ich gerne verdienen würde und außerdem gehört mir die Firma nicht. Daher komme ich nie früher als nötig und gehe täglich so früh wie möglich. Wenn das alles ist, was mir meine Firma zahlt, dann mache ich nur Dienst nach Vorschrift!"

Sie kennen Menschen mit dieser Einstellung!? Sie arbeiten mit Menschen mit dieser Einstellung zusammen!?

Hey, wahrscheinlich sind Sie genauso ein Mensch mit dieser Einstellung!? Glauben Sie nicht auch, dass genau diese Einstellung diesem Mitarbeiter jegliche berufliche Aufstiegschance in den nächsten 10 Jahren versaut? Natürlich!

> *Ihre eigene Einstellung hat einen sich aufaddierenden Effekt auf Ihre Zukunft.*
> *Sie können niemals den Konsequenzen Ihrer eigenen Einstellung entkommen. Und die entscheidende Frage ist doch nur: Haben Sie die richtige oder die falsche Einstellung?*

Allein diese einfache Tatsache wollen die meisten Menschen nie wahrhaben.

Hier ist eine andere innere Einstellung:

Der zweite Mitarbeiter, mit dem gleichen Job, mit dem gleichen Gehalt, hat folgende Einstellung: „Egal, was mir die Firma im Moment zahlt, ich komme immer so früh wie möglich und bleibe täglich länger als vorgeschrieben ... um in meine eigene Zukunft zu investieren."

Sie kennen sicherlich auch Menschen mit einer solchen Einstellung!? Hey, vielleicht sind Sie sogar ein solcher Mensch!? (Ich fange an, nett zu werden!)

Gleicher Job, gleiche Firma, gleiches Gehalt – aber eine vollkommen andere Einstellung.

Warum hat ein Mitarbeiter eine so schlechte Einstellung und der andere Mitarbeiter eine so positive?

Ganz ehrlich???

Ich weiß es nicht!

Ich nenne das: Geheimnisse des Lebens.

Ich weiß nur, dass die Einstellung, die Sie heute an den Tag legen, alles in Ihrer Zukunft beeinflusst. Kapieren und akzeptieren Sie das.

Hier ist die zweite harte Einstellungs-Tatsache:

2. Sie arbeiten immer für sich selbst

Überrascht?

Sie arbeiten niemals für einen Arbeitgeber. Wirklich!

Sie arbeiten niemals für jemand anderen.

Die Wahrheit ist: Sie arbeiten IMMER für sich selbst.

Ihr Arbeitgeber zahlt vielleicht am Ende des Monats Ihr Gehalt, doch in Wahrheit arbeiten Sie immer für sich selbst.

Alles, was Sie den ganzen Tag tun, ist eine Reflexion Ihrer Einstellung und Ihrer Persönlichkeit. Und damit malen Sie ein Selbstporträt, das Ihren weiteren Werdegang und Ihre Zukunft beeinflussen wird. Wir nennen das in der Alltagssprache unseren Ruf! Sie sind ein Maler, ein Künstler, ein Picasso, der jeden Tag sein Selbstporträt verfeinert, das andere Menschen dann sehen. Ist es nicht ratsam, dass Ihr Selbstporträt einen unwiderstehlichen Namen trägt?

Herr Erfolgreich, Frau 100 %, Herr Zuverlässig, Frau Integer, Herr Ich-Gebe-immer-mein-Bestes, Frau Selbstdisziplin?

> *Alles, was Sie den ganzen Tag tun, ist eine Reflexion Ihrer Einstellung und Ihrer Persönlichkeit.*

Vielleicht verdienen Sie im Moment noch nicht so viel, wie Sie gerne verdienen würden! Wenn Sie aber ein unwiderstehliches Eigenporträt haben, einen nicht zu schlagenden Ruf, dann ist es nur eine Frage der Zeit, bis Ihr Arbeitgeber Ihnen das bezahlen wird, was Sie wert sind.
Und glauben Sie mir Folgendes:
Wenn Ihr Arbeitgeber die Scheuklappen auf hat und das nicht erkennt, dann wird ein anderer Arbeitgeber auf Sie zukommen und Ihnen das zahlen, was Sie haben möchten. Deswegen arbeiten Sie immer für sich selbst.
Macht Ihnen das Mut? Ich hoffe es.
Die meisten Menschen verstehen das nie! Genauso wenig, wie sie Folgendes nicht verstehen:

3. Keinen interessieren Ihre vergangenen Erfolge

Keinen interessiert's, wie gut Sie mal waren! Stimmt das nicht?
Es interessiert NIEMANDEN, wie gut Sie mal waren.

„Herr Bischoff, das stimmt nicht! Schauen Sie sich die ganzen Sportstars mal an!"

Ja, da ist etwas Wahres dran. Ich habe erst vor kurzem gelesen, dass Michael Schumacher ein Jahr nach Beendigung seiner Formel-1-Karriere immer noch 35 Millionen Euro passives Einkommen aus Werbeverträgen generiert. Aber ich habe eine Gegenfrage:
Sind Sie ein Sportstar? Oder sonst irgendein Superstar? Nein?

Dann sparen Sie sich solch faule, fadenscheinige Argumente.

Glauben Sie mir, wenn Sie ein ganz normaler Mensch wie ich sind, dann interessiert es keinen, welche Heldentaten Sie in der Vergangenheit erbracht haben.

Im Basketball habe ich das ganz schnell gelernt. Als Trainer im Sport bist du genau so gut, wie das letzte Spiel am Wochenende. Ein Blick in die Fußball-Bundesliga reicht. Da scheinen Manager im Wettkampf miteinander zu stehen, wer die meisten Trainer feuert. Diese Entscheider und auch die Öffentlichkeit haben anscheinend noch nie etwas davon gehört, wie lange es braucht, bis ein Leader ein gut funktionierendes Team aufgebaut hat. Es dauert länger als die ersten fünf Wochen einer Bundesliga-Saison!!

Ich habe das selbst erlebt:

In der zweiten Bundesliga hatte ich in Bamberg mal ein ganz junges Team. Vor der Saison haben sich alle Verantwortlichen zu mir und diesem sehr jungen und unerfahrenen Team bekannt:

„Wir sind gut genug."

„Wir haben Geduld."

„Du kannst in Ruhe arbeiten."

„Wir wissen, dass auch schwere Zeiten kommen werden!"

Wir spielten eine sehr gute Vorbereitung, wir gewannen ein Spiel nach dem anderen und waren früh in der Saison sogar Tabellenzweiter! Wir wurden gefeiert, jeder war freundlich, wollte dabei sein und seinen Anteil am Erfolg in der Öffentlichkeit haben. Sieben Wochen später wurde ich gefeuert, weil wir siebenmal in Serie verloren hatten. Da haben keinen mehr die vergangenen Erfolge interessiert.

In meinem Vortrag benutze ich folgendes Beispiel, um zu verdeutlichen, dass es keinen interessiert, wie gut Sie mal waren:

„Meine Damen und Herren, das ist heute die 88. Rede, die ich in diesem Jahr halte. 88! In meinen ersten 87 war ich unglaublich gut!!!"

Keinen interessiert's, wie gut Sie mal waren. Es kommt nur darauf an, wie gut Sie heute sind.

Die persönliche Einstellung als entscheidendes Einstellungskriterium

Dies ist ein ganz wichtiges Einstellungskriterium, das ich sowohl von Basketballtrainer Dirk Bauermann als auch von Mike Krzyzewski gelernt habe. Wenn Sie ein Team oder eine Firma führen, halten Sie es bitte genauso:

Hire for attitude, not just skills.

Stellen Sie Mitarbeiter nach deren Einstellung ein, nicht nur nach deren Fähigkeiten. Fähigkeiten sind natürlich wichtig, aber wenn Sie zwischen zwei potenziellen Mitarbeitern wählen können, die ungefähr die gleichen Fähigkeiten besitzen, dann nehmen Sie um Himmels Willen immer den mit der besseren Einstellung!
Ich gehe sogar noch einen Schritt weiter:

Hire for attitude, train for skills!

Lieber entscheiden Sie sich für einen Mitarbeiter, der zwar im Moment wenig Fähigkeiten besitzt, dafür eine Top-Einstellung hat, als für einen absoluten Experten in Ihrem Feld mit einer miesen Einstellung!
Sie fragen sich, warum?
Weil sich in unserer schnelllebigen Welt die Anforderungen und notwendigen Fähigkeiten ständig ändern. Und ein Mitarbeiter mit der richtigen Arbeitseinstellung wird immer bereit sein, neue Dinge zu lernen, aber ein Mensch ohne die richtige Einstellung, der sich gegen Veränderung sträubt, wird wie ein lästiger Klotz an Ihrem Bein hängen, andere Mitarbeiter damit belasten und Ihre Arbeitsatmosphäre vergiften.
Ein fauler Apfel kann dem ganzen Baum Schaden zufügen.

Ein beeindruckendes Beispiel

Ich war sechs Jahre lang Trainer in Bamberg. In der ersten Hälfte war ich Assistenz- und Cheftrainer der Profimannschaft, in der zweiten Hälfte habe ich das Nachwuchs-Förderprogramm aufgebaut, das im Moment das vielleicht beste in Deutschland ist (Sie sehen: Ich weiß, wie ich mich selber lobe!). Vor ein paar Jahren hatten wir bei einer Qualifikationsmeisterschaft zur deutschen Meisterschaft gegen das Team aus Leipzig gespielt. Ohne überheblich zu wirken, muss erwähnt werden, dass unser Team in dem Jahr so gut war, dass wir nur ein Ziel hatten: Deutscher Meister zu werden.

Das Spiel gegen Leipzig war nicht mehr als eine Pflichtaufgabe auf dem Weg dorthin. Unser Gegner war heillos überfordert, wir gewannen mit siebzig Punkten Differenz. Dennoch musste ich drei Minuten vor Spielende eine Auszeit nehmen und meine Mannschaft warnen:

„Der Gegner spielt weiterhin äußerst intensiv und aggressiv. Ihr müsst euch bis zum Schluss konzentrieren und dagegen halten, damit sich keiner verletzt!"

Wenn eine deutsche Mannschaft drei Minuten vor Spielende bei einem Punkterückstand von 65 Punkten spielt, als ginge es um ihr Leben, dann ist dies eine Reflexion der Einstellung ihres Trainers.

Im Sport lernst Du ganz schnell: Die Mannschaft ist eine Reflexion ihres Trainers! Für Unternehmen gilt das übrigens genauso.

Deshalb bin ich nach Spielende zu dem gegnerischen Trainer gegangen und habe ihm gratuliert. Ich kannte diesen Trainer nicht, aber die Spielintensität seiner Mannschaft hatte mich beeindruckt.

Wenig später kam dieser Trainer wieder zu mir.

„Hallo, ich bin der Mirko. Ich möchte gern Basketball-Profitrainer werden. Wie schaffe ich das?"

Nun, diese Frage haben mir schon hunderte von Trainern gestellt.

Ich sagte offen und ehrlich zu ihm:

„In Leipzig wird das nicht gehen. Du musst in ein national anerkanntes und renommiertes Programm, dir einen Namen erarbeiten und von den Besten lernen."

„Wo kann ich das schaffen?"

Ich antwortete: „Bei uns als Trainer im Moment sicherlich nicht. Aber du kannst dich in unserem Büro als Praktikant bewerben. Diese Bewerber werden von unserem Manager fast alle eingestellt. Du musst täglich intensiv bis zu zehn Stunden arbeiten, aber du hast den Fuß in der Tür. Was du dann daraus machst, liegt nur noch an dir."

Damit war unser Gespräch vorbei. Ehrlich gesagt, hatte ich es auch ganz schnell vergessen. Denn, wie gesagt, diesen Rat hatte ich schon vielen gegeben und was glauben Sie, wie viele dann in Bamberg tatsächlich aufgetaucht sind?"

Ja, richtig: NULL !!!!

Die persönliche Einstellung als entscheidendes Einstellungskriterium

Denn zehn Stunden Arbeit pro Tag – das klingt wirklich nach Arbeit! Zu viel für einen faulen Hund, dem die tägliche Freizeit wichtiger ist.

Mirko war anders. Der stand im nächsten Jahr in Bamberg im Büro – als Praktikant. Er hatte nur ein Ziel: Basketballtrainer zu werden. Also hat er genau das gemacht, was ich ihm empfohlen hatte: Er hat den ganzen Tag seine Büroarbeit erledigt.
Jeden Abend, wenn er im Büro fertig war, saß er in der Halle und hat anderen Trainern und mir beim Training zugeschaut.
Sie müssen dazu auch Folgendes wissen: In unserem Büro arbeiten viele Praktikanten für sehr wenig Geld. Sie bekommen so wenig Geld, dass ich es Ihnen noch nicht mal sagen möchte, wie wenig es ist.
Normalerweise machen alle Praktikanten nach zwei bis drei Monaten der Eingewöhnung Folgendes: Sie gehen zu unserem Manager und sagen, dass sie mehr Geld brauchen! Sie fordern! Haben noch nicht viel erreicht, aber sie fordern!
Begründung: Von dem aktuellen Gehalt können sie nicht leben!
Nun, damit haben sie ja Recht. Es ist dennoch die falsche Einstellung!
Die richtige Einstellung wäre:
Schnauze halten! Erst Leistung bringen, Ergebnisse zeigen, dann fordern!
Unser Manager macht dieses Forderungs-Spiel in einem kleinen Rahmen mit. Ich bin mir sicher, dass er die meisten anschließend innerlich dennoch abgehakt hat. Sie haben nicht die richtige Einstellung, um als Festangestellter in dieser Firma zu arbeiten.
Nur Mirko war anders. Der sagte wortwörtlich:
„Ich verdiene nicht viel Geld! Es reicht auch nicht zum Leben. Aber mir ist es Ehre genug, dass ich überhaupt hier sein darf!"
Wow! Ist das nicht eine bewundernswerte Einstellung???!!! Wie würden Sie als Chef auf so einen Mitarbeiter reagieren?
Parallel ist Folgendes passiert:
Sie können sich vorstellen, wenn jeden Tag der gleiche Zuschauer auf dem gleichen Platz mit dem gleichen Notizblock in Ihrer Halle sitzt und Ihnen beim Arbeiten zuschaut, dann sagt nach einer gewissen Zeit allein diese Tatsache eine Menge über die innere Einstellung dieses Zuschauers aus. Nach der Winterpause wurde es mir zu blöd. Ich ging nach einem Training, in dem mir die Arbeit fast wieder über den Kopf wuchs, zu Mirko hin und sagte zu ihm:

Machen Sie den positiven Unterschied

„Pass auf. Wenn du schon jeden Tag da bist, dann kannst du auch gleich was machen. Ich nehme dich als Assistenztrainer."

Ab dem nächsten Tag saß Mirko nicht mehr auf der Tribüne, sondern stand am Spielfeldrand – als stiller Beobachter, ohne ein Wort zu sagen.

Ein paar Wochen später übertrug ich ihm das erste Mal das Aufwärmen (ein weiterer Grund war: Ich hatte keine Lust, es selbst zu machen. Sie wissen: Sie sind faul! Genauso bin ich faul ☺).

Dabei bemerkte ich, dass Mirko ganz schnell einen super Draht zu den Spielern entwickelte. Nach ein paar Wochen leitete Mirko in einer Notsituation das erste Mal ein Training alleine. Insgesamt zog sich dieser Prozess über 1¾ Jahre hin.

Im Frühjahr 2006 teilte ich dem Verein mit, dass ich aus freien Stücken zum Saisonende meine Tätigkeit beenden würde!

Raten Sie mal, wer einer meiner Nachfolger geworden ist?

Genau: Mirko!!!

Ist das nicht eine beeindruckende Geschichte? Was hat Mirko gebraucht, um seinen Traum „Profitrainer" zu verwirklichen?

Die richtige Einstellung! Eigeninitiative, Willen, Hartnäckigkeit, Lernbereitschaft und 2 Jahre Zeit! Nicht mehr! Außergewöhnliches Talent? Nein! Mit Sicherheit nicht.

Ist das nicht einfach?

Warum sollte es für Sie nicht genauso einfach sein?

Eigeninitiative hat nichts mit Talent zu tun!

Wille hat nichts mit Talent zu tun!

Hartnäckigkeit hat nichts mit Talent zu tun!

Lernbereitschaft hat nichts mit Talent zu tun! Es hat nur damit zu tun, dass Sie Ihren trägen Geist in Bewegung setzen, sich ein Ziel setzen und es ausdauernd verfolgen.

Pay for performance, promote for attitude

Wenn Sie Unternehmenschef, Führungspersönlichkeit oder Teamleiter sind, nehmen Sie sich bitte zu Herzen, was ich von Wolfgang Sonnabend, Executive Vice President von Arvato/Bertelsmann gelernt habe:

Pay for performance, promote for attitude!

Innovative Unternehmen beurteilen Ihre Mitarbeiter nicht mehr nur nach deren Leistung, sondern auch nach deren Einstellung.

Gehaltserhöhungen und Bonuszahlungen bekommen die Mitarbeiter, die durch Leistung glänzen, aber befördert werden zuallererst nur die Mitarbeiter, die neben einer Topleistung auch noch eine Topeinstellung an den Tag legen. Und dies messen diese Unternehmen folgendermaßen:

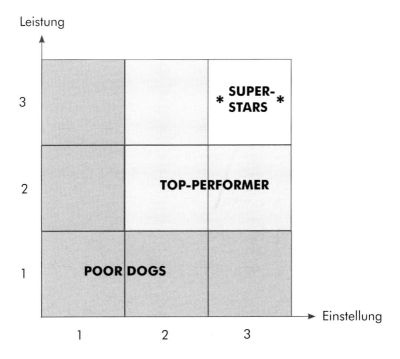

Auf der Y-Achse wird die Leistung bewertet und auf der X-Achse die Einstellung. Jeder Mitarbeiter kann in beiden Kategorien einen Wert von 1-3 erreichen.

Ihre Einstellung – das alles Entscheidende!

Leistung ist einfach zu messen, am Ende des Fiskaljahres zählen nur Zahlen, Fakten und Ergebnisse – Sie kennen das.
Die Einstellung wird folgendermaßen gemessen:

Wie verhält sich der Mitarbeiter gegenüber Kollegen, Teammitgliedern, Vorgesetzten, der Unternehmensspitze? Wie schneidet er in der jährlichen Mitarbeiterbefragung ab? Am Ende befindet sich jeder Mitarbeiter in einem Feld dieses Koordinatensystems.
Am Rand haben wir die POOR DOGS, die armen Hunde. Das sind die Mitarbeiter, die in einem der beiden Bereiche oder sogar in beiden grottenschlecht sind und die im Unternehmen keinerlei Aufstiegschancen besitzen. Alle, die im Bereich 2;1 bis 1;2 sind, sollten Sie am besten heute noch feuern.
Dann haben wir die TOP-PERFORMER, die Ihrer Firma schon richtig helfen.

Doch befördert werden zuallererst die SUPERSTARS – die Mitarbeiter, die sowohl Top-Leistung abliefern als auch eine Top-Einstellung haben.

Übrigens, falls Sie es noch nicht wussten:
Diese drei Mitarbeiterkategorien (die POOR DOGS, die TOP-PERFORMER und die SUPERSTARS) machen in jedem Unternehmen fast immer den gleichen Prozentsatz aus:
Die Besten (=20 %),
die Mittleren (=60 %) und
die Schlechten (=20 %).

> *Einstellungs- und*
> *Leistungs-Tatsache:*
> *In jedem Unternehmen gibt es*
> *20% Superstars,*
> *60% Top-Performer und*
> *20% faule Hunde.*

Wie sollten Sie als Chef mit diesen Kategorien umgehen?
Ganz einfach:
Die besten 20 %: Geben Sie ihnen ihre Aufgaben und dann lassen Sie sie in Ruhe! Diese Leute sind gut genug, um alleine zu arbeiten, und brauchen Sie nicht als ständigen Überwacher oder Babysitter.

Die unteren 20 %: Wir werden von unserer Gesellschaft darauf konditioniert, dass wir diese Leute in unserem Unternehmen akzeptieren und uns um sie kümmern. Was für ein absoluter Schwachsinn! Sparen Sie sich die Energie! Schmeißen Sie sie raus! Für diese Menschen gilt das alte Sprichwort: Sie können aus einem Schwein kein Rennpferd machen! Sie verwirren nur das Schwein! Es ist Zeit- und Energieverschwendung. Sie können den Unmotivierten nicht motivieren. Sie können einem dummen Ignoranten keine neuen Sachen beibringen. Sie können einem erwachsenen Idioten nicht die richtige Einstellung vermitteln. Geben Sie's auf und setzen Sie ihn vor die Tür!

Das ist nichts Schlimmes. Sie müssen die Definition von „Entlassung" verstehen. Wenn ich eine Person auf Grund mangelnder Leistung entlasse, dann mache ich das nicht GEGEN diese Person, sondern FÜR sie und FÜR das Unternehmen. Diese Person wird sich auf Dauer nicht wohl fühlen im Team und das Team auch nicht mit dieser Person. Bevor also jemand seine ihre Zeit in Ihrer Firma verschwendet und irgendwann von selber merkt, dass dies der falsche Ort ist, nehmen Sie ihm diese Entscheidung ab.

Das ist für Ihr Unternehmen und Ihren Mitarbeiter langfristig das Beste. Auch wenn ich zugeben muss, dass kaum ein Mitarbeiter das so sehen wird, in dem Moment, in dem Sie ihm diese Nachricht überbringen.

Ihre Einstellung – das alles Entscheidende!

> *Trennen Sie sich von Mitarbeitern mit einer schlechten Einstellung! Sie können aus einem Schwein kein Rennpferd machen! Sie verwirren nur das Schwein! Sie verschwenden Ihre Zeit und Ihre Energie!*

Investieren Sie Ihre Energie in die mittleren 60 %. Dort befinden sich die Mitarbeiter, die Ihre Hilfe brauchen und die Ihre Zeit und Energie verdienen. Ihre Aufgabe als Führungspersönlichkeit ist einfach: die mittleren 60 % in die anderen beiden Kategorien zu führen: in die besten 20 % oder in die schlechten 20%.

Sie haben richtig gehört: auf beide Kategorien verteilen.

Sie können morgen Ihre schlechten 20% entlassen und es dauert keine Woche, bis Ihre mittleren 60 % sich aufteilen und die schlechten 20 % wieder auffüllen. Das können Sie nicht ändern.

Andersrum gilt das genauso. Haben Sie keine Angst, wenn mal ein „Superstar" Ihr Unternehmen verlässt. Auch das können Sie nicht verhindern! Richtig gute Mitarbeiter gehen früher oder später meistens ihren eigenen Weg. Keine Sorge: Der Nächste, der bereit ist, diese Lücke aufzufüllen, steht schon in den Startlöchern. Er wartet nur auf seine Chance. Bisher haben Sie ihn nicht entdeckt, weil Sie ihn nicht entdecken mussten. Sie hatten andere Superstars, auf die Sie sich verlassen haben.

Fangen Sie bei sich selbst an!

Kennen Sie Menschen, die immer neidisch auf andere schauen und voller Ironie auf das blicken, was andere haben? Jeder Mensch sollte sich um seine eigenen Angelegenheiten kümmern. Wenn Sie etwas bewundern, was ein anderer Mensch hat oder kann, dann fragen Sie ihn, wie er das bekommen oder geschafft hat, und machen Sie das Gleiche. Dann werden Sie diese Sache in Zukunft auch haben oder können. Aber verschonen Sie uns mit Ihrem Neid!

> *„Neid ist nichts anderes als undisziplinierter Geist, der abhaut und sich mit dem beschäftigt, was andere haben!"*
> – Boris Grundl, deutscher Führungsexperte

> *„Neid ist ein Eingeständnis der Minderwertigkeit."*
> – Victor Hugo, 1802-1885, Schriftsteller

Zeigen Sie lieber mit dem Finger auf andere, als selbst die Verantwortung zu übernehmen? Stellen Sie das bitte ein! Immer, wenn ein Finger auf den anderen zeigt, weisen drei Finger zurück auf Sie selbst! Urteilen, klagen oder schimpfen Sie nicht über andere. Sie können andere Menschen nicht verändern! Aber Sie können sich selbst verändern. Deswegen sorgen Sie dafür, dass Sie Sachen richtig machen.

Menschen können nur sich selbst verändern!

Nach meinen Vorträgen kommen immer Zuhörer zu mir, um sich mit mir zu unterhalten. Aus diesen Gesprächen kann ich oft viel lernen. Ich habe schon viele gute Tipps und Umsetzungsmöglichkeiten von meinem Publikum bekommen.
Doch auch nach fast jedem Vortrag (vor allem firmenintern) kommt ein Teilnehmer zu mir, der Folgendes sagt:
„Guter Vortrag, Herr Bischoff. Ich frage mich nur, wie viel bleibt bei meinen Kollegen wirklich hängen? Die meisten haben es morgen bestimmt vergessen und setzen nichts um."

Ihre Einstellung – das alles Entscheidende!

Ich antworte auf diese Frage immer gleich: „Sorgen Sie nur dafür, dass die Inhalte bei Ihnen hängen bleiben und dass SIE das Ganze ab morgen umsetzen! Wenn das jeder macht, dann geht es auch Ihrer Firma gut."
Ist das nicht so?

> *Fangen Sie bei sich selbst an,*
> *damit Ihr Leben besser wird.*
> *Damit werden Sie ein Leben lang*
> *genug zu tun haben!*

„Ich wollte immer die Welt verändern. Bis ich herausgefunden habe,
dass ich die Welt nicht ändern kann.
Aber ich kann mich ändern."
– Unbekannt

Fangen wir bei uns selbst an: Verändern wir nicht andere Menschen – verändern wir uns selbst!
Kritisieren wir nicht andere – kritisieren wir uns selbst!
Hinterfragen wir nicht die Einstellung anderer – hinterfragen wir unsere eigene Einstellung.

Beneiden wir nicht andere – tun wir das Notwendige, damit wir da hinkommen, wo wir hinkommen möchten.
Abschließend der letzte Punkt:
Wenn Sie in den letzten Minuten gemerkt haben, dass SIE an Ihrer Einstellung etwas verändern müssen, weil Sie bisher Dinge FALSCH gemacht haben, dann ist das nicht schlimm. Seien Sie nicht zu hart zu sich selbst.
Im Gegenteil: Gratulieren Sie sich zu dieser Erkenntnis!
Trauern Sie auch bitte nicht Ihrer Vergangenheit hinterher. Sie können diese sowieso nicht mehr ändern.

Fangen Sie bei sich selbst an!

Treffen Sie JETZT eine Entscheidung, welche drei Dinge Sie ab HEUTE anders machen werden.
Schreiben Sie nun bitte diese drei Dinge auf einen Zettel, damit Sie sie jeden Tag sehen und auch in Stresssituationen daran erinnert werden.

Folgende drei Dinge werde ich ab heute an meiner Einstellung ändern:

1._____

2._____

3._____

Herzlichen Glückwunsch! Der erste Schritt ist geschafft.
Und nun viel Spaß beim Weiterlesen!

Ihre Einstellung – das alles Entscheidende!

Christian Bischoffs Schlüsselpunkte zum Thema „Einstellung"

- Ihre eigene Einstellung ist der alles entscheidende Faktor in Ihrem Leben. Alles steht und fällt mit Ihrer Einstellung.

- Alles im Leben, das Sie beeinflussen können, ist Ihre und nur Ihre Entscheidung.

- Kümmern Sie sich nicht um Dinge, die Sie nicht beeinflussen können! Konzentrieren Sie sich auf die Dinge, die Sie beeinflussen können!

- Erfolg ist zuerst nur die Antwort auf die Frage: Will ich, oder will ich nicht? Die meisten Menschen wollen nicht!

- Drei Gründe, warum gesunde Menschen nicht erfolgreich sind: Sie sind dumm, faul oder gleichgültig.

- Viele Menschen verlangen von sich nur, was andere von ihnen verlangen. Alles andere ist ihnen egal.

- Sie entscheiden mit Ihrer Einstellung über Ihre Zukunft – privat und beruflich!

- Unsere heutige Einstellung wird sich auf unsere Zukunft auswirken. Wir können niemals den Konsequenzen unserer eigenen Einstellung entkommen. Die entscheidende Frage ist nur: Haben Sie die richtige oder die falsche Einstellung?

- Alles, was Sie den ganzen Tag tun, ist eine Reflexion Ihrer Einstellung und Ihrer Persönlichkeit.

Christian Bischoffs Schlüsselpunkte

- Keinen interessiert es, wie gut Sie mal waren!

- Räumen Sie Ihr Ego aus dem Weg!

- Fangen Sie bei sich selbst an!

- Wenn Sie jetzt bemerkt haben, dass Sie bisher wichtige Dinge falsch gemacht haben, dann ist das nicht schlimm! Sie können ab sofort alles ändern. Es liegt nur an Ihnen!

ERFOLG IST EINFACH

Als junger Trainer bildete ich mir ein, so gut zu sein, dass ich aus durchschnittlichen Talenten ein Meisterteam formen könnte! Was für ein Irrtum!

Ich habe ganz schnell gelernt, dass Erfolg als Trainer davon abhängt, wie gut die Spieler sind! Im Profibereich ist das ganz einfach zu erkennen:

Jeder Verein weiß, dass er nur so gut abschneiden wird, wie das Können seiner Spieler ist. Betrachten wir den FC Bayern München: Nach einer enttäuschenden Saison 2006/2007 ist der Verein auf große Einkaufstour durch die ganze Welt gegangen. Denn das Können seiner Spieler entscheidet zum größten Teil darüber, wie erfolgreich der Verein ist. Nach seiner großen Einkaufstournee ist der FC Bayern München in der Saison 2007/2008 wieder unangefochten deutscher Meister geworden.

Das gleiche Prinzip gilt auch für Sie!

Ihr Können entscheidet zum größten Teil darüber, wie erfolgreich Sie werden!!!

Es gibt eine ganz einfache Formel für sportlichen Erfolg, für all Ihren beruflichen, privaten und persönlichen Erfolg:

Unternehmen werden besser, wenn die Mitarbeiter der Unternehmen besser werden. Angestellte werden besser, wenn deren Vorgesetzte sich weiterentwickeln. Warum ist das so? Weil Sie in einem anderen Menschen immer nur fördern können, was Sie selbst in sich tragen!

Ein Mensch, der sich selbst nicht führen kann, wie soll der bitte schön andere führen?

Ein Vorgesetzter, der vom eigenen Ego und mangelndem Selbstbewusstsein getrieben wird, wie soll der bitte schön delegieren, Vertrauen in die Mitarbeiter haben und offene, ehrliche Mitarbeitergespräche führen können?

Ganz einfach: Es geht nicht! Sie können in anderen nur fördern, was Sie selbst in sich tragen!

Daher gilt in Firmen:
Angestellte können nur besser werden, wenn die Vorgesetzten besser werden. Vorgesetzte entwickeln sich weiter, wenn die Unternehmensspitze sich weiterentwickelt und den richtigen Führungsstil hat.
Sie kennen das Sprichwort:
Der Fisch stinkt vom Kopf her! Der KOPF ist die höchste Managementebene (was dem Angestellten nicht als Ausrede dienen darf, nicht an sich selbst zu arbeiten).
In Schulen gilt diese Regel genauso:
Schüler werden besser, wenn die Lehrer besser werden.
Und die Lehrer werden besser, wenn die Direktoren besser werden.
In Ihrem Privatleben gilt das ebenso:
Ehefrauen entwickeln sich als Mensch weiter, wenn die Ehemänner sich weiterentwickeln und umgekehrt.
Und Kinder wachsen richtig auf, wenn Sie als Eltern Ihren Kindern das Richtige vorleben.

ALLES IN IHREM LEBEN WIRD DAUERHAFT BESSER,
WENN SIE BESSER DENKEN, HANDELN UND REDEN!

NICHTS IN IHREM LEBEN WIRD BESSER,
SOLANGE SIE SICH WEIGERN, BESSER ZU WERDEN!

Vor kurzem kam ein Unternehmenschef nach einem Vortrag zu mir und stellte folgende Frage: „Ist es nicht wichtiger, dass ich als Chef die Infrastruktur und die technischen Möglichkeiten meines Unternehmens vorantreibe, anstatt meine Mitarbeiter besser zu machen? Wir haben gerade eine neue Millionen-Investition fertig gestellt, die viele Kunden anziehen wird!"
Was ist Ihnen lieber?
Die neusten und innovativsten Millionen-Investitionen und parallel dazu ganz schlechte Mitarbeiter, die damit nicht umgehen können, oder hätten Sie lieber hervorragende Mitarbeiter?
Ich weiß, Sie sagen: beides!

Sie verstehen den Punkt trotzdem: Das Wichtigste sind die Mitarbeiter, die in Ihrem Unternehmen arbeiten.

Die beste Technologie hilft Ihnen nicht, wenn Sie nicht das Personal haben, das diese Technologie bedienen, verkaufen, absetzen kann. Die wichtigste Ressource in jedem Unternehmen ist der Mensch.

> *„Wenige Mitarbeiter sorgen dafür, dass etwas geschieht,*
> *viele Mitarbeiter sorgen dafür, dass nichts geschieht,*
> *viele Mitarbeiter sehen zu, wie etwas geschieht,*
> *und die überwältigende Mehrheit hat keine Ahnung,*
> *was überhaupt geschehen ist."*
> – Am Schwarzen Brett der Frankfurter Börse

Warum erzähle ich Ihnen das? Weil Erfolg einfach ist: Er beginnt oder scheitert immer nur in Ihnen. Jeder Unternehmenserfolg ist von einzelnen Menschen abhängig. Sie sind die Quelle, nicht der Staat, nicht der Arbeitgeber, nicht das Sozialversicherungssystem, kein Chef, kein Kollege, kein Freund oder Verwandter. Niemand außer Ihnen.

In den 16 Jahren meiner professionellen Tätigkeit als Basketballspieler und Trainer habe ich tausende von Spielern und Trainern aus der ganzen Welt kennen gelernt. Ich habe mit Dirk Nowitzki, Sven Schultze, Ademola Okulaja zusammengespielt, mit Dirk Bauermann, Mike Krzyzewski, Roy Williams zusammengearbeitet und von Profis wie Steffen Hamann, Chris Ensminger, Derrick Taylor bis zum Anfänger tausende Spieler gecoacht.
Die entscheidende Frage war für mich schon immer:
Was unterscheidet einen erfolgreichen Menschen von einem nicht so erfolgreichen? Deswegen habe ich Spieler aus allen Ländern der Welt bezüglich ihrer Einstellung, ihres Verhaltens, ihrer Erfolgs- und Misserfolgskriterien beobachtet und analysiert. Ich bin 11 Jahre lang international gereist, um von den Besten der Besten zu lernen. Gleichzeitig habe ich eine Unzahl von Büchern gelesen.

Eine Sache hat sich für mich schnell herauskristallisiert:
Was ein Mensch aus seinem Leben macht, hängt zuallererst von der eigenen Willenskraft ab.
Ihre Willenskraft ist das Entscheidende!

Wir sagen häufig: „Ich kann nicht!" Das ist eine dumme Ausrede für: „Ich will nicht."
Sie können in Ihrem Leben genau die Dinge nicht, die Sie nicht wollen! Ihre Willenskraft entscheidet, was Sie wollen. Wenn Sie etwas wirklich wollen, dann finden Sie auch den Weg dorthin!
Wie finden Sie Ihre Willenskraft?
Fragen Sie sich: Was will ich im Leben wirklich?
Schreiben Sie die Antworten auf und tun Sie genau DIESE Dinge in Ihrem Leben.

Warum ist Ihre Willenskraft so wichtig?
Ganz einfach:
Wenn Ihre Willenskraft einmal geweckt ist, dann gibt es nur 15 wirklich wichtige Lebensprinzipien, 15 persönliche Einstellungskriterien, die Ihnen helfen, erfolgreich zu werden.
15 Lebenseinstellungen, die Ihnen helfen, all das zu erreichen, zu tun, zu erleben, zu haben, zu sehen, was Sie aus Ihrem Leben machen wollen.
Über genau diese 15 persönlichen Lebenseinstellungen möchte ich mit Ihnen in diesem Buch sprechen.

Vorher führen Sie sich jedoch das Grundprinzip noch einmal vor Augen:

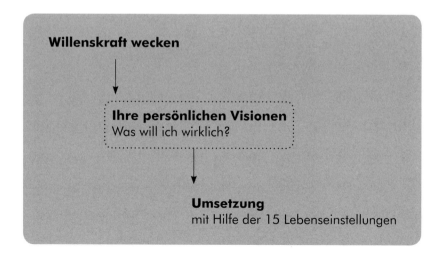

Bei einigen der 15 Lebenseinstellungen werden Sie vielleicht sagen:
„Herr Bischoff, dieser Punkt ist mehr als eine Einstellung."
Nein, ist er nicht. Wenn Sie sich aufmerksam meine Definition von „Ein-
stellung" durchlesen, werden Sie merken, dass ich Recht habe.

1. Lebenseinstellung

ÜBERNEHMEN SIE
100 % VERANTWORTUNG

„Ein Mensch wird erst richtig Mensch, wenn er die volle Verantwortung für sich übernimmt, wenn er sich für alles, was er ist, verantwortlich fühlt. Das ist die Grundvoraussetzung und erfordert am meisten Mut."
– Osho in seinem Buch „Mut"

Übernehmen Sie die volle Verantwortung für Ihr Leben! Privat wie beruflich. Damit, und mit nichts anderem, fängt es an.
Ich habe ein paar Fragen an Sie und möchte Sie bitten, diese Fragen mit Ja oder Nein zu beantworten:

Wären Sie in Zukunft gern in bestimmten Bereichen Ihres Lebens erfolgreicher, als Sie es bisher waren?
Hätten Sie in Zukunft gern mehr Geld zur Verfügung, als Sie es bisher hatten?
Hätten Sie in Zukunft gern mehr vertrauensvolle Freunde, mit denen Sie eine unvergessliche Zeit verbringen könnten?
Hätten Sie in Zukunft gern mehr Freude an Ihrem Leben und würden es gern mehr genießen als bisher?
Wenn Sie ehrlich sind, dann haben Sie alle Fragen mit einem lauten „JA" beantwortet, denn es ist ein inneres Grundbedürfnis eines jeden Menschen, erfolgreich zu sein, genügend Geld, mehr Freunde und Spaß am Leben zu haben.
Wenn Sie mit „NEIN" geantwortet haben, dann haben Sie sich selbst belogen.

„Selbsttäuschung ist die einfachste Art,
der Wirklichkeit zu entfliehen."
– Jenny Petalla

Dies sind vier Grundbedürfnisse, die wir alle in der westlichen Welt haben. Wir wollen alle gern erfolgreicher sein, mehr Geld besitzen, bessere Freunde und mehr Spaß am Leben haben.

Das liegt in der inneren Natur des Menschen.

Wenn Sie jetzt immer noch „Nein" sagen, dann haben Sie vielleicht aufgehört zu träumen, Ziele zu haben, zu wachsen und besser zu werden. Ein Mensch, der nicht wächst und besser wird, ist wie ein Baum, der langsam abstirbt.

Fangen Sie bitte wieder an, an sich und an Ihre Träume zu glauben, und fragen Sie sich: „Was wäre alles möglich?"

Übernehmen Sie 100 % Verantwortung für Ihr Leben!

Bitte machen Sie jetzt gleich Folgendes: Wo auch immer Sie gerade sind, gehen Sie zum nächsten Spiegel. Schauen Sie sich ein paar Sekunden tief in die Augen. Lächeln Sie sich ruhig an. Dann sagen Sie laut: „Für alles, was ich hier sehe, bin ich und nur ich verantwortlich."

Haben Sie es gemacht? Das ist eines der schwierigsten Dinge, die wir in unserem Leben tun können. Die volle Verantwortung zu übernehmen! Alles, was Sie heute sind, liegt in Ihrer Verantwortung. Sie haben sich für Ihren Beruf entschieden, in dem Sie arbeiten. Sie haben Ihr Haus, Ihre Wohnung und Ihren Wohnort ausgewählt. Sie haben Ihren Lebenspartner gewählt.

Die nackte, harte, unangenehme Wahrheit über Ihr Leben lautet:

Ihr Leben ist heute genau so, wie Sie es sich innerlich (unbewusst) immer gewünscht haben!

„Herr Bischoff, nein, das stimmt nicht. Ich wollte nie am Existenzminimum leben. Dafür kann ich nichts."

Wenn dem so wäre, dann hätten Sie schon längst alles Mögliche unternommen, um dies zu ändern. Die Wahrheit aber ist folgende: Die Bequemlichkeit, gerade so über die Runden zu kommen, ist bei Ihnen immer noch größer als Ihr Wille, etwas zu ändern.

Deswegen noch einmal ganz deutlich: Ihr Leben ist heute GENAU SO, wie Sie es sich immer gewünscht haben.

SIE haben sich die letzten Jahre vielleicht ein Bäuchlein angefuttert oder sich eine Arnold-Schwarzenegger-Figur antrainiert.

SIE waschen, pflegen und schminken sich und ziehen sich jeden Tag stilvoll und bezaubernd schön an. Oder SIE haben sich die letzten Jahre verwahrlosen lassen. SIE haben entschieden, welches Wissen in Ihrem Kopf ist: das Wissen aus Comicheften, das Wissen aus Romanen, Fachwissen, wissenschaftliches Wissen, Allgemeinwissen oder überhaupt kein Wissen. SIE haben es entschieden!

SIE haben die letzten Jahre mehr vor dem Fernseher gesessen, als gute Bücher gelesen. SIE sind dafür verantwortlich, dass Sie das Fernsehprogramm auswendig kennen oder die aktuellen Bestseller gelesen haben.

SIE haben sich Ihre Freunde ausgesucht.

SIE haben entschieden, wie viel Zeit Sie mit ihnen verbringen, worüber Sie sich mit ihnen unterhalten.

Durch all diese Dinge haben SIE entschieden, welches Gedankengut in Ihren Kopf gekommen ist und was diese Gedanken aus Ihnen gemacht haben.

Es war Ihre und nur Ihre Entscheidung! Sie sind zu 100 % dafür verantwortlich, wer und was Sie in diesem Moment sind!

Klingt das hart?

Bestimmt! Aber der ehrliche Blick in den Spiegel ist immer der erste Schritt, um den Veränderungsprozess in Gang zu setzen.

Denken Sie daran:

Nirgendwo anders auf der Welt beginnt Ihr persönliches Wachstum! Der einzige Ort ist der Spiegel mit einer knallharten Selbstanalyse! Wenn Sie das nicht alleine machen wollen/können, dann lassen Sie sich von engen Freunden oder Vertrauten den Spiegel vors Gesicht halten. Haben Sie den Mut dazu! Nichts wird besser, so lange Sie nicht zugeben, dass etwas falsch läuft in Ihrem Leben!

Wenn Sie mit Ihrer jetzigen Situation nicht zufrieden sind, dann ist das kein Problem.

Denn genauso ist es auch allein unsere Verantwortung, wer und was wir in zehn Jahren sein werden. Genau das können Sie ab heute noch beeinflussen und verändern.

Hier ist ein Satz, der mich immer wieder inspiriert:

In zehn Jahren werden Sie garantiert ankommen. Die entscheidende Frage ist: wo? Das Ziel bestimmen Sie!

Wenn Sie von irgendetwas genug haben, dann übernehmen Sie die volle Verantwortung, stellen Sie es von heute an ab und machen Sie etwas anderes.

Ihr Leben wird sich verändern ... wenn Sie sich verändern! Ist diese Tatsache für Sie genauso faszinierend und inspirierend, wie sie es für mich ist? Wir haben es selbst in der Hand!
Doch dazu müssen wir 100 % Verantwortung für uns und unser Leben übernehmen! In zehn Jahren werden Sie innerlich nur dann vollste Zufriedenheit erlangen, wenn Sie wissen, dass Sie Ihr Leben vollständig in die eigene Hand genommen haben.

Ausreden und Entschuldigungen – unser liebstes Kind

Verantwortung übernehmen ...
Genau das machen die meisten Menschen nicht. Die meisten Menschen lassen sich lieber tausende von Ausreden einfallen, bevor sie die persönliche Verantwortung für ihre Taten übernehmen.
Das geht schon als Kind los. Es wird uns in frühester Kindheit nicht beigebracht, persönliche Verantwortung zu übernehmen.

Ausreden und Entschuldigungen – unser liebstes Kind

Zwei Geschwister schlagen sich. Sie gehen dazwischen und fragen: „Wer hat angefangen?" Beide zeigen mit dem Finger aufeinander.
Andere Situation: Das Kind sitzt beim Essen und spielt mit seinen Spaghetti. Mit seiner Gabel klopft es so lange auf den Teller, bis dieser plötzlich herunterfällt. Dann sagt es: „Uups", und bleibt sitzen.
Denn es weiß schon intuitiv: „Wenn es Mama oder Papa farblich nicht gefällt, dann werden sie ganz schnell in die Aktionsebene kommen!"
Und schon springt Mama fürsorglich auf und beseitigt die Sauerei.
Falsch!!! Sobald Ihr Kind es versteht, soll es die Sauerei selbst aufräumen. Es sollte so schnell wie möglich lernen, die volle Verantwortung für die eigenen Taten zu übernehmen.

Wir fragen unsere Kinder, wer für die schlechten Schulnoten verantwortlich ist. Antwort: „Der Lehrer! Er hat die Schulaufgabe zu schwer gemacht und den Stoff zu schlecht erklärt!"

Sind wir ehrlich: Diese Entschuldigung haben wir alle schon mal benutzt. Es war auch bei uns immer der Lehrer, der die ganzen Fehler in der Klassenarbeit gemacht hat.
Wir dürfen als Erwachsene Kindern solche Ausreden nie gestatten.
Jeder von uns weiß, dass es sehr viele Lehrer gibt, die nicht erklären können und keinen Draht zu Jugendlichen haben. Ich hatte selbst solche Lehrer! Das entbindet uns aber dennoch nicht von der persönlichen Verantwortung, dass wir und nur wir für unsere Note in diesem Fach verantwortlich sind. Haben wir nicht alle mal mit Menschen zu tun, mit denen wir nicht so gut zusammenarbeiten können?
Natürlich!
Trotzdem sind wir weiterhin für die entsprechenden Ergebnisse verantwortlich! Das sollten unsere Kinder so schnell wie möglich lernen:
„KEINE ENTSCHULDIGUNG! HÖR AUF ZU SCHIMPFEN! DU BIST FÜR DEINE SCHULNOTE VERANTWORTLICH!"

> *„Wer etwas wirklich will, findet einen Weg.*
> *Wer nicht wirklich will, findet Ausreden."*
> – Willy Meurer, *1934, Deutsch-kanadischer Kaufmann, Aphoristiker und Publizist

Meine Lebenspartnerin ist Lehrerin. Wenn sie 25 Kinder in ihrer Klasse hat, muss sie 75 Menschen führen.
Ja, 75!
25 Kinder und die 50 Eltern, die da im Hintergrund oft in ihrem unerträglichen Gerechtigkeitswahn alles unnötig kompliziert machen!
Die 25 Kinder sind einfach!
Aber die 50 Eltern ... manchmal SEHR schwierig!

Dieses Schuljahr hatte meine Lebenspartnerin eine neue Klasse bekommen, die als äußerst undiszipliniert bekannt war. Sie tat das einzig Richtige und forderte ab dem ersten Schultag Disziplin von jedem einzelnen Schüler.
Es hat genau eine Woche gedauert, bis die ersten Eltern jammernd und sich beschwerend vor der Tür standen:
„Wie können Sie nur so streng sein und Ihre Klasse so führen? Das ist unmenschlich!"
Diese Eltern machen in meinen Augen einen Riesenfehler, der eines Tages wie ein Bumerang zu ihnen zurückkommt. Sie liefern ihren Kindern etliche Ausreden:
„Ja, die Lehrerin ist zu streng!"
„Diese Strafarbeit musst Du nicht machen, mein Liebling."
„Die anderen haben den Unterricht geschwänzt oder waren laut. Das ist nicht Dein Fehler. Du musst nicht lernen, Dich in eine Gruppe zu integrieren."
Heiliger Strohsack! In was für einer Zeit leben wir eigentlich?
Wundert es uns da, dass diese Kinder eines Tages erwachsen werden und nicht die notwendige Eigenverantwortung haben, die es braucht, um das eigene Leben erfolgreich in die Hand zu nehmen?

Übrigens: Nur vier Monate später zu Weihnachten hat die Hälfte der Klasse meiner Lebenspartnerin Karten geschrieben, Geschenke übergeben und gesagt: „Du bist die beste Lehrerin!" Ein paar Monate später kamen selbst die ersten Eltern mit ihren persönlichen Problemen vertrauensvoll in die Sprechstunde.

„Erfolgreiche Menschen haben nie erfolgreich nach Ausreden gesucht."
– Ernst Ferstl, *1955, österreichischer Dichter

Beim Basketball passiert mir genau das Gleiche: Ein Spieler macht einen Fehlpass zum Mitspieler. Wessen Fehler war das?

Der Passer zeigt mit dem Finger auf den Passempfänger und der Passempfänger zeigt mit dem Finger auf den Passer.
Der Passer schreit: „Fang halt den Ball."
Der andere brüllt zurück: „Pass nicht so fest."
Ich als Trainer werde sauer und geh' dazwischen. Ich hasse dieses „Mit-dem-Finger-auf-andere-zeigen".
Und dann kommen die Eltern am Ende des Spiels zu mir und sagen: „Christian, es ist unakzeptabel und mir unverständlich, dass Du meinen Sohn so streng behandelst."
Spätestens dann reißt bei mir innerlich die Hutschnur!
Oft habe ich dann direkt geantwortet: „Wenn Dir was nicht passt, nimm Deinen Sohn, packe ihn in Watte, damit ihm nichts passiert und sucht euch einen anderen Verein!"
Was glauben Sie, wie viele Eltern das dann auch gemacht haben?
Richtig, niemand!
Oft brauchen wir einfach nur mal direkte und ehrliche Worte. Weil wir uns doch alle immer lieber tausend Ausreden einfallen lassen, die Schuld bei anderen suchen, als dass wir die persönliche Verantwortung für etwas übernehmen. Wir klagen, schimpfen, motzen und kritisieren doch lieber, als Dinge selbst in die Hand zu nehmen und etwas zu verändern.

Eine Nation von Schuldzuweisern

Oft sind alle anderen an unserer Situation schuld, nur wir nicht!
Haben Sie den Film „Supersize me" gesehen?
Wenn nicht, sollten Sie das unbedingt machen!!!
In den USA hatten zwei Teenager-Mädchen McDonalds für ihre Fettleibigkeit verantwortlich gemacht und verklagt. Das Gericht wies den Fall mit dem Hinweis ab, wenn sie nachweisen könnten, dass der regelmäßige Konsum von Fast Food wirklich dick mache, dann könnten sie wiederkommen.

Diese Aufforderung hat Morgan Spurlock wörtlich genommen und einen Selbstversuch gestartet:

Er ernährte sich 30 Tage lang nur von McDonalds – zum Frühstück, zum Mittag- und zum Abendessen.
Während ich Spurlock bei seinen täglichen Mahlzeiten immer mehr leiden sah, wurde mir so schlecht, dass ich mir einen Apfel, eine Orange und eine Banane holen musste.
Morgan Spurlock hat in diesen 30 Tagen sehr viel Gewicht zugelegt. Nach 21 Tagen rieten ihm die betreuenden Ärzte eindringlich, das Experiment abzubrechen, da sich seine Körperwerte extrem verschlechtert hatten und langfristige Schäden drohten. Spurlock zog auf eigene Verantwortung das Experiment bis zum Ende durch. Danach war seine Gesundheit so am Boden, dass sein Körper sechs (!) Monate brauchte, um sich auf sein Ursprungslevel vor dem Eigenversuch zu regenerieren.
Wie gesagt: Schauen Sie den Film. Bilder veranschaulichen Dinge oft viel eindrucksvoller. Das Ergebnis des Experiments kann man in einem Satz zusammenfassen:
McDonalds-Essen ist absolut schädlich für die eigene Gesundheit!
Ich fand den Film sehr interessant und amüsant. Mir hat jedoch die wichtigste Botschaft gefehlt:

> *Wer ist dafür verantwortlich, dass wir das Angebot von McDonalds, Burger King und Co. konsumieren?*
> *Nur wir selbst! Niemand anders!!!*

Warum gibt es so viele McDonalds in unserem Land? Weil so viele Leute deren Angebot konsumieren!

Es ist Ihre und nur Ihre Verantwortung, wenn Sie sich regelmäßig von Fast Food ernähren. Ich habe in unserem Grundgesetz keinen Paragraphen gefunden, in dem steht: „Sie müssen jede Woche mindestens zweimal bei McDonalds essen!"

Das Gleiche gilt fürs Rauchen: Wer steckt denn den Glimmstengel in Ihren Mund, zündet ihn an und inhaliert das Nikotin, bis der Krebs aus Ihrer Lunge schreit: „Hallo, hier bin ich. Jetzt kümmere dich auch um mich, solange ich dich noch leben lasse!"
Statt Verantwortung zu übernehmen, werden wir immer mehr zu einer Nation der Schuldzuweiser. Da haben einige von uns wohl zu viel über den großen Teich in die USA geschaut und gemeint, dass man in Deutschland wie im Land der unbegrenzten Möglichkeiten jeden für alles verklagen darf und meistens Recht bekommt.
Wenn Sie mal genau recherchieren, finden Sie übrigens heraus, dass die meisten dieser skurrilen Gerichtsfälle in den USA nie stattgefunden haben, sondern reine Erfindungen sind!

Kennen Sie z. B. die Story von der alten Dame, die ihre Katze in die Mikrowelle steckte und anschließend den Hersteller für den Tod ihrer Katze verantwortlich machte und Recht bekam? Dies ist nie passiert! Oder die Frau, die ihrem Freund im Restaurant den Softdrink ins Gesicht schüttete, selbst auf dem nassen Boden ausrutschte und den Restaurantbesitzer auf 100.000 $ Schadensersatz verklagte?
Reine Fantasie!
Der Mann, der mit dem Rasenmäher seine Haare schneiden wollte, anschließend den Rasenmäher-Hersteller verklagte und 500.000 $ zugesprochen bekam? Auch das ist reine Fiktion!

In Deutschland gibt's das auch. Nur mit dem Unterschied, dass diese Fälle wahr sind!
Die folgenden Informationen habe ich aus dem Internet. Die Links finden Sie bei Interesse im Literaturverzeichnis am Ende des Buchs.
Doch jetzt halten Sie sich fest:

2002 hat der Jurist Hans-Josef Brinkmann aus Neubrandenburg den Coca-Cola-Konzern und die Firma Masterfoods aus Viersen, einen Hersteller von Schokoriegeln, für seine Zuckerkrankheit verantwortlich gemacht und verklagt!

Übernehmen Sie 100 % Verantwortung

Drei Jahre lang, habe er an jedem seiner stressigen Arbeitstage im Landgericht Neubrandenburg zweimal ein Mars oder Snickers gegessen und dazu jeweils einen halben Liter Cola getrunken. Eines Tages musste der schwergewichtige Jurist mit Nierenbeschwerden zum Arzt. Die Diagnose: Zucker – „Diabetes mellitus".

Richter Brinkmann war sich sicher: Die Zuckerbomben Coca-Cola, Mars und Snickers sind verantwortlich für seine Erkrankung. Deshalb hat er die Hersteller auf Schmerzensgeld verklagt. Außerdem sollen Coca-Cola und der Schokoriegelproduzent Masterfoods für alle Folgeschäden aufkommen!

Sind Sie genauso sprachlos wie ich, wenn Sie so etwas hören???

Aber es kommt noch besser:
2007 hat ein Beamter vor dem Dortmunder Sozialgericht Recht bekommen, dass er im Dienst einen Arbeitsunfall erlitten habe.

Folgendes war passiert: Der Beamte war beim Mittagsschlaf von seinem Bürostuhl auf den Boden des Arbeitszimmers gestürzt und hatte sich dabei Verletzungen zugezogen!

Beamte arbeiten bekanntlich viel und hart. Wer etwas anderes behauptet, bedient nur Vorurteile. Wären Beamte wirklich so faul, wie ihnen manchmal nachgesagt wird, brauchten sie zur Erholung schließlich nicht die (gefühlte) Mittagspause von elf bis drei, in der sie für Bürgeranliegen in der Regel nur schwer erreichbar sind. So muss es wohl das Gericht gesehen haben, das dem Mann Recht gab!

Jetzt aber der beste Fall, der zeigt, dass wir sogar noch schlimmer als die Amerikaner sind: Ein dreijähriges Kind brach sich im Kindergarten beim Sturz über eine ca. 15 kg schwere „Tigerente" einen Zeh. Die Mutter des Kindes hatte wohl zu viele amerikanische Rechtsfälle in Erinnerung und schritt prompt zur Tat. Sie und ihr Kind verklagten den Kindergarten und seine Erzieherin vor dem Amtsgericht München auf Schmerzensgeld. Aus ihrer Sicht sei die Tigerente auf Grund des Gewichts nicht als Spielzeug geeignet und die Erzieherin habe ihre Aufsichtspflicht verletzt ...

Ist das nicht traurig? Ich möchte Ihnen das Urteil des Münchner Amtsgerichts nicht vorenthalten: Das Amtsgericht wies die Klage ab. Nicht für jedes sich verwirklichende Lebensrisiko gibt es auch einen Verantwortlichen. Das Gericht sah auch keine Aufsichtspflichtverletzung.

Insbesondere sei eine Erzieherin nicht verpflichtet, sich ununterbrochen um jedes einzelne Kind zu kümmern. Eine solche Forderung hätte zur Folge, dass jedes Kind eine eigene Erzieherin braucht, die es ununterbrochen beaufsichtigt. Danke, liebes deutsches Rechtssystem, dass Du uns vor solchen Irren schützt!

Nicht jammern, sondern planen

Bitte hören Sie auf zu klagen und zu jammern. Jammern bringt Sie nicht weiter. Ist Ihnen schon mal aufgefallen, dass das, worüber wir jammern, immer und immer wieder passiert? Jammern verlängert unsere Probleme nur. Denn es gibt eine zeitlose Lebensregel, deren Wahrheit ich selbst schon etliche Male am eigenen Leib erfahren musste:

Lebensregel:

WAS SIE AUSSTRAHLEN, KOMMT IM LEBEN IMMER ZU IHNEN ZURÜCK!

Sie können diese Regel auch als das „Gesetz der Anziehungskraft" bezeichnen. Wenn Sie nur jammern, dann haben Sie nur negative Jammerer in Ihrem Umfeld. Wenn Sie Ihre Rechnungen nicht pünktlich bezahlen, dann gibt es in Ihrem Leben wahrscheinlich Kunden, die Ihnen die Rechnung nicht pünktlich zahlen.

Was bringt Sie in Ihrem Leben wirklich weiter? Wenn Sie über etwas jammern? Oder wenn Sie sich konkret überlegen, was Sie machen müssen, um die Situation zu bewältigen oder zu verändern?

Das ist es:

Sie brauchen einen Plan! Einen ganz konkreten Plan, was Sie Schritt für Schritt unternehmen werden, um die Situation zu verändern. Wenn dieser Plan fertig ist, fühlen Sie sich besser, stärker, selbstbewusster und haben mehr Energie. Denn Sie sind lösungsorientiert. Sie beschäftigen sich nicht mehr mit dem Umstand. Sondern Sie haben einen Weg gefunden, wie Sie die Situation ändern.

Denken Sie immer daran:
Sie können nicht gleichzeitig jammern und lachen. Sie können nicht gleichzeitig klagen und lösungsorientiert arbeiten.
Deswegen entscheiden Sie sich für einen Weg. Es ist Ihre Verantwortung.

Sie erwidern:
„Herr Bischoff, keiner weiß, was ich für Probleme habe."

Wir haben alle Probleme. Ich habe Verständnis für Probleme. Ich weiß, dass Menschen in Massen von Unternehmen entlassen werden, damit die ihre Gewinne und ihren Börsenkurs steigern können. Nokia in Bochum ist ein aktuelles Beispiel. Im Fernsehen werden die Unternehmen von den Börsianern dafür noch gefeiert.
Ich weiß, dass uns unsere Regierung viele Steine in den Weg legt.
Ich würde nie behaupten, dass Sie für die rasant steigenden Preise in unserem Land verantwortlich sind.
Für all diese Dinge können Sie nichts. Sie können diese Situationen nicht verändern.
Doch Sie haben immer eine Entscheidungsfreiheit:
Wie Sie mit dieser Situation umgehen! Wie Sie auf diese Veränderungen reagieren.
Und diese Entscheidung unterliegt Ihrer vollen Verantwortung.
Jammern, klagen und nörgeln Sie weiter, oder nehmen Sie Ihr Leben selbst in die Hand?
Warten Sie nicht länger, dass jemand kommt und Sie rettet.
Es wird nicht passieren! Sie werden bei Ihrem Tod immer noch warten.
Sie müssen Ihr Leben selbst in die Hand nehmen und entscheiden, was Sie vom Leben wollen. Aber bitte beschweren Sie sich nicht. Hören Sie auf zu klagen und zu jammern! Es interessiert eh keinen! Jeder ist viel zu sehr mit sich und seinen eigenen Problemen beschäftigt.

Wahrscheinlich hat Ihnen das in Ihrer Kindheit keiner beigebracht. Nur Sie sind für Ihr Leben verantwortlich, denn kein anderer Mensch interessiert sich für Ihr Leben!
Klingt das hart? Stelle ich das Ganze etwas überspitzt dar?
Vielleicht ein kleines bisschen … aber nur ein bisschen.

Denn hier ist die nächste Wahrheit: Es gibt Unternehmer, die sehen in Ihren Arbeitnehmern nicht mehr als eine Nummer.

Vor kurzem habe ich einen Schulträger kennen gelernt, der von sich selbst sagt, ihn interessieren seine Schüler nicht, er kennt ihre Namen nicht und will sie auch gar nicht wissen. Denn er sei Bildungs-UNTERNEHMER! In vielen Firmen gilt: Ihr Arbeitgeber interessiert sich überhaupt nicht dafür, was Sie aus Ihrem Leben machen. Wenn Sie eines Tages in Rente gehen oder kündigen, dann bekommen Sie einen herzlichen Händedruck, ein nettes Dankeschön gepaart mit einem freundlichen Lächeln! Wenn Sie als Arbeitskraft sehr gut waren, gibt es vielleicht noch Blumen dazu.

Dann verlassen Sie Ihre Firma und geraten in Vergessenheit. Es ist nur eine Frage der Zeit. Aber keiner wird sich damit beschäftigen, wie er Ihnen helfen kann, etwas aus Ihrem Leben zu machen.

Sie gestalten Ihr Leben – nur Sie!

Nicht der Staat, nicht die Regierung, nicht Ihr Arbeitgeber und schon gar nicht Ihre Freunde.

> *Alle Menschen sind selbstbestimmt! Doch zugeben werden dies am Ende immer nur die Erfolgreichen. Die Erfolglosen werden diese Tatsache bis an ihr Lebensende leugnen.*

Wie können wir unser Leben gestalten?

Es gibt dafür drei Variablen:

1. was Sie denken
2. was Sie sagen
3. was Sie tun

Was Sie denken

Was Sie denken, bestimmt, was Sie im Leben haben.
Lassen Sie uns ein bekanntes Beispiel wählen:

Wie ist Ihre Einstellung zum Thema Geld? Welche Meinung teilen Sie?

- Geld ist nicht wichtig, darüber redet man nicht. Es kann nicht jeder auf dieser Welt reich sein.

- Geld ist wichtig, Geld macht frei, mit Geld kann man viel Gutes für sich selbst und andere tun.

Wenn Sie die erste Meinung teilen, dann haben Sie wahrscheinlich nicht viel Geld.
Wenn Sie von der zweiten Option überzeugt sind, dann haben Sie wahrscheinlich genügend Geld oder sind auf einem guten Weg dorthin.

Ihre Gedanken entscheiden, wie Sie die Welt und alles, was um Sie herum passiert, sehen. Es gibt keine Realität, außer Ihre eigene. Ich gebe Ihnen ein Beispiel:

Zehn Menschen erleben die gleiche Situation, zehn Menschen werden diese Situation auf zehn unterschiedliche Arten deuten und verarbeiten. Denn jeder einzelne hat sich im Laufe seines eigenen Lebens seine eigene Realität darüber geschaffen, was richtig oder falsch, gut oder schlecht, schön oder hässlich ist.

Wie können wir unser Leben gestalten?

„Denn an sich ist nichts weder gut noch böse,
das Denken macht es erst dazu."
– William Shakespeare, 1564-1616,
Auszug aus seinem Werk „Hamlet"

Ich möchte Ihnen ein persönliches Beispiel geben: Als ich von der Festanstellung als Basketballtrainer in die Selbständigkeit als Redner wechselte, musste ich vor allem meine Denkweise ändern. Ich musste das typische Denkmuster eines Arbeitnehmers ablegen und mehr wie ein Arbeitgeber denken. Dafür hatte ich zwei Möglichkeiten. Erstens, das Negative in der Situation zu sehen: „Du hast kein festes Einkommen jeden Monat. Es kann sein, dass Du nichts verdienst. Wie soll es dann weitergehen?"

Oder die positive Seite: „Als Selbständiger entscheidest Du durch Deine Leistung, wie viel Du verdienst. Nach oben sind keine Grenzen gesetzt."

Das war am Anfang sehr schwierig für mich, ich hatte große Existenzängste. Wenn Sie Angst haben, dann haben Sie zwei Möglichkeiten:

1. Der Angst ausweichen.
   Dann werden Ihre Ängste auf Dauer immer größer.

2. Der Angst ins Gesicht blicken und sie als Antriebskraft nutzen.
   Auf Dauer werden Ihre Ängste dann immer kleiner.

Jeder Mensch hat Ängste. Ihre Ängste werden nie ganz verschwinden.

Ich habe mich als Selbständiger dafür entschieden, die Dinge selbst in die Hand zu nehmen.

Sie sehen: gleiche Situation, aber vollkommen unterschiedliche Denkweisen, die zwei Menschen unterschiedlich handeln lassen; je nachdem, von welcher Sichtweise sie überzeugter sind.

Was Sie denken, ist das alles Entscheidende in Ihrem Leben!

Was Sie sagen und was Sie tun

Ich sage Ihnen gerne, wie Sie Ihr Leben verändern können.
Aber Vorsicht: Die Antwort wird Sie wahrscheinlich nicht zufriedenstellen.

Meine Antwort: Ändern Sie sich!
Das ist es. Nichts anderes.
Gefällt Ihnen nicht?
Sie hätten lieber eine komplizierte, wissenschaftliche Antwort?
Sorry, damit kann ich nicht dienen, denn es ist wirklich so einfach.

> *„Oft können wir das Einfache einfach nicht begreifen,*
> *weil es uns einfach zu einfach erscheint."*
> – Ernst Ferstl, *1955, österreichischer Dichter

Jetzt müssen Sie nur noch handeln, wenn Sie etwas in Ihrem Leben verändern wollen: Ändern Sie, wie Sie bisher gesprochen haben.
Ändern Sie Ihren Wohnort.
Wechseln Sie Ihre Freunde, wenn die alten nicht den gewünschten Einfluss auf Sie haben. Wir Menschen sind immer ein Produkt unserer Umgebung. Ändern Sie Ihre Essgewohnheiten. Ändern Sie Ihre Einstellung zu Sport und körperlicher Betätigung. Ändern Sie Ihre Fernsehgewohnheiten. Ändern Sie Ihre Lesegewohnheiten. Ändern Sie, was Sie tun.
Sie haben die volle Verantwortung!

Ihre Zukunft ist Ihre Verantwortung

> *„Arbeite hart in deinem Job.*
> *Arbeite härter an dir selbst."*
> – Jim Rohn, amerikanischer Wirtschaftsphilosoph

Ihre Zukunft liegt in Ihrer Hand – nicht in der Hand Ihres Arbeitgebers. Wenn Sie besser werden, dann wird ihr Leben besser. Und das müssen Sie in Ihrer Freizeit machen.

Ihre Zukunft ist Ihre Verantwortung

Wenn persönlicher Fortschritt und Wachstum zu Ihrer Leidenschaft werden, dann stehen Ihnen die goldenen Türen des Lebens offen. Sicher ist auch: Es geht nicht von heute auf morgen. Nichts Gutes geht von heute auf morgen! Das Getreide des Bauern wächst auch nicht an einem Tag – es braucht einen kompletten Sommer!

In jeder Firma werden Arbeitsplätze wegrationalisiert. Wenn Sie sichergehen wollen, dass Ihrer nicht darunter ist, dann machen Sie sich unersetzbar! Wir hören immer den Spruch: „Jeder Mensch ist ersetzbar." Die Wahrheit ist, dass es in jedem Unternehmen Menschen gibt, die kein Arbeitgeber gerne ziehen lässt.

Von Jim Rohn habe ich Folgendes gelernt: Beherrschen Sie im 21. Jahrhundert mehr als eine Fähigkeit und sprechen Sie mehr als eine Sprache. Damit haben Sie immer einen Plan B, wenn in Ihrem eigentlichen Job wirklich mal etwas schiefgeht. Dies gibt Ihnen die innere Ruhe und Sicherheit, die Sie brauchen, um gut schlafen zu können.

Nehmen wir ein einfaches Beispiel:

Jahrelang spielte in unserer Profimannschaft in Bamberg ein Spieler namens Ivan Pavic. Ivan ist ein toller Kerl und hatte immer nur ein Ziel: Profibasketballer zu werden. Ivan ist gut, aber eigentlich hat sein Können nie ganz gereicht, um in der besten Mannschaft Deutschlands zu spielen. Eigentlich …

Denn Ivan hat sich unersetzbar gemacht: Er hat am härtesten von allen trainiert, hat in jedem Training die Leistungsträger des Teams gezwungen, an ihr Limit zu gehen. Er ließ nie den Kopf hängen, hat sich immer in den Dienst der Mannschaft gestellt, beschwerte sich nie, wenn er wochenlang nicht zum Einsatz kam und hat immer für gute Stimmung in der Mannschaft gesorgt, auch in schwierigen Zeiten.

Außerdem war er eine zuverlässige Stütze für den Trainer – auf und außerhalb des Spielfelds.

Das Ergebnis dieser Einstellung?

Sechs Jahre lang war Ivan Pavic fester Bestandteil von BroseBaskets Bamberg. In dieser Zeit hat er zwei deutsche Meisterschaften gewonnen, über 50 Spiele in der Europaliga bestritten und ist Teil eines Teams, das in Basketball-Deutschland Geschichte geschrieben hat.

Machen Sie sich unersetzbar in Ihrer Firma. Werden Sie der, der am meisten weiß. Machen Sie all die Dinge, für die sich die anderen zu

Übernehmen Sie 100 % Verantwortung

schade sind. Kennen Sie die Marktsituation und die Konkurrenz besser als jeder andere. Arbeiten Sie zügig. Entwickeln Sie Führungsfähigkeiten, arbeiten Sie selbständig, übernehmen Sie Verantwortung. Seien Sie sich nicht zu schade, auch mal früher zu kommen oder später zu gehen!

Welcher Chef kann auf so einen Arbeitnehmer verzichten?
Es ist Ihre volle Verantwortung!

Die Schlaumeier schreien jetzt:
„Jeder ist ersetzbar."

Ja, das stimmt. Oder auch nicht …

Denken Sie daran:

Alles in Ihrem Leben wird besser, wenn Sie besser werden. Nichts in Ihrem Leben wird besser, solange Sie nicht besser werden.

Alles in Ihrem Leben wird besser, wenn Sie besser werden. Nichts in Ihrem Leben wird besser, solange Sie nicht besser werden.

Alles in Ihrem Leben wird besser, wenn Sie besser werden. Nichts in Ihrem Leben wird besser, solange Sie nicht besser werden.

Alles in Ihrem Leben wird besser, wenn Sie besser werden. Nichts in Ihrem Leben wird besser, solange Sie nicht besser werden.

Alles in Ihrem Leben wird besser, wenn Sie besser werden. Nichts in Ihrem Leben wird besser, solange Sie nicht besser werden.

Alles in Ihrem Leben wird besser, wenn Sie besser werden. Nichts in Ihrem Leben wird besser, solange Sie nicht besser werden.

Alles in Ihrem Leben wird besser, wenn Sie besser werden. Nichts in Ihrem Leben wird besser, solange Sie nicht besser werden.

Daran müssen wir immer und immer wieder erinnert werden …
Daran müssen wir immer und immer wieder erinnert werden …
Daran müssen wir immer und immer wieder erinnert werden …
Daran müssen wir immer und immer wieder erinnert werden …
Daran müssen wir immer und immer wieder erinnert werden …
Daran müssen wir immer und immer wieder erinnert werden …
Daran müssen wir immer und immer wieder erinnert werden …

Christian Bischoffs Schlüsselpunkte zum Thema „100 % Verantwortung"

- Übernehmen Sie 100% Verantwortung für Ihr Leben!

- Stellen Sie sich vor einen Spiegel, blicken Sie sich in die Augen und sagen Sie: „Für alles, was ich hier sehe, bin ich und nur ich verantwortlich."

- Sie sind dafür verantwortlich, was bisher in Ihrem Leben passiert ist und was in Zukunft passieren wird.

- Die meisten Menschen lassen sich lieber tausende von Ausreden einfallen, bevor sie die persönliche Verantwortung für ihre Taten übernehmen.

- Solange Sie jammern und sich beschweren, ist kein Raum in Ihrem Leben, um das Gute hereinzulassen.

- Sie haben immer die Entscheidungsfreiheit: Wie gehen Sie mit einer bestimmten Situation um? Wie reagieren Sie auf Veränderungen?

- Alle Menschen sind selbstbestimmt! Doch zugeben werden dies am Ende nur die Erfolgreichen. Die Erfolglosen werden diese Tatsache bis an ihr Lebensende leugnen.

- Sie wollen, dass sich Ihr Leben verändert? Ändern Sie sich! Machen Sie sich unersetzbar.

- Alles in Ihrem Leben wird besser, wenn Sie besser werden. Nichts in Ihrem Leben wird besser, solange Sie nicht besser werden.

2. Lebenseinstellung

OHNE SELBSTDISZIPLIN GEHT GAR NICHTS

„Disziplin ist alles!"
– Helmuth Graf von Moltke, 1800-1891,
preußischer Generalfeldmarschall und Heerführer

Er war ein ganz normaler Junge, als er eines Tages in der Halle stand, um bei mir zu trainieren. Karsten Tadda war kleiner als alle anderen, hing in seiner körperlichen Entwicklung den anderen Spielern hinterher und hatte auch sonst keine herausragenden Fähigkeiten, die einem Trainer sofort aufgefallen wären. Folglich war er zu seiner Jugendzeit nur in einer einzigen Auswahlmannschaft: Er spielte ein Jahr bei mir in der Bayernauswahl im älteren Jahrgang.

Als im folgenden Jahr sein Jahrgang in die Sichtung kam, warf ihn der verantwortliche Trainer aus dem Kader – es gab perspektivreichere Spieler. Auch für die deutsche Nationalmannschaft kam Karsten Tadda nie in Frage.

Der Bundestrainer Dirk Bauermann warf mir einmal vor, dass ich diesen Spieler zu intensiv fördere. Unser Manager Wolfgang Heyder fragte mich sogar, warum ich diesen Spieler überhaupt fördere.

Bei jeder Sichtung für eine Auswahlmannschaft wurde Karsten Tadda nicht berücksichtigt. Jedes Mal stand er bestenfalls in der zweiten Reihe. Im Klartext: Kein Mensch hat sich in jungen Jahren für ihn interessiert.

Doch Karsten Tadda verfügt über eine Charaktereigenschaft von unbezahlbarem Wert: Er hat eine Top-Einstellung. Er besitzt ein Alleinstellungsmerkmal im Überfluss, dessen Wichtigkeit als Erfolgskriterium in unserer Gesellschaft meist gnadenlos unterschätzt wird: Selbstdisziplin. Er war immer (und mit „immer" meine ich immer) 365 Tage im Jahr auf Anforderung im Training, kam nie zu spät, trainierte ausnahmslos mit vollem und bewundernswertem Ehrgeiz – egal wie viel oder wie wenig er am Wochenende zum Einsatz kam. Unabhängig davon, wie viele Zurückweisungen er von Auswahltrainern bekam.

Abgerechnet wird bekanntlich zum Schluss!

Machen Sie den positiven Unterschied

Ohne Selbstdisziplin geht gar nichts

Heute ist Karsten Tadda Profibasketballer in Bamberg, spielt für die A2-Nationalmannschaft, hat schon in der Europaliga gespielt und ist der Publikumsliebling der Bamberger Zuschauer.

Wie hat er das geschafft?
Natürlich hat er Talent. Sie können nicht in einer Sache gut werden, zu der Sie überhaupt keine Grundvoraussetzungen besitzen.
Ich könnte nie ein Profitänzer werden, da ich vollkommen unkoordiniert bin. Karsten Tadda hatte Talent, aber kein überragendes. Ich weiß es. Ich hatte etliche andere Spieler, die eigentlich mehr Talent besaßen.
Er hat es hauptsächlich geschafft, weil er absolute Selbstdisziplin besitzt!

In meinen Vorträgen frage ich oft:
„Wer von Ihnen ist der Meinung, dass Disziplin etwas Negatives ist?"
Es meldet sich fast nie jemand. Dann frage ich:
„Wer von Ihnen ist der Meinung, dass Disziplin etwas Positives ist?"
Viele melden sich, aber nicht alle. Deshalb schiebe ich scherzhaft hinterher: „Der Rest von Ihnen hat keine Meinung dazu?"
Wir wissen alle, wie wichtig Disziplin ist, doch die meisten Menschen haben sie nicht.
Selbstdisziplin ist der Schlüssel zu allen Erfolgen in Ihrem Leben. Disziplin ist alles! Disziplin sorgt dafür, dass Sie früher oder später das erreichen, was Sie mit all Ihrem Willen erreichen möchten.

„Disziplin ist die Regel, die man sich selber gibt,
bevor man sie von anderen erhält."
– Erhard Blanck, *1942, deutscher Heilpraktiker, Schriftsteller und Maler

Disziplin bedeutet nicht, einem großen Meister, Trainer, Lehrer oder Chef hörig zu Füßen zu knien und unreflektiert dessen Befehle auszuführen. Das ist nicht Disziplin, sondern einfach nur ein Vollidiot, der ohne eigenes Hirn auf die Welt gekommen ist.

Selbstdisziplin bedeutet lediglich:
Das zu tun, was Sie tun müssen, in dem Moment, in dem Sie es tun müssen.

> *Meine Definition von*
> *Selbstdisziplin:*
> *Das zu tun, was Sie tun*
> *müssen, in dem Moment, in*
> *dem Sie es tun müssen.*

Das ist der Schlüssel zu all Ihren Erfolgen!

Wenn ich in meinen Vorträgen nach dieser Definition in die Gesichter meines Publikums schaue, sehe ich immer die gleiche Frage in ihren Augen stehen:

„Herr Bischoff, was genau bedeutet das?"

Ich erkläre es Ihnen gerne anhand eines anschaulichen und leicht nachvollziehbaren Beispiels:

Stellen Sie sich vor, Sie sind 40 Jahre alt. Die letzten 20 Jahre haben Sie ziemlich disziplinlos in den Tag gelebt, und sich langsam aber stetig immer mehr Körpergewicht angefuttert.

Sie haben gemerkt, dass Ihre körperliche Fitness sich Schritt für Schritt verschlechtert hat, doch das haben Sie zunächst nicht weiter beachtet. Ihr Bequemlichkeitsfreund und bester Kamerad namens „innerer Schweinehund" hatte Sie jederzeit voll im Griff. Oft bemerken wir diese kleinen negativen Veränderungen nicht, weil dieser Prozess so schleichend über einen langen Zeitraum stattfindet!

Hüten Sie sich davor!

Nun sind Sie 40 Jahre alt und sitzen bei Ihrem Arzt zu einer Routinekontrolle.

Ihr Arzt schaut Ihnen ganz besorgt direkt in die Augen und sagt:

„Wenn Sie noch lange fit und gesund bleiben wollen, dann sollten Sie ab SOFORT jeden Tag 20 Minuten Sport treiben."

Ihnen wird etwas mulmig zumute und Sie erkennen am Blick Ihres Arztes, dass es ihm sehr ernst ist und dass er es eigentlich gut mit Ihnen meint. Außerdem wissen Sie innerlich ganz genau, dass Sie dringend

Ohne Selbstdisziplin geht gar nichts

etwas ändern sollten. Sie hatten bisher nur nicht den Mut, sich diese Selbsterkenntnis einzugestehen. Somit hat es eine andere Person gebraucht, die Ihnen die Wahrheit ins Gesicht sagt.

Wissen Sie, es gibt eine interessante Regel:
Menschen, die ihren ersten Herzinfarkt überleben, habe eine gute Chance sehr alt zu werden!
Wissen Sie, warum?
Sie sind dem Tod gerade noch mal von der Schippe gesprungen und haben nun die Erfahrung gemacht, wie schlimm das ist. Jetzt sagen sie, um eine wichtige Erkenntnis reicher, zu sich: „Ich habe es satt. Mir reicht es mit meiner Trägheit, meiner Fettleibigkeit, meiner Untrainiertheit."
Dann betrachten sie ihren Körper im Spiegel und sagen ihm den Kampf an: „Ab jetzt bewege ich Dich nur noch in den Bioladen. Ich zwing Dich dazu, jeden Tag Liegestütze zu machen, bis Dein Gesicht knallrot anläuft. Ich schwinge Deinen fetten Hintern jeden Morgen aus dem Bett und laufe ihn um den Häuserblock. Ich lasse Deine schlappen Muskeln Krafttraining machen, bis sie sich mit Muskelkater wehren. Nie mehr wirst Du unfitter Körper dafür sorgen, dass ein Herzinfarkt mein Leben vorzeitig beendet."

Ja, Ihr Kopf kann so etwas zu ihrem Körper sagen!! Probieren Sie es aus! Ihr Kopf ist immer stärker als ihr Körper!!
Diese Menschen ändern nach einem Herzinfarkt oft von einem Tag auf den anderen ihren kompletten Lebensstil ... und werden noch sehr alt!

Zurück zu Ihrer Situation:
Sie sehen das besorgte Gesicht Ihres Arztes – in dem Moment fällt der Groschen und Sie WOLLEN etwas ändern! Das ist das Entscheidende.
SIE müssen WOLLEN!
Sie wollen täglich diese 20 Minuten Sport machen, um wieder fit zu werden. Als Nächstes betrachten Sie Ihren Tagesplan und stellen fest: Mein Tag ist so voll, dass ich diese 20 Minuten nur schaffe, wenn ich sie jeden Tag direkt nach dem Aufstehen mache. Denn abends warten meine Kinder, meine Familie und meine anderen Hobbys und Verpflichtungen auf mich.
Okay! Das ist Ihr Plan! Ab jetzt gilt nur noch Disziplin!
Disziplin bedeutet: „Das zu tun, was Sie tun müssen, in dem Moment, in dem Sie es tun müssen."

94   Machen Sie den positiven Unterschied

Im Klartext: jeden Tag Ihre 20 Minuten Sport zu machen.
„In dem Moment, in dem Sie es tun müssen."
Nämlich direkt morgens nach dem Aufstehen! So, wie Sie es sich vor-
genommen haben! Nicht aufschieben und sagen: „Ich mach's, wenn
ich abends nach Hause komme." Sie lügen sich selbst an, denn nach
der Arbeit kommen Sie nicht mehr zu Ihrem Sport: Abends warten Ihre
Kinder, Ihre Frau und tausend andere Sachen auf Sie.

Was glauben Sie, wie viele Menschen einen solchen Vorsatz wirklich
nachhaltig in die Tat umsetzen?
Weniger als 10 %!

Die allermeisten Menschen wissen innerlich schon lange bevor sie bei
ihrem Arzt sind, dass sie sich mehr bewegen sollten. Aber sie machen
es nicht.
Warum nicht?
Weil ein großer Unterschied dazwischen besteht, etwas zu wissen und
dieses Wissen in die Tat umzusetzen.
Denken Sie zurück an unseren zweiten Punkt, warum manche Menschen nicht erfolgreich sind:
Sie sind faul!
Wundert es Sie jetzt noch, warum so wenig Menschen ihr volles Potenzial ausschöpfen? Weil es eben ohne Disziplin nicht geht!!!!

> „Disziplin ist der wichtigste Teil des Erfolgs."
> – Truman Capote, 1924-1984, amerikanischer Schriftsteller

Menschen hoffen innerlich oft, dass etwas so kompliziert ist, dass wir es
nicht verstehen.
NEIN! Es ist einfach! Entscheiden Sie, was Sie wollen, und dann machen Sie das, was Sie tun müssen, in dem Moment, in dem Sie es tun
müssen!

Sie wollen fit und gesund sein?
Bewegen Sie sich täglich, bringen Sie Ihre Herzfrequenz nach oben und
essen Sie weniger, gesünder und ausgewogener!
Sie wollen eine tolle Reise machen, für die Ihnen im Moment das Geld
fehlt?

Entscheiden Sie, wo Sie Geld einsparen können (z. B. bei Zigaretten oder Fast-Food-Menüs), sparen Sie jeden Tag diesen Euro (oder diesen Betrag X) in einer separaten Spardose. So lange, bis Sie das Geld zusammen haben.

Sie wollen im Alter finanziell unabhängig sein?
Bezahlen Sie am Monatsende als Zweites sich selbst. Entscheiden Sie, welche Summe X Sie von Ihrem Gehaltsscheck sofort beiseite legen, bevor Sie das Geld ausgeben können.
JEDEN MONAT!
Jetzt fragen Sie sich vielleicht: „Wen soll ich denn als Erstes bezahlen?"
Das Finanzamt! Zahlen Sie immer Ihre Steuern!

Sie wollen etwas Neues lernen?
Starten Sie mit Ihrem ersten Fachbuch und lesen Sie es täglich zu einem festen Zeitpunkt nur eine Viertelstunde lang.

Sie wollen etwas machen, bei dem Sie Hilfe von anderen benötigen?
Fragen Sie jeden Tag nur einen Menschen um Unterstützung, bis Sie genügend haben.
Sie wollten schon immer ein Buch schreiben, ein richtig dickes mit 350 Seiten?
Schreiben Sie jeden Morgen nach dem Aufstehen nur eine Seite! Nicht mehr! Wenn Ihnen das noch zu viel ist, dann schreiben Sie nur eine halbe Seite. Nach einem, spätestens zwei Jahren sind Sie fertig! Es ist so einfach.

Die Definition von persönlichem Erfolg ist simpel. Sie müssen kein Weltmeister sein oder eine Goldmedaille bei den Olympischen Spielen gewinnen. Wenn Sie es schaffen, dann haben Sie meinen höchsten Respekt. Doch es ist nicht die Grundvoraussetzung. Erfolg bedeutet lediglich, dass Sie in Ihrem Leben messbaren Fortschritt in einem angemessenen Zeitraum erreichen.

**Erfolg
=
messbarer Fortschritt in einem angemessenen Zeitraum.**

> *Sie sehen, für all diese*
> *Sachen braucht es kein Talent!*
> *Es braucht nur einen*
> *Entschluss und Disziplin!*
> *Beides liegt an Ihnen – in der*
> *Macht Ihrer Einstellung!*

Wissen Sie, was für viele Menschen die größte Eigenlüge ist?
Die guten Vorsätze, die sie an Silvester fürs neue Jahr fassen.
Eigenlüge: „Ab heute höre ich zu rauchen auf!"
Wahrheit: Genau eine Woche lang.

Eigenlüge: „Ab heute nehme ich ab."
Wahrheit: Bis Sie am nächsten All-you-can-eat-Buffet wieder schwach werden.

Eigenlüge: „Ab heute mache ich Sport."
Wahrheit: Bis Sie wieder dem Extrem-Couching auf dem Fernsehsessel zum Opfer fallen!

Sie sind ein Lügner!
Sie lügen sich jedes Jahr an.
Und die Wahrheit ist: Sie werden sich auch dieses Jahr an Silvester wahrscheinlich wieder etwas vormachen.

Es gibt eine weitere Lebensregel, die wir nicht außer Acht lassen dürfen:
All Ihre gegenwärtigen Handlungen beeinflussen Ihre zukünftigen Handlungen. Wenn wir unsere gut gemeinten Vorsätze nach kurzer Zeit wieder brechen, dann werden wir in Zukunft immer undisziplinierter. Ihr Unterbewusstsein weiß, dass Sie nicht die Disziplin haben, um einen Vorsatz durchzuhalten. Diese Disziplinlosigkeit raubt Ihnen schleichend Ihr Selbstbewusstsein und Ihre innere Stärke.

Ohne Selbstdisziplin geht gar nichts

Wenn Sie sich einmal selbst zum Opfer fallen, werden Sie es in Zukunft noch schwerer haben, einen Vorsatz umzusetzen!

In meinen Vorträgen verdeutliche ich die Wichtigkeit von Selbstdisziplin folgendermaßen: Ich halte eine bis zum Rand gefüllte Wasserflasche in der Hand und sage dazu:
„Das ist eine Flasche voller Wasser. Das Wasser steht für Ihre Talente. Es ist erwiesen, dass jeder Mensch drei bis fünf herausragende Talente besitzt. Jeder Mensch kann in irgendeinem Bereich ziemlich erfolgreich werden! Und lassen Sie sich nie, nie, nie von jemandem sagen, dass das nicht stimmt. Wenn Sie meinen, Sie haben keine herausragenden Talente, dann haben Sie sich nur noch nie die Mühe gemacht, diese zu suchen und zu fördern!"

Andächtiges und aufmerksames Schweigen im Publikum.

„Doch was machen die meisten Menschen mit ihren Talenten? Sie gehen tagtäglich so damit um!"
(Ich öffne die Wasserflasche und verschütte das Wasser auf dem Boden.)

Anschließend sage ich:
„Die meisten Menschen verschwenden tagtäglich ihre Talente.
Was brauche ich denn, um dieses Wasser auffangen und trinken zu können? Ich brauche ein Glas!"

Ich nehme ein Glas zur Hand und schütte etwas Wasser hinein.

Manchmal ruft ein Witzbold rein und sagt:
„Ich brauch kein Glas, ich trink aus der Flasche!

Ich antworte ihm:
„Trinken Sie auch Kaffee aus der Kanne? Eigentlich wollte ich eine volle Kaffeekanne mitbringen, hab mich dann aber doch dafür entschieden, den Boden in Ihrem Firmengebäude nicht dreckig zu machen!"

Lachen im Publikum.

Weiter geht's:
„Jetzt kann ich das Wasser auffangen und genießen!
Prost!
Nun, das Wasser steht für Ihre Talente im Leben und das Glas steht für
Disziplin."

„Lieber haben Sie eine Flasche, die nicht ganz voll ist mit Wasser, das
heißt, Sie haben etwas weniger Talent als Ihre Konkurrenten und Mitstreiter. Das ist nicht so schlimm, wenn Sie jeden Tag mit einem Glas
durchs Leben laufen und die Disziplin aufbringen, das zu tun, was Sie
tun müssen, in dem Moment, in dem Sie es tun müssen. Dann werden
Sie letztlich mehr erreichen als ein Mensch mit einer vollen Flasche,
aber ohne Disziplin."

Und wissen Sie was?
Es stimmt! Ich habe hunderte von Beispielen selbst erlebt!
Schauen wir uns das Eingangsbeispiel noch einmal an: Karsten Tadda
ist viel besser geworden als die meisten Gleichaltrigen mit mehr Talent.
Was war die primäre Ursache für seinen persönlichen Erfolg?
Jahrelange Selbstdisziplin! Im letzten Kapitel habe ich Ihnen von Ivan
Pavic erzählt. Er ist mit Disziplin zu einem festen Bestandteil im Kader
des deutschen Meisters BroseBaskets Bamberg geworden.
Was war die primäre Ursache für seinen persönlichen Erfolg?
Jahrelange Selbstdisziplin!

Steffen Hamann ist heute der wichtigste Aufbauspieler der Deutschen
Nationalmannschaft und führt das Team bei den Olympischen Spielen
in Peking. Als er 17 Jahre alt war, hat ein Bundesligatrainer voller Überzeugung gesagt: „Der Steffen Hamann wird nie Nationalspieler, der
hat keine gute Wurftechnik!"
Was war die primäre Ursache für Steffen Hamanns persönlichen Erfolg?
Jahrelange Selbstdisziplin!
Der Erfolgsmanager der BroseBaskets Bamberg Wolfgang Heyder hat
sich mit einer bewundernswerten Selbstdisziplin aus dem Nichts zum
vielleicht besten Manager der Basketball-Bundesliga emporgearbeitet.
Was war die primäre Ursache für Wolfgang Heyders persönlichen Erfolg?

Jahrelange Selbstdisziplin!
Dies sind jetzt alles Beispiele, die ich selbst persönlich in meiner Basketball-Welt miterleben durfte. Vielleicht kennen Sie diese Namen alle nicht.
Das ist gut! Denn es bringt Ihnen gar nichts, wenn ich der hundertste Motivationsguru wäre, der Ihnen eine ausgeleierte Bla-Bla-Geschichte erzählt.
Ich gebe Ihnen Beispiele aus dem Alltag. Menschen wie Sie und ich.
Ich lebte in der Basketball-Welt.
Sie leben in Ihrer eigenen Welt. Ich bin mir sicher, dass Sie in Ihrer spezifischen Berufswelt ähnliche Beispiele finden.

> *Unterschätzen Sie nie,*
> *was Sie in Ihrem Leben mit*
> *Selbstdisziplin alles erreichen*
> *könnten!*
> *Unterschätzen Sie nie,*
> *was andere Menschen mit*
> *Selbstdisziplin erreichen*
> *werden!*

Wenn Sie jetzt immer noch zweifeln, dann haben Sie es wahrscheinlich im Leben noch nie ausprobiert. Deswegen fehlt Ihnen die Erfahrung! Probieren Sie es! Sie leben nur einmal!

„Wer Disziplin hält, weiß was er tut."
– Erhard Blanck, *1942, deutscher Heilpraktiker, Schriftsteller und Maler

Wir müssen alle jeden Tag einen von zwei Lebens-Schmerzen ertragen!
Kennen Sie die beiden Schmerzen des Lebens?

Diese sind:
der Disziplinschmerz und der Schmerz des Bedauerns.

> *Sie müssen in Ihrem Leben*
> *immer einen*
> *von zwei Schmerzen ertragen:*
> *den Disziplinschmerz oder*
> *den Schmerz des Bedauerns.*

Gehen wir zurück zu unserem Beispiel „40-Jähriger beim Arzt" (das selbstverständlich rein fiktiv ist ☺). Stellen wir uns vor, dieser 40-Jährige sind Sie!

Der Disziplinschmerz ist für Sie ab dem nächsten Tag der kleine Schmerz, den Sie jeden Morgen ertragen müssen, wenn Sie sich früh morgens noch halb benommen aus Ihrem Bett rollen, um Ihre 20 Minuten Morgensport zu machen.
Der Disziplinschmerz ist diese Überwindung, die Sie aufbringen müssen. Die innere Stimme, die Sie ignorieren müssen, weil sie zu Ihnen sagt: „Bleib doch noch liegen! Es ist noch so dunkel draußen, es ist kalt, es regnet, es schneit, Du könntest Dich erkälten."

Auf diese Stimme dürfen Sie nicht hören. Stattdessen müssen Sie SO-FORT mit Morgensport anfangen. Denn nun passiert das Hochinteressante: Wenn Sie nur drei Minuten zum Joggen an der frischen Luft sind, spüren Sie die Energie, die Lebendigkeit und die Power in Ihrem Körper. Der Disziplinschmerz hat sich ausgezahlt. Das Laufen fängt an Spaß zu machen.

Den Schmerz des Bedauerns haben Sie zu ertragen, wenn Sie zehn Jahre später mit Herzinfarkt im Krankenhaus liegen, weil Sie nicht auf Ihren Arzt gehört haben und NICHT täglich die Disziplin aufgebracht haben, nur 20 Minuten Sport zu machen. Nun blicken Sie im Krankenbett liegend reuevoll zehn Jahre zurück und sagen zu sich:

„Wär ich doch so clever gewesen und hätte auf meinen Arzt gehört!"

Zu spät! Dieses Szenario hätte Ihnen jemand schon viel früher vor Augen führen müssen!
Oder Sie hätten so weise sein müssen, sich dieses Szenario selbst vor Augen zu führen.
Sie sollten mir dankbar sein, denn ich präsentiere Ihnen dieses Worst-Case-Szenario schon jetzt.
Denn der Disziplinschmerz wiegt ein paar Gramm, der Schmerz des Bedauerns lastet für den Rest Ihres Lebens tonnenschwer auf Ihren Schultern!
Kennen Sie Menschen, die reuevoll zurückblicken und sagen: „Hätte ich doch nur dies oder jenes gemacht!"?
Das ist der Schmerz des Bedauerns.
Meistens werden Sie es nicht merken, denn diese Menschen haben nicht den Mut, diese Erkenntnis zu artikulieren.
Seien Sie bereit, den Disziplinschmerz zu zahlen! Machen Sie das, was Sie schon immer machen wollten!
Ich meine es gut mit Ihnen!
Ich möchte das Beste für Sie!
Ich möchte, dass das fiktiv genannte Beispiel in Ihrem Leben nicht Realität wird.

Wunsch – Möchten,

Fähigkeit – Können,

Wille – Wollen

Merken Sie sich folgende drei Wörter!
Nur wenn Sie alle drei für sich bejahen können, werden Sie die richtige Einstellung zu Disziplin entwickeln.

Wunsch (Möchten)

Möchten Menschen im Leben erfolgreicher werden?
Natürlich.
Möchten SIE im Leben erfolgreicher werden?
Jeder möchte das und gibt es meistens auch zu. Ich habe ehrlich gesagt noch nie einen Menschen getroffen, der nicht gerne erfolgreicher werden möchte.

Fähigkeit (Können)

Können Menschen erfolgreicher werden?
Natürlich!
Können SIE in Ihrem Leben besser werden?
Ja, klar. Jeder Mensch kann besser werden. Egal, wie Ihre Situation im Moment ist, wir können doch alle etwas mehr leisten und etwas mehr tun. Sie besitzen unglaubliche Kapazitäten. Sie sind dazu fähig und Sie können es. Wo bitte liegt das Problem?

Wille (Wollen)

Hier liegt das Problem, beim Wollen!
Wollen alle Menschen erfolgreicher werden?
Wollen Menschen das erreichen, was sie erreichen könnten?
NEIN!!!
Warum ist das so? Ich weiß es nicht und nenne es daher das „Geheimnis des Lebens."
Die entscheidende Frage ist nie: „Können Menschen erfolgreicher werden?" Natürlich kann jeder Mensch jeden Tag etwas besser werden.
Die entscheidende Frage ist: „Wollen Menschen erfolgreicher werden?"

Es ist ganz einfach. Sie haben sich bestimmt schon häufig gefragt, warum Sie in bestimmten Lebensbereichen einfach nicht erfolgreicher werden. Bleiben wir bei der Gesundheit. Die Frau fragt sich: „Warum bekomme ich mein Übergewicht nicht weg?"
Hier ist die ehrliche und einfache Antwort: Die Dame möchte ihr Übergewicht gar nicht mit letzter Konsequenz loskriegen!

Sie ist nicht bereit, das zu tun, was zu tun ist, damit ihre Pölsterchen verschwinden. Das würde sie in der Öffentlichkeit jedoch nie zugeben. Wahrscheinlich wird sie vor ihren Freundinnen sogar diszipliniert den Ernährungsplan durchziehen. Doch was passiert, wenn sie alleine ist? Keiner sieht, wie die Dame abends heimlich an den Kühlschrank geht. Keiner sieht, was sie sich so nebenbei noch in den Mund schiebt. Aber jeder wundert sich, warum diese disziplinierte Dame nicht abnehmen kann.

Nein, sie hat keine Schilddrüsenunterfunktion!

Der wahre Grund ist:

Sie will es innerlich gar nicht!

Jeder könnte es! Sie auch! Doch nicht jeder will es mit letzter Konsequenz!

Vielleicht ist Ihr Leben im Moment deshalb so, wie es ist, weil Sie einfach nicht bereit sind, das zu tun, was Sie tun müssen, in dem Moment, in dem Sie es tun müssen.

> *„Disziplin ist die Fähigkeit, sich zu merken, was man will."*
> – Unbekannt

Unzufriedenheit als Motivation

Vielleicht machen Sie die obigen Beispiele etwas unzufrieden mit sich selbst. Das wäre gut! Denn genau hier liegt der springende Punkt:

Sie werden nichts in Ihrem Leben ändern, wenn Sie zufrieden mit sich sind! Sie werden erst etwas ändern, wenn Sie unzufrieden sind.

Zufriedenheit macht Sie langsam, träge und leichtsinnig.

Unzufriedenheit ruft Veränderung hervor.

Ich habe das selbst auf die harte Tour gelernt, als ich mich am Anfang meiner Trainerkarriere voll darauf konzentrierte, mir so schnell wie möglich ein Maximum an Fachwissen anzueignen.

Für mich gab es nur noch eine Definition von Erfolg:

Sieg am Wochenende = ich bin ein guter Trainer,
Niederlage am Wochenende = ich bin ein schlechter Trainer.

Unzufriedenheit als Motivation

Meine Spieler waren in den Anfangsjahren meiner Karriere mein Werkzeug, das ich benutzte, um meinen Erfolg zu erreichen. Bis eines Tages ein älterer und erfahrener Spieler zu mir sagte:
„Christian, Du musst auch unbedingt lernen, mit Menschen umzugehen. Menschen richtig zu führen ist wichtiger als Fachwissen!"
Bong, das hatte gesessen! Von einem Spieler, den ich sehr respektierte. Diese Aussage hat mein Ego in dem Moment verletzt. Dieser Moment war auch der Startschuss für all meine positiven Veränderungen in den Jahren darauf.

Wir müssen alle erst mal mit der Wahrheit konfrontiert werden, bevor wir etwas verändern. Kein Mensch verändert etwas, wenn er zufrieden mit sich ist. Sie müssen erst unzufrieden werden. Wenn Sie keine Menschen in Ihrem Umfeld haben, die Sie unzufrieden bezüglich der Ausschöpfung Ihrer Potenziale und Möglichkeiten machen, dann tun Sie es bitte selbst!
Fragen Sie sich: Was könnte ich noch alles schaffen/erreichen/lernen/sehen/erleben …?

Sorgen Sie dafür, dass Sie sich nicht mehr wohl fühlen. Erst dann werden Sie anfangen, Dinge zu verändern, wenn Sie sich nicht mehr wohl fühlen. Wer etwas anderes behauptet, lügt.

Ich möchte Ihnen das an einem Beispiel verdeutlichen:
Sie lesen gerade dieses Buch und Sie tragen eine ganz bestimmte Kleidung. Sie werden diese Kleidung genau so lange tragen, wie Sie sich in ihr wohl fühlen. In dem Moment, in dem Sie sich in dieser Kleidung nicht mehr wohl fühlen, werden Sie etwas aus- oder anziehen, bis Sie sich wieder wohl fühlen.
Nehmen wir an, Sie sitzen im warmen Wohnzimmer. Draußen ist es eiskalt. In einer halben Stunde machen Sie einen Spaziergang: Sie werden sich eine dicke Jacke, Handschuhe, Mütze, gute Schuhe und noch viel mehr anziehen, bis Sie sich draußen beim Spaziergang wohl fühlen. Anschließend kommen Sie nach Hause und wollen duschen. Sie werden all Ihre Kleider ausziehen, weil Sie sich nur so unter der Dusche wohl fühlen. Danach möchten Sie das Buch im Wohnzimmer weiterlesen. Sie kleiden sich so, dass Sie sich dort wieder wohl fühlen. An diesem Kleidungsstil ändern Sie so lange nichts, bis Sie sich wieder unwohl fühlen.

So funktioniert das mit unserer Kleidung und so funktioniert das mit allem in unserem Leben.

> *Wir ändern erst Dinge,*
> *wenn wir uns unwohl fühlen.*

Wenn Sie gerade auf einem Stuhl sitzen, beobachten Sie mal, wann und wie oft Sie Ihre Haltung und Sitzposition verändern! Immer, wenn Sie sich in der aktuellen Position unwohl fühlen.

Preis und Lohn

Jeder Mensch sollte das Konzept von Preis und Lohn verstehen. Wenn wir ein lohnendes Ergebnis erreichen wollen, dann müssen wir bereit sein, dafür einen Preis zu zahlen.
Hallo, aufwachen!
Es gibt im Leben nichts umsonst!
Sie zahlen für alles einen Preis.
Ich glaube, dass viele Menschen heutzutage nicht mehr bereit sind, den Preis zu zahlen, weil sie das lohnende Ergebnis nicht vor Augen haben.

Ein Mitarbeiter, der nicht das für sich lohnende Ergebnis erkennt, wird nicht bereit sein, den Preis der vollkommenen Identifikation mit seiner Firma zu zahlen.
Ein Verkäufer ist nicht bereit, den Preis des vollen Engagements zu zahlen, wenn er nicht das für ihn lohnende Ergebnis kennt, z. B. feste Provision.
Ein Kind zahlt den Preis des Lernens in der Schule nicht, wenn es nicht versteht, was das lohnende Ergebnis ist. Eigentlich muss ihm nur jemand klar machen, warum die Schule so wichtig ist!

Wären wir nicht alle bereit, den Preis zu zahlen, wenn wir ein lohnendes und anziehendes Ziel vor Augen haben? Natürlich!
Aber wer möchte den Disziplin-Preis zahlen, wenn er nicht weiß, was er am Ende davon hat!

Die meisten Menschen haben keinen anderen Menschen in ihrem Umfeld, der ihnen das lohnende Ergebnis vor Augen führt.
Deswegen müssen wir es für uns selbst tun (siehe auch Kapitel: Ziele).

Verlangen Sie Disziplin – von sich und anderen

Wenn Sie in einer Führungsposition sind, dann ist es Ihre Aufgabe, Disziplin von Ihren Mitarbeitern zu verlangen. Sie sind der Chef. Leben Sie es vor und fordern Sie Disziplin von allen Angestellten ein!
Sie müssen:

*   Ihren Hintern heben und es selbst umsetzen.
*   Es von Ihren Mitarbeitern verlangen.

Führen durch Vorbild ist sehr wichtig – aber es reicht nicht. Sie müssen das Verhalten auch mit aller Konsequenz einfordern. Es geht nicht darum, in Ihrem Unternehmen diese blödsinnige „Wir-haben-uns-alle-lieb"-Einstellung zu verbreiten. Ihr Unternehmen hat den Sinn und Zweck, Gewinne zu erwirtschaften. Da bringt Sie das Spiel „Ringelpietz-mit-Anfassen" nicht weiter.
Ich weiß, dass das anstrengend ist! Wenn ein Mitarbeiter seine Mittagspause um ein paar Minuten verlängert, ist es anstrengender ihn zur Rede zu stellen, als zu sich selbst zu sagen: „Ach, komm. Eine Kleinigkeit. Nicht so schlimm."
DOCH, ES IST SCHLIMM! Mit solch einer Kleinigkeit geht es los. Eine kleine Schneeflocke startet eine Lawine, die alles kaputt machen kann.

Natürlich müssen Sie Zeit, Energie und Nerven in das Gespräch investieren, und vielen Menschen fällt es auch nicht leicht, andere zur Rede zu stellen. Doch wenn Sie den Kollegen mit dieser Einstellung entwischen lassen, dann sind SIE für mangelnde Leistungen in Ihrem Unternehmen genauso verantwortlich wie dieser Mitarbeiter.

Ihr Mitarbeiter macht zehn Minuten länger Mittagspause als erlaubt?
Wissen Sie, was das ist?
Das ist Diebstahl!
Ja, Diebstahl! Nichts anderes!
Der Mitarbeiter „stiehlt" IHREM Unternehmen zehn Minuten Zeit, in denen er dafür bezahlt wird, dem Unternehmen zu helfen, Gewinne zu erwirtschaften.
Noch mal: Das ist Diebstahl! Oder noch deutlicher: Betrug!
Sie sehen das nicht so? Dann ist das wahrscheinlich auch der Grund, warum Sie nicht erfolgreich sind oder Menschen nicht effektiv führen können.
Ihre Aufgabe als Führungskraft ist, diesen Mitarbeiter zur Rede zu stellen und auf sein Fehlverhalten hinzuweisen. Passiert das Gleiche dann noch einmal, sollten Sie in ihn feuern.
Ja, Sie haben richtig gelesen: Sie sollten ihn feuern!
Weil er wieder gestohlen hat.
Das ist Ihre Pflicht als Führungskraft!

Wenn Sie als Führungskraft dieser Aufgabe nicht nachkommen, sollte Ihr Chef Sie dafür zur Rechenschaft ziehen. Wenn Ihr Chef das nicht macht, dann ist er auch für schlechte Ergebnisse verantwortlich.

Wir brauchen alle Disziplin in unserem Alltag. Genauso sollten wir diese Disziplin auch von anderen einfordern! Disziplinlosigkeit ist der Weg zum Misserfolg. Kennen Sie Unternehmen, die in der Vergangenheit absolute Spitze waren, um dann Schritt für Schritt nachzulassen?
Natürlich kennen Sie die!
Kennen Sie Restaurants, in denen das Essen eines Tages nicht mehr so gut schmeckte, wie es in der Vergangenheit der Fall war?
Natürlich kennen Sie die! Das sind die Restaurants, die ein Jahr in Ihrer Stadt waren und dann von einem Tag auf den anderen geschlossen wurden. Ich rede hier nicht von Firmen und Restaurants, die ein schlechtes Konzept hatten und von Anfang an zum Scheitern verurteilt waren.
Nein, es geht um die Unternehmen, die trotz einer guten Produkt-Palette pleitegingen. Wissen Sie, warum?
Weil in diesen Unternehmen keine Disziplin herrschte. Eines Tages ging es dort mit kleinen Disziplinlosigkeiten los. Nicht erwähnenswert!

Doch diese kleinen Disziplinlosigkeiten wurden mit der Zeit immer größer, bis sie sich zu einer Seuche, einer Pest entwickelt hatten, die das Unternehmen „tötete".

Glauben Sie mir, ich weiß, wovon ich rede. Ich habe es selbst erlebt. Ich möchte Ihnen dieses Beispiel genau schildern. Denken Sie bitte mit, denn anschließend werden Sie verstanden haben, wie wichtig Disziplin ist.

Ich habe als junger Erwachsener viele Jahre als Barkeeper im qualitativ besten und renommiertesten Restaurant in unserer Stadt an der Bar gearbeitet. Ein Freund hatte mir den Job schmackhaft gemacht. Als ich die mehrwöchige Barkeeper-Ausbildung absolvierte, war das Restaurant ganz neu und fast täglich ausgebucht. Die Barkeeper-Bewerber standen Schlange. Jeder wollte dort arbeiten. Die Ausbildung zum Cocktail-Mixer war anspruchsvoll und langwierig. Qualität und guter Service standen in dem Restaurant an erster Stelle. Alles hatte einen festen Ablauf, uns wurde sogar erklärt, in welcher Richtung wir die Weingläser polieren mussten, damit auch garantiert kein Wasserfleck zu sehen war. Die Standards waren sehr hoch! Der Chef hatte sich intensiv um mich gekümmert, mich gefordert und gefördert. Nach einigen Monaten hatte ich die Barprüfung bestanden und konnte anfangen, mit meinem neuen Job Geld zu verdienen. Ich wusste, ich hatte einen Top-Job an der edelsten Cocktail-Bar der Stadt. Ich war stolz! Stolz auf meine Arbeit und stolz auf meinen Arbeitgeber.
Doch wenig später begann der Niedergang: Eines Tages kam eine Mitarbeiterin zu spät zur Arbeit, ohne dass dies Konsequenzen hatte. Kurze Zeit darauf war die Bar an einem Tag nicht so sauber hinterlassen, wie es eigentlich sein sollte. Bald war das Lager nicht so sorgfältig eingeräumt wie vorgeschrieben. Ein paar Monate später hat die Abrechnung um einen kleinen Betrag nicht gepasst. Lauter kleine Fehler. Immer von einem anderen Mitarbeiter. Immer nur eine Kleinigkeit. Doch nie wurden diese Kleinigkeiten vom Chef thematisiert – geschweige denn, der Verursacher zur Rechenschaft gezogen. Folglich passierte, was passieren musste: Die anderen Mitarbeiter beobachteten diese kleinen Unzulänglichkeiten und sagten innerlich zu sich: „Wenn der damit durchkommt, warum sollte ich es anders machen?"

Langsam, wie eine schleichende Krankheit, hat sich diese nachlassende Disziplin von der Bar auf den Service und in die Küche verlagert. In einem unscheinbaren Prozess hat die Qualität des Essens und der Cocktails, die Qualität des Service und die Sauberkeit im Restaurant nachgelassen. Schritt für Schritt haben das die Kunden gemerkt: War zu Beginn Freitag- und Samstagabend in dem Restaurant kein Durchkommen mehr, so war das Restaurant zwei Jahre später nur noch „voll".
Nicht schlimm, oder?
Ein paar Jahre später war das Restaurant nicht mehr annähernd ausgebucht! Nun wurde der Chef unruhig und bekam einen Wutausbruch gegenüber seinen Mitarbeitern. Doch da war es schon viel zu spät! Uns Mitarbeitern war das nämlich ziemlich egal. Wir hatten uns alle an den schlechten Arbeitsstil gewöhnt. Außerdem hatten wir das Gefühl, dass der Chef in dieser schwierigen Situation auf uns angewiesen war! Nicht wir auf ihn! Die Wut unseres Chefs konnte nichts mehr bewirken. Der disziplinlose Arbeitsstil war schon viel zu automatisiert. Er hätte praktisch das gesamte Personal auswechseln müssen. Unser Arbeitsplatz war zu einer Party-Location verkommen, in der man sich mit guten Freunden trifft, um Spaß zu haben! Aber nicht um zu arbeiten!
Arbeit? Was ist das?
Ich habe kurze Zeit später aufgehört, in dieser Lokalität zu arbeiten, weil ich umgezogen bin. Von Freunden habe ich erfahren, dass der Besitzer drei Jahre später das Restaurant verkaufen musste. Er war pleite.

Ein übertriebenes Beispiel? Überhaupt nicht! Es ist gängige Praxis. Disziplinlosigkeiten müssen Sie im Keim ersticken, bevor Sie sich in Ihrer Belegschaft wie eine unheilbare Seuche ausbreiten. Sie können eine kleine Disziplinlosigkeit mit aller Konsequenz ahnden, aber Sie werden nie eine Seuche unter Kontrolle bekommen.
Sie kennen den Spruch:
Wehret den Anfängen!

Den gleichen Fehler habe ich einmal als Trainer begangen. In einer Saison hatten wir ein unglaublich gutes Team mit viel Talent und der Ambition, die deutsche Meisterschaft zu gewinnen. Alle haben an einem Strang gezogen und zusammengehalten. Gegen Ende der Saison kam ein „Superstar" zum Team hinzu, dessen individuelles Können deutlich besser war als bei allen anderen Spielern.

Verlangen Sie Disziplin – von sich und anderen

Dieser „Superstar" sollte uns helfen, die deutsche Meisterschaft zu gewinnen.

In dem Moment, in dem Sie ein neues Mitglied in Ihrem Team haben, verändert sich von einer Minute auf die nächste die ganze Atmosphäre! Sie kennen das. Dieser „Superstar" wollte zeigen, wie toll er ist, und tat dies mit kleinen, unauffälligen Extravaganzen und Verhaltensweisen, die andere Spieler sich nicht zu zeigen trauten.

Wir hatten zum Beispiel im Training feste Trinkpausen, in denen alle Spieler trinken mussten. Der Körper braucht Flüssigkeit, und viele Menschen können ihren Flüssigkeitsverlust nicht realistisch einschätzen. Wenn der Körper dann nicht richtig versorgt wird, wirkt dies leistungshemmend. Unser „Superstar" hat sich geweigert zu trinken und in dieser Zeit spielerische Blödeleien mit dem Ball gemacht. Ich Idiot bin in dieser Situation nicht eingeschritten. Ich war mir sicher, dass wir als Team gefestigt genug waren, dass uns so etwas nicht beeinflussen würde. Von wegen: Alle Spieler beobachteten genau, was unser „Superstar" da trieb.

Verstehen Sie mich nicht falsch: Es war keine offensichtliche Disziplinlosigkeit. Der „Superstar" hat mir genauso gut zugehört wie alle anderen auch. Es waren die kleinen, unscheinbaren, oft gar nicht so leicht zu erkennenden Dinge. Die sind besonders gefährlich!

Am nächsten Tag zog unser „Superstar" sich nicht wie alle anderen vor dem Training in der Umkleide um, sondern tat dies in der Halle.

Bei der Fahrt zum nächsten Auswärtsspiel saß er mit nacktem Oberkörper im Bus meines Assistenztrainers.

Ich bin nie eingeschritten. Und es kam, wie es kommen musste. Als es um die deutsche Meisterschaft ging, konnte der Spieler seine Leistung nicht abrufen und wir gingen als Team gemeinsam den Bach runter. Schließlich hatte ich genug und ich musste den „Superstar" aus dem Spiel nehmen, doch der Rest der Mannschaft war auf einmal auch nicht mehr in der Lage, so zu spielen, wie wir noch vier Wochen zuvor gespielt hatten. Die kleinen Disziplinlosigkeiten und Unkonzentriertheiten hatten ihren Tribut gefordert.

Eine Woche später habe ich erfahren, dass der „Superstar" sich nach dem Spiel auch noch lauthals in der Umkleide beschwert hatte. Er machte alle anderen für das schlechte Spiel und die Niederlage verantwortlich. Nur über sich selbst dachte er nicht nach! Raten Sie mal, über wen er sich richtig beschwert hat: Richtig, über mich!

Ohne Selbstdisziplin geht gar nichts

Ich weiß genau, dass das nicht der einzige Grund war, warum wir in dieser Saison unser Ziel „deutsche Meisterschaft" nicht erreicht haben. Es gab tausend andere. Aber es war ein Grund!
Ein wichtiger!
Raten Sie mal, wem ich nach der Saison die meisten Vorwürfe gemacht habe?
Mir selbst!
Weil ich derjenige war, der diese kleinen Disziplinlosigkeiten nicht im Keim erstickte und zugelassen hatte, dass daraus eine Krankheit werden konnte, die sich auf mein Team übertrug!
Denn in der Hitze des sportlichen Wettkampfs heilt kein Trainer eine Krankheit, von der das eigene Team befallen ist! Dann ist es zu spät!
Es war mein Fehler, weil ich nicht knallhart die nötige Disziplin eingefordert hatte.

Eben habe ich Ihnen ein Negativbeispiel aus meinem Leben gegeben, jetzt kommt ein positives Beispiel dafür, was mit Disziplin alles machbar ist:
Letzten Sommer hatte ich die große Ehre, die deutsche Jugendnationalmannschaft betreuen zu dürfen. Wir spielten die Europameisterschaft in Skopje/Mazedonien. Insgesamt waren wir 17 Tage dort. In dieser Zeit sehen Sie nicht viel anderes als die Halle und das Hotel. Auch wenn wir als Team täglich ein Spiel hatten, so ist doch ein Tag bei solch einem Turnier oft sehr lang. Als ich am Anreisetag bemerkte, dass das Hotel alles andere als einladend und gastfreundlich war, entschloss ich mich, in diesen gut zwei Wochen meine eigene Disziplin mit einem Kraft- und Ausdauerprogramm zu testen. Ich erstellte mir einen Plan, auf dem stand:
Täglich mindestens 30 Minuten joggen – dazu täglich folgendes Kraftprogramm: 150 Liegestütze, 500 Sit-ups, 250 Wiederholungen verschiedener Rückenübungen, 50 einbeinige Kniebeugen auf jedem Bein, 50 einbeinige Wadenheber, 50 Dips.
Ich erstellte mir eine Tabelle, auf der ich für jede Übung und jeden Tag ein Kästchen hatte, das ich erst abhakte, wenn auch die letzte Wiederholung jeder einzelnen Übung gemacht war. Diesen Zettel hängte ich deutlich sichtbar neben mein Bett ins Zimmer.
Die ersten drei Tage waren kein Problem. Doch ab dem vierten Tag wurde die Versuchung groß, das selbst auserwählte Tagesprogramm schleifen zu lassen.

112   Machen Sie den positiven Unterschied

Eine innere Stimme sagte zu mir: „Christian, Du musst Deine Übungen heute nicht machen, Du bist fit genug."

Ein Blick auf den Zettel an der Wand genügte, um der Verführung dieser Stimme widerstehen zu können. Es wäre nicht mit meinem Selbstrespekt vereinbar gewesen, abends ins Bett zu gehen, bevor ich einen Haken neben jede Übung des Tagesprogramms gemacht hätte.

Schriftliche Listen appellieren an Ihren Selbstrespekt. Daher sollten Sie Dinge, die Sie sich fest vornehmen, immer aufschreiben.

Als ich nach zwei Wochen zurück nach Deutschland kam, fragte mich meine Freundin allen Ernstes, ob ich in Mazedonien „etwas genommen hätte". Mein Oberkörper hatte sich innerhalb von zwei Wochen so verändert, dass es für sie deutlich sichtbar war.

Ohne Selbstdisziplin geht gar nichts.

Wirklich! Mehr muss nicht gesagt werden!
Wenn Sie diszipliniert sind,
dann werden Sie realistische Ziele erreichen.
Wenn Sie realistische Ziele erreicht haben,
dann werden Sie sich besser fühlen und selbstbewusster sein.
Mit diesem Selbstbewusstsein werden Sie sich neue und größere Ziele zutrauen …
… und erreichen.

Mit dem Erreichen dieser neuen Ziele werden Sie merken,
dass das Leben wirklich nur in Ihrer Hand liegt,
und dass Sie dort hinkommen können,
wo Sie hinkommen wollen (wenn es realistisch ist).
Wenn Sie dort sind, wo Sie hinkommen wollen …
… dann sind Sie frei!

So einfach ist das.
Es beginnt alles mit Disziplin.
Mit Ihrer Selbstdisziplin! Das bedeutet letztlich, dass Sie sich ab heute an folgende Regel halten:
Das zu tun,
was Sie tun müssen,
in dem Moment,
in dem Sie es tun müssen!

Christian Bischoffs Schlüsselpunkte zum Thema „Disziplin"

- Selbstdisziplin bedeutet lediglich: Das zu tun, was Sie tun müssen, in dem Moment, in dem Sie es tun müssen. Und das ist nichts Schlechtes, sondern die Grundlage für all Ihre Erfolge.

- Es besteht ein großer Unterschied zwischen Wissen und der Umsetzung dieses Wissen in die Tat.

- Für viele Sachen im Leben braucht es kein Talent! Es braucht nur einen Entschluss und Disziplin! Beides liegt in der Macht Ihrer Einstellung!

- Unterschätzen Sie nie, was Sie in Ihrem Leben mit Selbstdisziplin alles erreichen können! Unterschätzen Sie nie, was andere Menschen mit Selbstdisziplin erreichen werden!

- Sie müssen in Ihrem Leben immer einen von zwei Schmerzen ertragen: den Disziplinschmerz oder den Schmerz des Bedauerns.

- Die entscheidende Frage ist nicht: „Können Sie erfolgreicher werden?" Die wichtigste Frage ist: „Wollen Sie erfolgreicher werden?"

- Wir müssen meistens erst knallhart und direkt mit der Wahrheit konfrontiert werden, bevor wir etwas ändern. Kein Mensch verändert etwas, wenn er zufrieden mit sich ist. Wir müssen erst unzufrieden werden.

- Verlangen Sie Disziplin: zuerst von sich, dann von anderen!

- Ohne Selbstdisziplin geht gar nichts.

3. Lebenseinstellung

OHNE PRIORITÄTEN VERRINNT IHRE ZEIT WIE SAND IN DER HAND

Zwei der populärsten Seminarthemen unserer heutigen Zeit sind: Zeitmanagement und Stressmanagement. Damit verdienen sich hunderte von Trainern in Deutschland eine schöne Stange Geld.
Ich sage Ihnen: Beides ist mit äußerster Vorsicht zu genießen. Sie brauchen kein Seminar dafür. Sie wissen innerlich eigentlich genau, was richtig ist.

Ursachenbehandlung ist das Entscheidende

Fangen wir mit Stress-Seminaren an!
Wer von Ihnen möchte gerne Stress haben?
Keiner!
Dann frage ich Sie:
Warum sollten Sie lernen, mit etwas umzugehen, das Sie in Ihrem Leben überhaupt nicht haben wollen?

Stress sorgt für ständige Angespanntheit, limitiertes Denken, Herz-Kreislauf-Erkrankungen und körperliches Ausbrennen! Ich verzichte nur zu gerne auf all diese Konsequenzen! Und Sie?

Woher kommt denn Stress? Die Antwort ist ganz einfach. Von Larry Winget habe ich gelernt, dass Stress nur durch eine einzige Tatsache entsteht:
Sie wissen, was Sie tun müssten, tun aber etwas anderes!
Das ist Stress! Nichts anderes. Wirklich!

> *Sie haben nur Stress, weil*
> *Sie nicht das tun, was Sie*
> *eigentlich tun müssten.*

Glauben Sie mir nicht?

Es geht schon im Jugendalter los. Wir wissen, dass wir für die Prüfung lernen müssen, tun es aber nicht. Am Prüfungstag sitzen wir absolut gestresst im Prüfungssaal und sagen: „Ich bin gestresst wegen der Prüfung."

Wirklich? Die Prüfung ist nicht ursächlich für Ihren Stress, sondern die Tatsache, dass Sie nicht ausreichend vorbereitet sind. Sie wussten, was Sie eigentlich hätten tun müssen, haben aber etwas anderes getan.

In meinen Anfangsjahren als Trainer hatte ich in einer Saison einen Spieler mit einer sehr schwierigen Persönlichkeit. Er legte auf und außerhalb des Spielfelds viele Verhaltensweisen an den Tag, die mir absolut nicht gefielen und die schädlich fürs Team waren. Dieser Spieler hat mir wochenlang Stress erzeugt. Aber es war nicht der Spieler an sich, der für meinen Stress verantwortlich war, sondern die Tatsache, dass ich ihn wochenlang nicht zur Rede stellte und ihm keine klaren Grenzen gesetzt habe. Das war ursächlich für meinen Stress! Ich wusste, dass ich ihn zur Rechenschaft ziehen musste, habe es aber nicht getan! Ich habe gezögert, konsequent zu handeln. Mit jedem Tag der Passivität wurde mein innerer Stress größer und damit meine Unzufriedenheit.

Das war MEIN Fehler! Es war nicht der Fehler meines Spielers.

> *„Stress hat man nicht, man macht ihn sich."*
> – Aba Assa, *1974, Essayistin

Ich kenne das aus eigener Erfahrung: Jahrelang hat mein Manager und Arbeitgeber mich mit seinen hohen Anforderungen, ständiger Kritik, schlechtem Reden hinter meinem Rücken und keinerlei Lob vollkommen unter Stress gesetzt.

Ich war sauer auf ihn, habe ihn oft gehasst, ich habe mich teilweise nicht mehr wohl gefühlt und ihn dafür verantwortlich gemacht: „Er macht mir den ganzen Stress." Ich habe mit dem Finger auf jemand anderen gezeigt und ihm die Verantwortung zugeschoben. Heute weiß ich, dass das absolut falsch war. ICH war für meinen Stress verantwortlich, weil ich ihm diese Kritikpunkte nie klar ins Gesicht gesagt und ihm keine Grenzen aufgezeigt habe. Das hätte ich machen müssen.

Jetzt erwidern Sie:

„Ich habe das gemacht! Meinen Chef interessiert es nicht. Er überhäuft mich mit Arbeit. Stress ist somit unausweichlich."

Auch hier ist Ihr Chef nicht der Hauptverantwortliche, sondern Sie. Haben Sie mit Ihrem Chef wirklich genau die Aufgabengebiete definiert? Haben Sie erörtert, ob eine weitere Hilfskraft sinnvoll wäre?

Mit den meisten Menschen kann man sehr vernünftig diskutieren, wenn man sie sachlich, emotionslos und fair mit dieser Diskussion konfrontiert.

Tatsache ist doch auch:

Sie machen diesen Job, der Ihnen wohl immer noch genügend Spaß macht. Sonst hätten Sie als selbstbestimmter Mensch sich schon längst etwas anderes gesucht …, nicht wahr? Und so lange Sie in dieser Tätigkeit bleiben, sind Sie für Ihren Stress verantwortlich, weil Sie diese Arbeitsbedingungen akzeptieren.

Wann haben Sie zum letzten Mal zu Ihrem Chef: „NEIN!" gesagt?

„Nein, das ist mir zu viel!"

„Nein, das schaffe ich nicht."

„Nein, das gehört nicht zu meinem Arbeitsbereich."

Wenn Sie vollkommen überlastet sind, ist die Wahrscheinlichkeit groß, dass Sie es noch nie gemacht haben.

Warum?

Weil Sie Angst haben!

Sie stellen sich wahrscheinlich sofort das schlimmstmögliche Szenario vor, wie Ihr Chef reagieren könnte: Er schreit Sie an, er blamiert Sie vor allen Kollegen, er schmeißt Sie raus.

Meistens ist das vollkommener Unsinn.

Wir Menschen besitzen das Talent, uns eine Situation immer als schlimmstmögliches Szenario vorzustellen.

Es wird nicht passieren! Wenn Sie gute Arbeit leisten, sind Sie nicht so leicht zu ersetzen und Ihr Chef wird auf Sie reagieren. Aber Sie müssen den Mund aufmachen!

„Auch der Stress hat etwas für sich:
Er gibt einem das Gefühl, dass man gebraucht wird."
– Unbekannt

Bei anderen Menschen steht „Umgang mit schwierigen Situationen" ganz oben auf der Liste: ein Kritikgespräch führen, Mitarbeitergespräche, Kundenbeschwerden usw. Auch hier ist nicht das Gespräch oder der Kunde die Ursache für Ihren Stress.
Stellen Sie sich folgendes Szenario vor: Egal, welcher Kunde oder Mitarbeiter mit egal welcher Beschwerde auf Sie zukäme – Sie könnten immer souverän und angstfrei damit umgehen! Würden solche Begegnungen noch Stress in Ihnen auslösen?
Nein.
Die Stressursache ist, dass Sie nicht professionell lernen, wie Sie mit solchen Situationen umgehen müssen, wie Sie reagieren sollten, was Sie sagen. Das ist die Stressursache. Verantwortlich dafür sind Sie! Weil Sie es nicht lernen.

Der dritte Punkt, der häufig genannt wird, ist das eigene Körpergewicht. Auch hier ist Ihr Gewicht nicht die Stressursache, sondern die Tatsache, dass Sie zu viel futtern und sich zu wenig bewegen. Sie wissen, dass Sie weniger essen und mehr laufen sollten, tun aber etwas anderes!

„Weise sind nicht zu beschäftigt, und wer zu beschäftigt ist,
ist nicht weise."
– Owe Wikström, schwedischer Religionspsychologe und Psychotherapeut

Die Nutzlosigkeit des Zeitmanagements

Zeitmanagement ist Unsinn!
Jetzt springen mir viele Zeitmanagement-Trainer ins Gesicht: „Wie kann er so etwas sagen?"

Die Nutzlosigkeit des Zeitmanagements

Ganz einfach, weil es die Wahrheit ist!

Sie sagen jeden Tag bestimmt einmal: „Ich habe keine Zeit!"
Sie Lügner!
Ich sage Ihnen die Wahrheit: Zeit ist die einzige Sache auf dieser Welt, von der wir alle gleich viel jeden Tag haben.
Wir haben nicht alle die gleiche Intelligenz, die gleichen finanziellen Mittel, die gleichen Kontakte, das gleiche Netzwerk, den gleichen familiären Hintergrund, die gleichen Chancen und Möglichkeiten. Ich habe nicht die gleichen Chancen wie ein Scheich aus Dubai. Sie haben nicht die gleichen Chancen wie z. B. unsere Bundeskanzlerin. Was ein Mensch aus einem Entwicklungsland vielleicht als einmalige Chance definiert, nehmen Sie schon als selbstverständlich hin.
Das einzige, von dem wir alle, egal ob arm oder reich, gebildet oder ungebildet, beliebt oder unbeliebt, aus Deutschland oder aus Afrika … gleich viel haben, sind die 24 Stunden jeden Tag.
Daher lautet die Wahrheit: Solange Sie leben, haben Sie alle Zeit der Welt.
Wir haben alle nur 24 Stunden Zeit am Tag, 7 Tage die Woche und 365 Tage im Jahr Zeit. Jeder hat die gleiche Zeit. Diese Zeit lässt sich nicht managen! Fangen Sie erst gar nicht an, in den Kategorien „Dafür-ha-be-ich-Zeit" und „Dafür-habe-ich-keine-Zeit" zu denken. Das frustriert Sie nur und bringt Sie überhaupt nicht weiter. Sie bekommen sowieso nicht mehr Zeit. Mit diesen Plänen bauen Sie nur Stress auf. Zeit können Sie nicht managen!

> *„Es ist nicht zu wenig Zeit, die wir haben,*
> *sondern es ist viel Zeit, die wir nicht nutzen."*
> – Lucius Annaeus Seneca, röm. Philosoph, Dramatiker und Staatsmann

Das alles Entscheidende ist doch, dass Sie Ihre Prioritäten festlegen. Sie müssen ganz klar definieren, was für Sie wichtig und was nicht wichtig ist. Wir scheitern niemals an einem Zeitmangel, wir scheitern immer an schlecht definierten Prioritäten. Definieren Sie, was heute das Allerwichtigste ist, tun Sie das, erledigen Sie es, und die Zeitfrage löst sich von selbst.

Machen Sie den positiven Unterschied

Prioritäten sind der Schlüssel –
nicht Zeitmanagement!

Jeder von Ihnen kennt folgende Situation: Sie besuchen Freunde, die Sie seit langem nicht mehr gesehen haben. Sie werden an der Tür empfangen, ins Haus geführt und einer der ersten Sätze, die Sie hören, ist: „Bitte entschuldige das Durcheinander in meiner Wohnung, ich hatte noch keine Zeit, hier aufzuräumen."
Stimmt nicht. Jeder von uns hätte Zeit, seine Wohnung aufzuräumen, wenn er es möchte. Dann nehmen Sie sich einfach die Zeit.
Die Wohnung ist nicht aufgeräumt, weil es keine Priorität für diese Person war. Andere Dinge waren wichtiger. Wenn das Aufräumen vor Ankunft des Besuchs absolute Priorität gehabt hätte, dann wäre die Zeit dafür garantiert da gewesen.

> *Wir schaffen doch alle immer die Dinge, die wir unbedingt erledigen wollen – das sind unsere Prioritäten.*

Wir alle lassen die Dinge schleifen, die uns nicht wichtig sind! Deshalb gleicht meine Wohnung immer einem Saustall. Kommen Sie mich nicht besuchen ☺.

Nach diesem Prinzip funktioniert Ihr ganzes Leben:
Als ich mit Dirk Bauermann, Basketball-Bundestrainer und Deutschlands erfolgreichster Basketballtrainer, zusammengearbeitet habe, hatte diese Zusammenarbeit absolute Priorität für mich. Dirk konnte auch morgens um drei Uhr bei mir anrufen und mich um Hilfe bitten. Anderen Menschen hätte ich den Telefonhörer um die Ohren geschleudert. Stellen Sie sich vor, Sie leben am absoluten Existenzminimum und ha-

ben diesen Lebensstil satt. Sie müssen täglich über zwölf Stunden hart arbeiten, und trotzdem reicht das Geld von vorne bis hinten nicht aus. Ich empfehle Ihnen ein Buch und garantiere Ihnen, dass Sie aus Ihrer schlechten Situation herauskommen, wenn Sie die Buchinhalte in Ihrem Leben umsetzen.

Würden Sie dieses Buch lesen?

Natürlich! Ihr Tag ist überfüllt mit anderen Sachen. Trotzdem würden Sie die Zeit finden, das Buch zu lesen, weil es für Sie absolute Priorität hätte. Auf einmal wäre es egal, wie beschäftigt Sie eigentlich sein müssten. Sie haben Ihr aktuelles Leben satt, Sie sind bereit, etwas zu verändern und setzen jeden gut gemeinten Tipp gleich in die Tat um!

Ist das nicht interessant?

Viele Menschen fragen mich: „Wie werde ich erfolgreich und wohlhabend?" Ganz einfach: Machen Sie für sich eine Priorität daraus, Erfolg und Reichtum zu studieren. Lesen Sie jedes Buch, das Ihnen in die Hände kommt. Lauschen Sie so vielen Hörbüchern wie möglich. Lernen Sie viele erfolgreiche und wohlhabende Menschen kennen und unterhalten Sie sich mit ihnen. Es wird nur eine Frage der Zeit sein, bis auch Sie erfolgreich und wohlhabend sind. Jeder Mensch geht in seinem Leben immer in die Richtung, über die er am meisten nachdenkt! Das funktioniert automatisch.

„Keine Zeit zu haben, ist nur das Verschleiern von eigenen Prioritäten."
– Damaris Wieser, *1977, deutsche Lyrikerin und Dichterin

Doch die allermeisten Menschen werden niemals die Zeit finden, all die Bücher zu lesen, sich die Hörbücher anzuhören und erfolgreiche Menschen zu treffen. Genau diese Menschen werden auch nie erfolgreich werden. Warum? Weil ihr persönlicher Erfolg für sie überhaupt keine Priorität hat. Ihnen ist es wichtiger Talk-, Game-, Gerichts- und Koch-Shows im Fernsehen anzuschauen. Das ist ihre Priorität. Als Konsequenz werden sie die Inhalte dieser Fernsehprogramme auswendig kennen, aber nicht wissen, wie sie persönlich besser werden können.

> *Deswegen haben Prioritäten auch nichts mit Können zu tun. Sich Prioritäten zu setzen, ist eine Einstellungssache! Nur Sie sind dafür verantwortlich.*

Sich Prioritäten zu setzen, ist eine Einstellungssache!

Sie haben keine Zeit, Ihre Eltern und Verwandten anzurufen? Keine Zeit, sich mit Freunden zu treffen? Keine Zeit, mit dem Ehepartner romantisch essen zu gehen? Keine Zeit, um Sport zu treiben? Keine Zeit, um den Garten zu pflegen?
Ja, warum denn?!? Weil diese Dinge keine Priorität bei Ihnen haben!
Sie gehen dafür als begeisterter Fan ins Fußballstadion? Okay, dann haben Sie Zeit dafür, weil das eben Ihre Priorität ist.

Messen Sie niemals, wie sehr Sie beschäftigt sind. Stoppen Sie niemals die Zeit, wie lange Sie ohne Rast arbeiten. Viele Menschen sind den ganzen Tag beschäftigt. Aber was machen sie eigentlich?
Die allermeisten drehen sich ihr ganzes Leben lang im Kreis.

Welche Ergebnisse produzieren sie? Das Entscheidende ist nicht, wie viele Stunden Sie arbeiten, sondern wie produktiv Sie pro Arbeitsstunde sind. Diese Produktivität wollen Sie erhöhen. Und dafür brauchen Sie Prioritäten.
Unser gesellschaftliches Problem in Deutschland ist, dass wir keine Prioritäten setzen können. Wir Deutschen sind so auf Wohlstand und Erfolg fixiert, dass wir alles haben wollen, und am besten sofort.

Daher haben wir auch alles ...
Zumindest ein bisschen davon ...

Prioritäten sind der Schlüssel – nicht Zeitmanagement!

Genauso ist es mit unserem Leben: Wir haben von allem ein bisschen. Richtig gut und fokussiert sind wir nirgends.
Das geht in der Arbeit los und hört abends vor dem Fernseher auf.

Kennen Sie die Tyrannei des Dringenden? Der amerikanische Präsident Eisenhower hat ein einfaches Prioritäten-Prinzip entworfen:

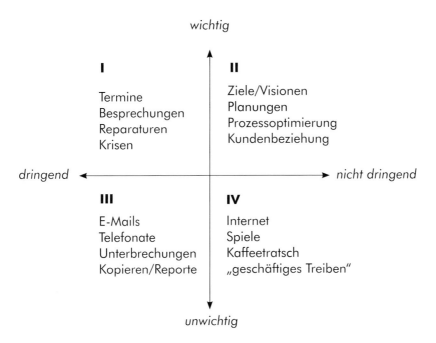

Alles, was Sie täglich an Ihrem Arbeitsplatz tun, können Sie auf zwei Achsen einteilen: von „wichtig" bis „nicht wichtig" – sowie von „dringend" bis „nicht dringend".

Daraus ergeben sich vier Quadranten:
Im ersten Quadranten die Dinge, die wichtig und dringend sind: Termine, Besprechungen, Reparaturen, Krisen. Im zweiten Quadranten haben Sie die Sachen, die wichtig, aber noch nicht dringend sind: Ziele/ Visionen, Planungen, Prozessoptimierungen, Kundenbeziehungen.

Machen Sie den positiven Unterschied

Im dritten Quadranten sind die Dinge, die dringend, aber eigentlich überhaupt nicht wichtig sind: E-Mails, Telefonate, Kopieren, Reporte.
Und schließlich im vierten Quadranten die unwichtigen und nicht dringenden Sachen: Internet, Spiele, Kaffeetratsch, „geschäftiges Treiben".
In meinen Vorträgen frage ich häufig:
„Was glauben Sie, in welchem Quadranten Mitarbeiter in deutschen Unternehmen die meiste Zeit verbringen?"
Oft sagt doch wirklich ein Zuhörer ganz im Ernst: „Im vierten!"
Worauf ich erwidere: „Schmeißen Sie diese Mitarbeiter bitte morgen früh sofort raus!"
Richtige Antwort wäre: Die meisten Mitarbeiter verbringen ihre Zeit im ersten und im dritten Quadranten!
Dinge die nicht wichtig oder wichtig sind, die aber immer dringend sind. Und da entsteht der Stress!

Stress baut sich auf, wenn wir ständig unter Druck stehen, wenn wir Terminnot haben, wenn wir nicht genügend Zeit finden, Dinge richtig zu durchdenken und zu planen.
Wo müssen wir denn die meiste Zeit verbringen, wenn wir effektive und erfolgreiche Führungspersönlichkeiten werden wollen?
Im zweiten Quadranten: Dinge, die für unser Unternehmen richtig wichtig, aber noch nicht dringend sind.

Sie müssen hier zwei entscheidende Grundsätze beachten:
Erstens: Wenn Sie im zweiten Quadranten nichts tun, dann wandern die noch nicht dringenden, aber wichtigen Angelegenheiten langsam aber sicher in den ersten Quadranten, werden also dringend! Und dann haben wir plötzlich ein Problem und empfinden die ganzen unangenehmen Gefühle, die wir mit dringenden Dingen verknüpfen. Der zweite Quadrant heißt auch: **der Quadrant der Qualität**. Hier passieren die wichtigen Aktivitäten, die sich mit Vorbereitung oder Prozessoptimierung beschäftigen, was die Qualität der Produkte und damit des Unternehmens verbessert.

Zweitens: Angelegenheiten aus Quadrant 2 wirken nicht von außen auf uns ein – da müssen wir aus eigenem Antrieb heraus aktiv werden. Tun Sie das! Werden Sie aktiv in Quadrant 2. Entscheiden Sie sofort, was Sie morgen tun werden, das wichtig, aber noch nicht dringend ist.

Noch ein Nachtrag zur Namensgebung. Das Modell wird als „Eisenhower-Modell" bezeichnet, weil es vom ehemaligen amerikanischen Präsidenten Dwight Eisenhower stammt. Der hat sich seine Aufgaben nach diesen vier Quadranten zurechtgelegt und Aufgaben aus

- Quadrant I sofort selbst erledigt,
- Quadrant II exakt terminiert und ebenfalls persönlich erledigt,
- Quadrant III delegiert und Aufgaben aus
- Quadrant IV in den Papierkorb befört.

Eisenhower-Modell

I	II
delegieren und nachverfolgen	Chefsache
III	**IV**
delegieren	Mülleimer

Sie haben vielleicht folgenden berechtigten Einwand:
„Das funktioniert nicht! Ich bin nicht in einer Position, in der ich delegieren kann. Ich muss alles selbst machen!"

Dann gehen Sie das Problem anders an:

Wissen Sie, was die wichtigste Sache in Ihrem Beruf ist, die erledigt werden muss?

Stellen Sie sicher, dass sie erledigt wird, auch wenn Sie ansonsten nichts anderes mehr erledigen.

Wenn in jedem Unternehmen die wichtigste Sache erledigt wird, dann ist doch alles andere sekundär!

„Wenn die Prioritäten klar sind,
dann ist es einfach, Entscheidungen zu treffen."
– Roy Disney, Bruder von Walt Disney

Wissen Sie überhaupt, was die wichtigste Priorität in Ihrem Unternehmen und an Ihrem Arbeitsplatz ist?

Nein???

Dann verschwenden Sie Zeit, Geld und Energie. Beschweren Sie sich bitte bei niemandem darüber, dass Sie gestresst sind und keine Zeit haben. Halten Sie sich nicht mehr mit diesem unwichtigen Alltagskram auf, sondern fragen Sie sich: „Was MUSS wirklich absolut gemacht werden?" Wenn Sie die Antwort nicht alleine finden, gehen Sie bitte zu Ihrem Chef und verlangen Sie eine klare Antwort.

„Machen Sie keine Prioritäten für Ihre Termine, sondern Termine für Ihre
Prioritäten! Geben Sie Ihren Prioritäten Termine!"
– Hermann Scherer, Verkaufsexperte und Redner

„Jeder, der in der Wirtschaft Verantwortung übernehmen will,
muss lernen, Prioritäten zu setzen."
– Lee Iacocca, *1924, amerik. Topmanager,
1979-92 Vorstandsvorsitzender der Chrysler Corp.

Die Erfolgsliste

Hier noch ein ganz praktischer Tipp, denn Sie denken sich jetzt vielleicht:

„Herr Bischoff, Sie meinen wohl, Sie haben die Weisheit mit Löffeln gefressen! Das ist alles kalter Kaffee von gestern! Ich mach das doch schon längst: Ich habe jeden Tag eine To-do-Liste!"

Haben Sie eine To-do-Liste?

Wenn Sie wie die meisten vielbeschäftigten Menschen sind, dann erstellen Sie zu Beginn des Tages ihre To-do-Liste. Sie schreiben sich all die Dinge auf, die Sie heute erledigen müssen. Dann beginnen Sie zu arbeiten und haken die erledigten Dinge auf Ihrer Liste voller Freude ab. Bei jedem Haken strömt ein Schub Endorphine durch Ihren Körper, ein orgasmusähnliches Erfolgsgefühl erfüllt Sie. An Ihrem Lächeln sehe ich, dass dieses Gefühl Ihnen nur allzu vertraut ist!

Jedoch ist „Dinge zu erledigen" nicht das Gleiche wie „die richtigen Dinge zu erledigen". Die wenigsten Menschen setzen sich hin und überlegen, wie wichtig die Dinge auf ihrer Liste wirklich sind. 80 % der Punkte auf unserer Liste sind unwichtige, belanglose Alltagsarbeiten, die Sie ihrem Erfolg nicht näherbringen. Diese unwichtigen Dinge sind dafür mit Spaß und Unterhaltung verbunden und dauern gewöhnlich nicht lange. Die für Ihren Erfolg entscheidenden Aktivitäten dauern gewöhnlich länger, sind schwierig und viel wichtiger. Um ehrlich zu sein, die wichtigsten Dinge in Ihrem Leben schaffen es am seltensten auf Ihre To-do-Liste. Entsorgen Sie sofort Ihre To-do-Liste.

Entwerfen Sie stattdessen morgen früh als Allererstes eine Erfolgsliste. Unterteilen Sie Ihr Blatt in 1/5 und 4/5. Im oberen Fünftel stehen Ihre 20 % essenziellen Erfolgsaktivitäten.

Alle nicht so wichtigen Alltagsarbeiten kommen in die andere Rubrik. Bevor Sie irgendetwas auf Ihre Erfolgsliste schreiben, stellen Sie sich die alles entscheidende Frage:

Ist diese Aufgabe ein 20 %er oder ein 80 %er?

Schreiben Sie Ihre wichtigen Aktivitäten in das obere Fünftel und alles andere in die unteren vier Fünftel.

Damit zwingen Sie sich, sich den ganzen Tag auf die wenigen, wirklich wichtigen Aufgaben zu fokussieren. Machen Sie die unteren Dinge nur, wenn Sie eine Pause brauchen.

Erwarten Sie nicht, dass Sie jeden Tag alles abarbeiten können. Viel wichtiger ist, jeden Tag etwas besser in diesem Arbeitsstil zu werden.

Die Erfolgsliste
20% essenzielle Erfolgsaktivitäten
80% nicht so wichtige Alltagsaktivitäten

Das ist Ihr Ziel. Lieber schreiben Sie nur drei essenzielle Dinge auf Ihre Erfolgsliste, die Sie abarbeiten, als zwanzig unwichtige und belanglose Alltagsarbeiten.

Probieren Sie das nur eine Woche aus und Sie werden sofort merken, wie Ihr Leben bedeutungsvoller wird, weil Sie Ihre Zeit sinnvoller einsetzen.

Während ich dieses Kapitel gerade schreibe, sitze ich seit zehn Stunden im Flugzeug nach Mexiko. Ich bin vollkommen übermüdet. Dennoch fühle ich mich gut. Das persönliche Glücks- und Erfolgsgefühl, mit diesem Buch einen großen Schritt weitergekommen zu sein, überwiegt, hält mich wach und bei Laune. Denn ich habe meine absolute Priorität erledigt. Alles andere ist nebensächlich.

> *„Prioritäten zu setzen und die Zeit gut zu nutzen,*
> *kann man nicht in Harvard lernen.*
> *Viele der Fähigkeiten, auf die es im Leben ankommt,*
> *muss man sich selber beibringen."*
> – Lee Iacocca, *1924, amerik. Topmanager,
> 1979-92 Vorstandsvorsitzender Chrysler Corp.

Vorsicht vor Routine

Hüten Sie sich vor unreflektierter Routine. Prioritäten brauchen wir für unser ganzes Leben. Dabei müssen wir uns davor hüten, der Routine zu verfallen.

Ein einfaches Beispiel verdeutlicht diesen Punkt: Sie haben vor drei Jahren Ihre Priorität auf Ihren beruflichen Erfolg gesetzt. Passen Sie auf, dass Sie dies nicht immer tun. Sie sehen Ihre Kinder nicht aufwachsen. Eines Tages haben Sie eine Menge Geld, aber vielleicht eine kaputte Beziehung. Oder Sie wachen auf und sind schwer krank, weil Sie jahrelang Ihre Fitness vernachlässigt haben.

Der Prioritäten-Schlüssel sollte immer ausbalanciert sein! Vergleichen Sie das mit einem Rad Ihres Fahrrads: Alle Speichen stehen für die verschiedenen Bereiche Ihres Lebens:

Beruf, Familie, Sport und Gesundheit, Freizeit, Zeit alleine, Hobbys, Reisen, Weiterbildung, Freunde, soziale Aktivitäten, staatsbürgerliche Pflichten.

Fragen Sie sich, wie sanft Ihre Fahrt auf diesem Fahrrad wäre, wenn jeder dieser Bereiche eine Speiche dieses Rads ist und Sie Ihr eigenes Leben betrachten. Rollt das Rad gleichmäßig oder gibt es da einige Achten drin?

Tempo

Sobald Sie Ihre Prioritäten festgelegt haben, kommen Sie sofort in die Aktionsebene: Beginnen Sie zu handeln!
Arbeiten Sie Ihre Prioritäten so schnell wie möglich ab. Ich habe für mich herausgefunden, dass mein Geist Dinge dann nicht so kritisch hinterfragt. Nur ein Geist, der Zeit zu denken hat, stellt Sie vor Probleme. Wir fangen dann an, zu überlegen, zu grübeln, zu zweifeln, zu zögern, … Sie kennen das Ende vom Lied.
Deshalb: Erledigen Sie Ihre Prioritäten und reflektieren Sie anschließend am Ende des Tages darüber.

Christian Bischoffs Schlüsselpunkte zum Thema „Prioritäten"

- Stress entsteht durch eine einzige Tatsache: Sie wissen, was Sie eigentlich tun müssen, tun aber etwas anderes!

- Prioritäten sind der Schlüssel – nicht Zeitmanagement!

- Wir schaffen doch alle immer die Dinge, die wir unbedingt erledigen wollen – das sind unsere Prioritäten. Haben Sie die richtigen Prioritäten?

- Prioritäten haben nichts mit Können zu tun. Sich Prioritäten zu setzen, ist eine Einstellungssache! Nur Sie sind dafür verantwortlich.

- Das Entscheidende ist nicht, wie viele Stunden Sie arbeiten, sondern wie produktiv Sie pro Arbeitsstunde sind.

- Machen Sie keine Prioritäten für Ihre Termine, sondern Termine für Ihre Prioritäten! Geben Sie Ihren Prioritäten Termine!

- Ersetzen Sie Ihre To-do-Liste durch eine Erfolgsliste. Bevor Sie morgens etwas auf Ihre Liste schreiben, fragen Sie sich: Gehört diese Aktivität zu den 20% oder zu den 80%?

- Sie brauchen ein Prioritäten-Gleichgewicht in allen Lebensbereichen.

- Erledigen Sie Ihre Prioritäten und reflektieren Sie anschließend am Ende des Tages darüber.

4. Lebenseinstellung

NIE MEHR LANGEWEILE UND FEHLENDER LEBENSSINN: ENTDECKEN SIE DIE MACHT DER PERSÖNLICHEN ZIELSETZUNG

Besitzen Sie eine schriftliche Zielliste?
Ja? Herzlichen Glückwunsch!
Nein? Warum nicht? Ist Ihnen Ihr eigenes Leben so wenig wert, dass Sie es noch nicht einmal planen möchten?
Sie haben wohl eher die Einstellung:
Ich komme eines Tages dort an, wo mich der Wind des Lebens hinweht.
Eine fatale Einstellung! Dieser Wind kann Sie natürlich in Richtung sichere Rente und fester Arbeitsplatz wehen ... wenn Sie Glück haben.
Genauso kann dieser Wind Sie aber auch in Richtung Arbeitslosigkeit, zu kleine Rente, finanzielle Unterversorgung usw. wehen.

Die allermeisten Menschen haben keine schriftlichen Ziele, und für mich ist DIESE TATSACHE der Grund, warum so wenig Menschen aus ihrem Leben das machen, wofür sie eigentlich das Potenzial besäßen. Sie kommen irgendwann ans Ende ihres Lebens. Doch nur wenige an das Ziel ihres Lebens.

Ich sage Ihnen die nackte Wahrheit:
Wenn Sie im Leben kein Ziel haben, verlaufen Sie sich ganz leicht in der Alltagsmonotonie. Wie sieht die aus? Langeweile, Frust, Eintönigkeit, mangelnde Motivation, das Gefühl, fremdbestimmt zu sein ...

> *„Wer im Leben kein Ziel hat, verläuft sich."*
> – Abraham Lincoln, 1809-1865

> *„Wer keine Ziele hat, muss sich nicht wundern,*
> *wenn er ganz woanders ankommt."*
> – Unbekannt

Menschen, die ihre Ziele kennen, finden den Weg. Den anderen muss der Weg immer gezeigt werden. Sie müssen doch wissen, was Sie eigentlich möchten, bevor Sie richtig loslegen können.

„Wer keine eigenen Ziele hat, der verwirklicht die Ziele anderer."
– Unbekannt

Sir Edmund Hillary war 1953 der erste Mensch auf dem Mount Everest. Die Nachricht sprach sich schnell herum und als er wieder im Tal eintraf, warteten schon einige Reporter auf ihn. Einer stellte ihm die Frage: „Herr Hillary, wie haben Sie das geschafft?" Glauben Sie, dass Sir Edmund Hillary geantwortet hat:

„Keine Ahnung, ich wollte nur ein bisschen wandern!"

Bestimmt nicht.
Experten sind sich einig darüber, dass unser Gehirn ein zielsuchender Organismus ist. Welches Ziel Sie ihm auch immer geben, es arbeitet Tag und Nacht daran, es zu erreichen. Deswegen ist es höchste Zeit, dass Sie sich schriftliche Ziele setzen. Warten Sie nicht länger. Fangen Sie an. Jetzt sofort!

Was genau – bis wann?

Damit ein Ziel auch wirklich von Ihrem Unterbewusstsein aufgenommen werden kann, muss es zwei essenzielle Kriterien erfüllen:

Was wollen Sie genau erreichen und bis wann haben Sie es erreicht?

Ihre Ziele müssen so konkret formuliert sein, dass sie allgemein messbar sind. Hier machen die meisten einen großen Fehler:
„Ich möchte im nächsten Jahr abnehmen" ist zum Beispiel ein zu unkonkretes, schwammiges Ziel. Viele Menschen setzen sich solche Ziele, damit sie nicht wirklich eine Verpflichtung gegenüber sich selbst und anderen eingehen müssen und damit wir sie nicht zur Rechenschaft ziehen können, wenn sie das Ziel nicht erreicht haben.

> *Vage, nicht messbare Ziele*
> *sind die Alibi-Ziele der*
> *Erfolglosen.*

Ein messbares Ziel ist folgendes:
„Ich habe am 30. Mai 2010 um 17 Uhr 10 Kilogramm abgenommen."

Jetzt können Sie Ihr Ziel genau messen und wissen exakt, wann Sie es erreicht haben müssen. Wenn ein Ziel nicht messbar ist, dann ist es höchstens ein frommer Vorsatz, eine gute Idee, ein Wunsch, ein Traum oder eine im Affekt ausgesprochene Dummheit.

Ich nenne es provokativ anders:
Selbstverarschung!
Sie machen sich etwas vor!
So werden Sie keine großen Dinge im Leben erreichen. Ihr Unterbewusstsein braucht messbare Ziele, um an die Arbeit gehen zu können.

Nie mehr Langeweile und fehlender Lebenssinn

Hier ein paar Beispiele:

Frommer Vorsatz	**Konkretes Ziel**
Ich möchte im nächsten Jahr abnehmen.	Ich habe am 30. Mai um 17 Uhr genau 10 Kilo abgenommen.
Ich werde Geld sparen.	Ich überweise am ersten Tag jeden Monats 10% meines Gehaltsschecks sofort auf mein Sparkonto.
Ich muss meine Mitarbeiter besser behandeln.	Bis Freitag, 18 Uhr habe ich mindestens sechs Mitarbeitern persönlich ein konkretes Lob für ihre Arbeit ausgesprochen.
Ich werde Sport treiben.	Ich laufe bis zum 31. Oktober einen Marathon, und zwar ohne dabei einmal stehengeblieben zu sein.

Sie sehen, die beiden Kriterien *wie viel* (messbare Angaben wie Anzahl, Menge, Seiten, Prozentzahlen, Geldbeträge, Punkte) und *bis wann* (ein festes Datum und eine feste Zeit) sind bei allen Zielen artikuliert. Seien Sie so spezifisch wie möglich, wenn Sie Ihre Ziele formulieren. Immerhin ist es Ihr Leben und es sind Ihre Ziele. Vage Ziele produzieren vage oder überhaupt keine Ergebnisse.

Schreiben Sie Ihre Ziele detailliert auf

„Unentschlossenheit gegenüber den Lebenszielen, die sich uns zur Wahl stellen, und die Unbeständigkeit bei ihrer Verfolgung sind die Hauptursachen unseres ganzen Unglücks."
– Joseph Addison, 1672-1719, brit. Diplomat und Schriftsteller

Es gibt nur einen nachhaltigen Weg, Ihre Ziele verbindlich und umsetzbar zu machen: Schreiben Sie sie auf! Ihre Ziele werden klarer, messbarer und Ihr Geist hat sie ständig vor Augen. Was Sie im Kopf haben, das vergessen Sie ganz schnell wieder. Was Sie schriftlich vor sich sehen, können Sie sich täglich immer wieder ins Bewusstsein rufen.

Wenn Sie ein bestimmtes Haus besitzen möchten, dann beschreiben Sie es so detailliert wie möglich: der genaue Standort, die Lage, das äußere farbliche Erscheinungsbild, die Innenausstattung, die Raumaufteilung. Wenn es ein Bild des Hauses gibt, dann besorgen Sie sich eine Kopie davon. Wenn es Ihr Traumhaus ist, das Sie bauen wollen, stellen Sie es sich bis ins kleinste Detail vor. Sobald Sie das alles aufschreiben, weiß Ihr Kopf, woran er ab jetzt arbeiten muss.

Das wichtigste Ziel:
Ziele, die Sie zwingen, besser zu werden

Setzen Sie sich ein paar Ziele, die für Sie eine richtige Herausforderung werden. Vielleicht sogar etwas unrealistisch erscheinen. Es wird sich für Sie bezahlt machen, wenn Sie sich richtig strecken müssen, um Ihr Ziel zu erreichen. Es ist gut, Ziele zu haben, bei denen Sie sich etwas unwohl fühlen.

Warum? Weil es das ultimative Ziel im Leben ist, das eigene Potenzial auszuschöpfen. Damit Sie Ihr volles Potenzial ausschöpfen können, MÜSSEN Sie neue Fähigkeiten erlernen, Ihren geistigen Horizont des Machbaren erweitern, neue Menschen kennen lernen, Ihre Ängste besiegen sowie Hindernisse und Rückschläge überwinden. Dies wird Ihr Leben aufregend, spannend und lebenswert machen. Ein aufregendes Leben besteht aus konstanter Bewegung, nicht aus Stillstand.

„Viele Menschen überschätzen, was sie in einem Jahr erreichen können und unterschätzen, was sie in zehn Jahren erreichen können."
– Jim Rohn, amerikanischer Wirtschaftsphilosoph

Also legen wir los!
Stopp: vorher noch eine Sache!

Setzen Sie sich ein Durchbruchs-Ziel!

Ich möchte Sie dazu ermutigen, dass Sie sich mindestens ein absolutes „Durchbruchs-Ziel" für Ihre Karriere oder Ihr Leben setzen. Ein Ziel, das für Sie ein massiver Sprung nach vorne ist.

Die meisten unserer Ziele stellen kleine Erfolge oder geringe Verbesserungen in unserem Leben dar. Sie sind wie ein durchschnittliches Sportteam, das die ganze Woche knallhart trainieren muss, damit es am Wochenende jedes zweite Spiel gewinnt. Nun stellen Sie sich vor, was passieren würde, wenn Sie einen Spieler verpflichten könnten, der viel besser als alle anderen ist? Das wäre ein riesiger Fortschritt für Ihr Team! Sie würden sofort viel mehr Spiele gewinnen – Ihre Mannschaft wäre sofort auf einem deutlich höheren Wettbewerbslevel: ein Durchbruch! Genauso gibt es auch für Ihr Leben Durchbruchsziele: Vielleicht wäre das für Sie, 30 Kilogramm abzunehmen, einen Marathon zu laufen, ein Buch zu schreiben, in einer Zeitschrift veröffentlicht zu werden, ins Fernsehen zu kommen, Ihr eigenes Geschäft zu eröffnen, sich selbständig zu machen, Sängerin zu werden, Ihre eigene Radioshow zu moderieren ...
Wenn Sie nur dieses eine Durchbruchsziel erreichen, würde sich Ihr ganzes Leben zum Positiven verändern. Wäre das nicht etwas, das Sie mit Leidenschaft verfolgen würden? Wäre so ein Durchbruchsziel nicht etwas, für das es sich lohnen würde, täglich etwas härter zu arbeiten, bis Sie es erreicht haben?
Stellen Sie sich vor, Sie wären eine alleinerziehende Mutter mit zwei Kindern und Sie hätten die Möglichkeit, sich einer Network-Marketing-Firma anzuschließen, ein Produkt zu vertreiben, von dem Sie felsenfest überzeugt sind, und damit die Möglichkeit, jeden Monat ein festes Zusatzeinkommen von 1.000 Euro für sich und Ihre Kinder zu erzielen. Wäre das nicht ein erstrebenswertes Ziel für Sie?

„Um das Mögliche zu erreichen,
muss das Unmögliche immer wieder versucht werden."
– Hermann Hesse, 1877-1962

Stellen Sie sich vor, Sie sind ein Verkäufer. Sie haben die Möglichkeit, in die Großkundenabteilung aufzusteigen, in der die Umsätze um ein Vielfaches höher sind und wo damit auch Ihre Provision und Ihr Einkommen einen Quantensprung nach oben machen würden. Würden Sie nicht Tag und Nacht arbeiten, bis Sie dieses Ziel erreicht haben?
Das sind Durchbruchsziele! Dinge, die Ihr Leben deutlich verändern, die Sie mit den richtigen Leuten zusammenbringen und Ihnen die wichtigen Netzwerke eröffnen. Neue Chancen und Möglichkeiten, von denen Sie vorher nie geträumt hatten.
Für mich war ein Durchbruchsziel die Veröffentlichung meines ersten Buches „Motivational Moments". Es hat mir viele vorher verschlossene Türen geöffnet, mich mit vielen neuen Menschen bekannt gemacht und mir zahlreiche Vortragsaufträge beschert. Dinge, die ich zuvor nicht für möglich gehalten hätte.
Das können Sie auch!
Packen Sie es an!
Machts einfach!

Ziele setzen, einfach gemacht!

Sie wissen mittlerweile: Ich liebe die Einfachheit, denn das Leben ist einfach. Auch unser nun folgender Ziele-Workshop ist einfach und effektiv. Dieser 4-Schritte-Zielplan wird Ihnen helfen, sich ganz leicht die Ziele zu setzen, die Sie bis an Ihr Lebensende erreichen möchten:

1. Schritt

Schreiben Sie mindestens 50 Ziele auf, die Sie in Ihrem Leben erreichen möchten.

*„Sie können nichts erreichen, was Sie sich nicht vorstellen können
oder schriftlich zu Papier gebracht haben!"*

- Welche neuen Fähigkeiten möchten Sie erlernen, z. B. berufliche Weiterbildung, Fremdsprachen?

- Welche Dinge möchten Sie erwerben/besitzen?

- Was möchten Sie erreichen?

- Welche sportlichen Aktivitäten möchten Sie unternehmen?

- Welchen Gesundheitszustand möchten Sie erlangen?

- Welche kleinen Dinge sind für Sie wichtig, die vielleicht für andere Menschen unbedeutend sind?

- Möchten Sie einen neuen beruflichen Weg gehen … oder in Ihrem aktuellen Beruf durchstarten?

- Welche Länder möchten Sie bereisen?

- Welche Abenteuer wollen Sie erleben?

- Welche Menschen möchten Sie treffen?

- Was würde Ihnen Spaß, Freude, Genuss und Lebensfreude in den nächsten 10 Jahren bereiten?

- An welchem Ort und in welchem Haus wollen Sie leben?

- Welche familiären Ziele haben Sie?

- Wie viele neue Menschen/Freunde möchten Sie kennen lernen?

- Wenn Sie in den nächsten 10 Jahren alles erreichen könnten, was wäre das?

- Für welche sozialen Dinge möchten Sie sich einsetzen?

Schreiben Sie mindestens 50 Ziele auf, die Sie in den nächsten 10 Jahren haben/schaffen/erreichen oder können möchten. Schreiben Sie, ohne lange nachzudenken, folgen Sie Ihrem Herzen und Ihrer inneren Eingebung. Berücksichtigen Sie dabei alle Lebensbereiche:

- Gesundheit
- Beruf und Karriere
- Finanzen/Geld
- Familie/Partnerschaft
- Hobbys/Freizeit/Reisen/Sport
- Persönliches/Freunde
- Soziale Ziele

Meine 50 Lebensziele

1. _____

2. _____

3. _____

4. _____

5. _____

6. _____

7. _____

8. _____

9. _____

10. _____

11. _____

Nie mehr Langeweile und fehlender Lebenssinn

12. _____

13. _____

14. _____

15. _____

16. _____

17. _____

18. _____

19. _____

20. _____

21. _____

22. _____

23. _____

24. _____

25. _____

26. _____

27. _____

28. _____

29. _____

30. _____

31. _____

Ziele setzen, einfach gemacht!

32. _____

33. _____

34. _____

35. _____

36. _____

37. _____

38. _____

39. _____

40. _____

41. _____

42. _____

43. _____

44. _____

45. _____

46. _____

47. _____

48. _____

49. _____

50. _____

Gern können Sie Ihre Liste erweitern. Ehrlich gesagt empfehle ich Ihnen, dass Sie sich mindestens 100 Ziele setzen. Denken Sie groß und an alle Lebensbereiche.

2. Schritt

Betrachten Sie diese Ziele und entscheiden Sie, welches für Sie im Moment die drei wichtigsten Ziele sind.

Meine drei wichtigsten Ziele
(in Reihenfolge der Wichtigkeit)

1._____

2._____

3._____

Warum machen wir das?
Sie wissen nun ganz genau, wo Ihre Prioritäten liegen. Der Großteil Ihrer Energie wird ab sofort in Richtung Ihrer drei wichtigsten Ziele fließen, weil Sie diese unbedingt erreichen wollen.
Es ist gut, sich solche Ziel-Prioritäten zu setzen! Wir Menschen können uns nicht auf 20 Dinge gleichzeitig konzentrieren. Wir müssen unsere Energie bündeln, um mit voller Kraft eine Sache angehen zu können. Deswegen nennen wir die 50 Ziele auch „Lebensziele". Es ist unmöglich, sie alle innerhalb eines Jahres verwirklichen zu wollen.

Nun kommt der wichtigste Schritt in diesem Ziele-Workshop:

3. Schritt

Warum möchten Sie diese drei Ziele unbedingt erreichen? Nennen Sie sich die Gründe!

Wenn Sie das „Warum" beantworten können, beantwortet sich das „Wie" von selbst! Wenn Sie innerlich wissen, warum Sie ein bestimmtes Ziel erreichen möchten, dann werden Sie auch einen Weg finden, wie Sie dieses Ziel erreichen werden.

Warum sind Ihnen diese drei Hauptziele so wichtig? Was bringen Sie Ihnen, wenn Sie sie erreicht haben?

Warum ist es so wichtig, sich die Frage nach dem „Warum" beantworten zu können? Antwort:

> *Gründe haben mehr Gewicht*
> *und Wirkung als Dinge!*

Je größer und mächtiger die Antwort auf Ihr „Warum" ist, desto leichter wird es Ihnen fallen, einen Weg zu finden, „wie" Sie Ihre Ziele erreichen. Wenn Sie sich die Frage nach dem „Warum" bei einem Ihrer Ziele nicht beantworten können, so werden Sie dieses Ziel mit höchster Wahrscheinlichkeit nicht erreichen.

Mit 14 Jahren hatte ich mir das Ziel gesetzt: „Ich möchte mal Basketball-Bundesliga und Nationalmannschaft spielen."

Zugegeben: Ich hatte ein bisschen Talent! Mit 16 Jahren war ich damals jüngster Basketball-Bundesligaspieler aller Zeiten. Mit 16 Jahren war ich auch in der Junioren-Nationalmannschaft.

Aber warum habe ich dieses Ziel vor allem erreicht? Weil ich mir innerlich klar beantworten konnte, warum ich dieses Ziel unbedingt erreichen wollte. Ich wollte mit aller Macht Profisportler werden. Die Konsequenz war, dass ich mich täglich voll auf meine Zielerreichung konzentriert habe.

Ich gebe Ihnen ein weiteres Beispiel: Mit 19 Jahren musste ich die Basketballstiefel aus gesundheitlichen Gründen an den Nagel hängen. Die Karriere war vorbei, bevor sie richtig begonnen hatte. Ich war am Boden zerstört und am Tiefpunkt in meinem Leben angekommen. Mein Traum von der Profikarriere war ganz schnell ausgeträumt.

Nie mehr Langeweile und fehlender Lebenssinn

Es wäre für mich damals einfach gewesen, zu klagen, zu schimpfen und aufzugeben.
Zugegeben: Diese Einstellung hatte ich auch für ein paar Wochen. Doch dann machte ich mir bewusst, dass es im Leben so viele Chancen und Möglichkeiten gibt, und stellte mir die entscheidende Frage: „Was möchtest Du aus Deinem Leben machen?" Nach einiger Zeit kam ich auf die Antwort: „Ich möchte Profitrainer werden und damit mein Leben finanzieren."
Am gleichen Tag, mit 19 Jahren, ohne Trainer-Fachwissen, ohne eine Ausbildung oder einen sonstigen Übungsleiterhintergrund startete ich meine Trainerkarriere. Ich fing ganz unten in der Bezirksliga an und trainierte in meinem ersten Trainerjahr eine Herrenmannschaft, in der der jüngste Spieler älter war als ich.
Sechs Jahre später war ich mit 25 Jahren über Nacht der jüngste Bundesliga-Headcoach aller Zeiten. Wie konnte das passieren? Ich war mir immer im Klaren darüber, warum ich mein Ziel „Profitrainer" unbedingt erreichen möchte. Die Konsequenz war, dass ich jeden Tag Schritte in die richtige Richtung auf dieses Ziel zu gemacht habe.

> *„Wer vom Ziel nichts weiß, kann den Weg nicht haben,*
> *wird im Kreis dann all sein Leben traben."*
> – Christian Morgenstern, 1871-1914

Schauen Sie mal bitte an die Decke des Raumes, in dem Sie gerade sitzen. Wahrscheinlich hängt dort irgendwo eine Lampe, ein Licht oder eine Lichterkette. Bitte bleiben Sie so sitzen, wie Sie gerade sind. Strecken Sie Ihren rechten Arm in Richtung der Deckenbeleuchtung.
Sie sehen, die Beleuchtung ist für Sie in Ihrer aktuellen Position außer Reichweite. Sie kommen nicht hin.
Das Gleiche gilt für Ihre Ziele. Stellen Sie sich die Deckenbeleuchtung als Ihre drei wichtigsten Ziele vor. Diese Ziele sind im Moment für Sie noch außer Reichweite.
Wenn Sie sich aber beantworten können, warum Sie diese Ziele unbedingt erreichen wollen, dann wirken Ihre Ziele wie ein Magnet auf Sie, der Sie den ganzen Tag anzieht!! Durch diese innere Sogwirkung machen Sie automatisch die notwendigen Schritte in Richtung Ihres Ziels.

Ich beweise Ihnen diese unwiderstehliche Sogwirkung: Stellen Sie sich vor, Sie stehen in einer zehn Meter hohen Halle. An der Hallendecke hängt eine Lampe, die Halle ist ansonsten leer.

Jemand sagt zu Ihnen: „Gehen Sie rauf zur Lampe und tauschen Sie die Glühbirne aus."

Was antworten Sie?

Richtig! Sie sagen: „Kann ich nicht! Da komm' ich nicht hoch."

Sie haben auch überhaupt keine Motivation, da hoch zu gehen.

Was aber würde passieren, wenn ich an die Lampe einen Sack mit einer Million Euro hängen würde und zu Ihnen sage: „Sie haben genau fünf Minuten Zeit, da hoch zu kommen und das Geld gehört Ihnen."

Würden Sie einen Weg finden, zur Lampe zu kommen?

Garantiert!

Warum?

Weil das Geld jetzt wie ein Magnet auf Sie wirkt, der Sie anzieht.

Mit Ihren persönlichen Zielen funktioniert das genauso.

Schauen wir uns gemeinsam Ihre Ziele an:

Wenn Sie sich z. B. das Ziel setzen, ein Eigenheim im Gesamtwert von einer Million Euro zu besitzen, stellt sich die Frage: Warum? Wofür? Was machen Sie mit diesem Haus? Steht es nur da, damit andere daran vorbeifahren können und es bewundern? Oder hat es einen tieferen Lebenssinn?

Sie merken ganz schnell: Der Schlüssel im Zielesetzen liegt im Detail, den Geschichten, den Triebfedern, die hinter diesen Zielen stecken.

Sie möchten dieses Haus vielleicht besitzen, damit es jedes Wochenende das Zentrum Ihrer ganzen Familienaktivitäten ist. Diese Aktivitäten sind für Sie das Wichtigste in Ihrem Leben.

Sobald Sie 2-3 Gründe gefunden haben, warum Sie ein Ziel erreichen möchten, erstellen Sie daraus einen logisch aufgebauten und begründenden Text, der die Frage nach dem „Warum" im Detail beantwortet. Während Sie die Geschichte schreiben, werden die wundervollen Details sich in Ihrem Kopf entwickeln.

Nie mehr Langeweile und fehlender Lebenssinn

Meine Kurzgeschichte, die das „Warum" eindeutig beantwortet (nicht mehr als 4-5 Sätze)

Ihre Vorstellungskraft ist der wichtigste Ausgangspunkt für zukünftige Realitäten. Was Sie sich vorstellen können, das können Sie erreichen! Während dieses Prozesses werden Ihre Gründe immer stärker als das eigentliche Ziel. Das Ziel ist wichtig, doch die Gründe für dieses Ziel sind viel, viel wichtiger.

„Es ist wichtig, im Leben Ziele zu haben und diese zu verfolgen, denn die wirklich interessanten Dinge passieren auf dem Weg dorthin."
– Thomas Moos, *1967, Autor

4. Schritt

> *Was muss ich tun, um meine Ziele zu erreichen? Welche Handlungen muss ich vornehmen, um das Leben zu führen, das ich führen möchte?*

Wie sieht Ihr Ergebnis bisher aus? Ich bin mir sicher, dass Sie viele Lebensziele haben, die Sie vorher noch nicht bewusst vor Augen hatten. Jetzt kommt die entscheidende Frage: Was müssen Sie tun, was müssen Sie ab heute anders machen, damit Sie diese Ziele erreichen?

Nun ist absolute Ehrlichkeit notwendig!
Sie dürfen sich jetzt nichts vormachen, dürfen sich nicht selbst anlügen, sonst war die ganze Arbeit bis hierher umsonst.
Erstellen Sie eine zweite Liste: Schreiben Sie auf dieser nur 10 Punkte auf, die Sie ab heute auch tatsächlich angehen werden, damit Sie Ihre drei wichtigsten Lebensziele erreichen.
Welche neuen Fähigkeiten müssen Sie lernen? Welche Verhaltensweisen werden Sie ändern? Was müssen Sie in Ihren Tagesablauf integrieren, das Sie bisher nicht getan haben?
Ich möchte Sie nicht überfordern! Daher schreiben Sie nur 10 Punkte auf! Wenn Sie jetzt ratlos vor diesem Blatt Papier sitzen und nicht wissen, wo Sie anfangen sollen, dann helfe ich Ihnen gerne mit dem ersten Punkt:
„Ich mache diesen Ziele-Workshop und fülle alle Formulare der 4 Schritte aus."
So, da haben Sie den ersten Punkt. Jetzt brauchen Sie nur noch neun andere.

Nie mehr Langeweile und fehlender Lebenssinn

„Neue Ziele sind nur über neue Wege erreichbar."
– Ernst Ferstl, *1955, österreichischer Lehrer, Dichter und Aphoristiker

Was muss ich tun, um meine Lebensziele zu erreichen?

1._____

2._____

3._____

4._____

5._____

6._____

7._____

8._____

9._____

10._____

Da haben Sie es. Dies ist die Liste mit den 10 Punkten, die Sie ab jetzt befolgen werden, damit Sie Ihre Ziele erreichen. Ich wette mit Ihnen, dass Sie nicht bis zum zehnten Punkt gekommen sind! Hier geht es um die Wahrheit und konkrete Umsetzungspunkte – daran scheitern die meisten Menschen. Ich habe Ihnen den ersten Punkt gegeben und Sie haben keine neun anderen gefunden. Ist das Ihr Ernst? Wie ernst nehmen Sie Ihr Leben?

Ziele setzen, einfach gemacht!

Auf meinen Vorträgen stelle ich die Frage:
„Was werden Sie tun, um Ihre Ziele zu erreichen?"
Oft bleibt da das Blatt der Zuhörer leer. Manchmal kommt am Ende des Vortrags ein Teilnehmer zu mir und sagt:

„Herr Bischoff, der Ziele-Workshop ist gut. Ich habe viele Ziele. Nur beim letzten Schritt habe ich nichts gefunden!"
Ich antworte darauf: „Wenn Sie sich diese Frage nicht beantworten können, dann werden Sie Ihre Ziele wahrscheinlich nicht erreichen. Erfolg liegt im Umsetzen. Der letzte Schritt unseres Ziele-Workshops sind Ihre Umsetzungs-Anweisungen."

Wenn Sie es eben nicht geschafft haben, zehn Punkte zu finden, versuchen wir es noch einmal:
Schreiben Sie nur fünf Punkte auf, was Sie ab jetzt wirklich machen, um Ihre drei wichtigsten Ziele zu erreichen.

Ich mache ab jetzt diese fünf Dinge, um meine drei wichtigsten Ziele zu erreichen:

1._____

2._____

3._____

4._____

5._____

Da haben Sie das Ergebnis! Das war unser Ziele-Workshop und das ist Ihr Aufbruch in ein neues Leben!
Wie geht es jetzt weiter?

Erstellen Sie sich Zielkarten für Ihre drei wichtigsten Ziele!

Als ich zum ersten Mal meinen Mentor Dr. Ron Slaymaker getroffen habe, hat er mir beigebracht, mein wichtigstes Ziel immer gut sichtbar in meinem Geldbeutel bei mir zu tragen. Jedes Mal, wenn ich meinen Geldbeutel öffne, werde ich an mein wichtigstes Ziel erinnert. Diese Strategie ist Gold wert!

Gehen Sie noch einen Schritt weiter. Brechen Sie Ihre drei wichtigsten Ziele in kleine Wochenziele herunter, die Sie sich immer zu Beginn der neuen Woche setzen. Diese Ziele schreiben Sie sich auf eine Karteikarte und kontrollieren während der gesamten Woche, ob Sie Ihr Ziel erreicht haben oder ihm zumindest näherkommen. Im Detail sieht das folgendermaßen aus.

1. Nehmen Sie sich eine kleine Karteikarte zur Hand. Setzen Sie sich jeden Sonntagabend mit Ihrer persönlichen Zielliste ein paar Minuten in Ruhe an Ihren Schreibtisch, um die vergangene Woche Revue passieren zu lassen. Schreiben Sie auf Ihre Karteikarte die drei wichtigsten Dinge, die Sie nächste Woche schaffen müssen, um Ihren drei größten Zielen näher zu kommen.

2. Tragen Sie diese Karteikarte während der gesamten Woche bei sich in Ihrem Geldbeutel. Schauen Sie mehrmals täglich auf diese Karte. Stellen Sie sich immer wieder die Frage: „Arbeite ich im Moment daran, meine drei wichtigsten Wochenziele zu erreichen?"

3. Wenn „ja", dann machen Sie weiter. Lautet die Antwort „nein", dann korrigieren Sie sofort Ihr Handeln.

4. Haken Sie sofort jedes Ziel ab, sobald Sie es erreicht haben, und aktualisieren Sie dann Ihre „Top 3"-Liste.

5. Benutzen Sie diese Karte am nächsten Sonntagabend, um eine neue Karte für die kommende Woche zu erstellen.

Probieren Sie diese Methode jetzt aus!
Fertig mit allem?

Dann kommen jetzt die drei Hürden, die jeder Mensch bei seiner Zielerreichung überwinden muss:

Zweifel, Ängste und Felsbrocken

Seien Sie sich bewusst, dass Zweifel, Ängste und Felsbrocken in dem
Moment auf Sie einstürzen, in dem Sie sich ein neues Ziel setzen. Wahrscheinlich sind einige Zweifel schon während der Zielsetzung in Ihrem
Hinterkopf aufgetaucht:
„Schaffe ich das?", „Ist das wirklich realistisch?", „Verdiene ich es überhaupt, solch ein großes Ziel zu erreichen?"
Ich nenne diese Hürden: „die drei Verbündeten der Erfolglosen". Denn
diese Verbündeten geben den Erfolglosen immer eine einfache Entschuldigung, warum sie erfolglos sind. Die drei Verbündeten stoppen
die meisten Menschen mit einer durchschnittlichen Einstellung – aber
nicht Sie!

Wenn Sie bis zu dieser Stelle dieses Buches gekommen sind, dann wissen Sie, dass Zweifel, Ängste und Felsbrocken Teil des Zielerreichungs-
prozesses sind und einfach dazugehören wie die Finsternis zum Tagesablauf. Es sind Dinge, mit denen Sie richtig umgehen müssen – von
denen Sie sich aber nicht aufhalten lassen dürfen. Schauen wir uns die
einzelnen Punkte einmal genauer an.

Zweifel

Machen Sie sich Folgendes bewusst: Sobald Sie sich das Ziel setzen
„Ich möchte einen Marathon laufen", kommen Ihnen bestimmt folgende oder ähnliche Zweifel in den Kopf: „Das schaffst Du nie", „Du hast
nicht die Zeit zu trainieren", „Du bist zu alt, zu untrainiert".
Sie unterschätzen sich!

Wenn Sie sich zum Ziel setzen: „Ich möchte dreimal mehr verdienen als bisher", dann kontert die innere Stimme sofort in folgender Form: „Du bist nicht gut genug", „Überschätz dich nicht", „Du wirst zu viel arbeiten müssen", „Du wirst Deine Familie vernachlässigen", „Geld ist nicht wichtig".

All diese Gedanken sind Zweifel. Fadenscheinige Ausreden und Gründe, warum wir ein Ziel nicht erreichen können und warum wir es erst gar nicht versuchen sollten.

Zweifel sind gut! Wirklich!

Wissen Sie warum???

> *Ihre Zweifel führen Ihnen glasklar vor Augen, wie Sie sich Ihr ganzes Leben lang haben zurückhalten lassen!*

Doch jetzt ist Schluss damit!

Werden Sie sich Ihrer Zweifel bewusst, setzen Sie sich damit kritisch auseinander und überwinden Sie sie.

„Zweifel sind wie Staudämme, die den Fluss des Lebens aufhalten."
– Unbekannt

Ängste

Bei Ängsten ist es nicht ganz so einfach. Denn Ängste sind Gefühle. Sie haben vielleicht die Angst zu scheitern, die Angst vor Zurückweisung, die Angst, dass andere über Sie lachen. Sie haben Angst, dass Sie pleitegehen, dass Sie emotional verletzt werden oder sich körperlich verletzen. Auch diese Ängste sind nichts Ungewöhnliches. Sie sind Teil des Lebens.

Zweifel, Ängste und Felsbrocken

Wenn Sie wie die meisten Menschen sind, dann geben Sie Ihren Ängsten nach und verstecken sich in Ihrer lieb gewonnenen Komfortzone: „Ich probiere nichts Neues, denn dann habe ich auch keine Angst." Dies ist ein ganz schwerwiegender Fehler!

> *Je mehr Sie Ihren eigenen*
> *Ängsten ausweichen,*
> *desto größer werden diese*
> *im Laufe Ihres Lebens.*

Eines Tages sind Sie ein ängstliches Häschen, das hinter jeder Straßenecke nur noch die unwahrscheinlichsten Gefahren vermutet (Kennen wir nicht alle Großeltern oder alte Menschen, die vor jeder Kleinigkeit Angst haben, überall eine Gefahr sehen, daraus ein Diskussionsthema beim Familienessen machen und alle damit belasten?).

„Ängste beeinflussen die Entwicklung.
Entfaltung geschieht im Freisein von Angst."
– Else Pannek, *1932, deutsche Lyrikerin

„Beherzt ist nicht, wer keine Angst kennt,
beherzt ist, wer die Angst kennt und sie überwindet."
– Khalil Gibran, 1883-1931, amerikanischer Maler u. Dichter libanesischer Herkunft

Stellen Sie sich Ihren Ängsten. Nur dann werden Sie wachsen. Mein Mentor Dr. Ron Slaymaker hat einmal zu mir gesagt: „Wenn Du schnell erfolgreich werden möchtest, dann überwinde Deine größten Ängste! Denn wenn Du die besiegt hast, kommt der Mut, den Du brauchst, um große Dinge zu erreichen."

Felsbrocken

Schließlich kommen noch die Felsbrocken. Das sind die externen Hindernisse und Hürden, mit denen Sie überhaupt nicht rechnen und die im ersten Moment unüberwindbar scheinen.

Ein Felsbrocken kann in der Form auftauchen, dass Sie keiner bei Ihrem Projekt unterstützen möchte, dass Sie nicht die richtige Marketingunterstützung finden. Sie haben vielleicht nicht das Geld, das Sie eigentlich brauchten, um vorwärtszukommen. Ein Felsbrocken kann eine behördliche Auflage sein, eine Einreisebeschränkung, eine fehlende Arbeitserlaubnis.

Felsbrocken sind nur Hürden, die die Welt Ihnen ins Gesicht schmeißt, um zu sehen, ob Sie wie ein Boxer k. o. zu Boden gehen oder geschickt ausweichen und einen anderen Weg finden. Wenn Erfolg einfach wäre, dann hätte ihn ja jeder. Felsbrocken stellen sicher, dass alle Weicheier und Unbeständigen, alle Menschen des Augenblicks und der Einfachheit sofort aussortiert werden. Es regnet am Tag des Open-Air-Konzerts, Sie kränkeln am Tag Ihres großen Auftritts, Ihre Frau möchte den Umzug zu einer neuen Arbeitsstelle nicht mitmachen, nach 30 Kilometern des Marathons haben Sie zwei offene Blasen an Ihren Füßen.

> *Felsbrocken sind das*
> *wahre Leben.*

Wir müssen uns ihnen stellen und richtig damit umzugehen lernen. Sie existieren, sie kommen und gehen, und so wird es auch in Zukunft immer sein.

Wenn Sie wie die meisten Menschen sind, dann stellen Ängste, Sorgen und Felsbrocken für Sie ein Stoppschild dar:

„Stopp, stehen bleiben, hier geht es nicht weiter!"

Da wir von unserer Gesellschaft von klein auf auf Gehorsam getrimmt wurden, bleiben die meisten Menschen für den Rest ihres Lebens brav stehen und fragen sich nie, wie es eigentlich hinter dem Stopp-Schild weitergeht. Ich sage Ihnen mit aller Liebe und Zuneigung:

> *Sehen Sie Zweifel, Ängste und Felsbrocken nicht als Stopp-Schilder an, sondern als Teile Ihres Lebensweges, die immer wieder am Wegesrand auftauchen werden!*

Sie müssen sogar auftauchen! Wenn sie es nicht tun, dann haben Sie sich zu einfache oder zu niedrige Ziele gesetzt, die Ihnen nicht helfen, zu wachsen und besser zu werden.
Niedrige Ziele schließen immer Ihre persönliche Weiterentwicklung aus.

Kennen Sie eigentlich ...

die Ziele Ihrer Mitarbeiter oder der Menschen, mit denen Sie zusammen arbeiten?

NEIN?

Wie wollen Sie diese Menschen eigentlich fördern, wie wollen Sie das Maximum aus ihnen herausholen, wenn Sie deren Ziele nicht kennen? Als Führungspersönlichkeit reicht es nicht aus, eigene Ziele zu haben, Sie müssen Ihre Mitarbeiter dazu bringen, sich messbare Ziele zu setzen und diese klar zu kommunizieren.

Anschließend wirken Sie unterstützend und fördernd auf deren Zielerreichung ein, messen die Ergebnisse und halten die Mitarbeiter für ihre Ziele verantwortlich. Das ist Führung!

Eine der ersten Sachen, wenn nicht sogar die allererste Sache in der allerersten Besprechung beim allerersten Mannschaftstreffen, die wir in jeder Basketballsaison der Mannschaft kommunizieren, sind die Saisonziele. Im Sport kommunizieren wir Ziele, bis die Spieler sie nicht mehr hören können … dann kommen sie langsam im Kleinhirn an!

Das heißt für Sie: Stellen Sie sicher, dass Mitarbeiter die Ziele und Visionen nicht nur kennen, sondern auch verinnerlicht haben und tagtäglich leben.

> *Denn nur mit konkreten, messbaren, realistischen und zeitbezogenen Zielen ist detailliertes, sinngesteuertes und eigenmotiviertes Arbeiten möglich.*

> *Selbst der langsamste Mensch, der ein klares Ziel hat und es nicht aus den Augen verliert, ist immer noch schneller als der, der ohne Ziel herumrast.*

Für Unternehmen gilt: Entweder sie planen zielgerichtet ihre Zukunft oder es gibt keine Zukunft.

Für jeden von uns gilt:

Entweder Sie planen Ihr Leben oder ein anderer verplant es für Sie.

Jetzt habe ich eine entscheidende Frage an Sie.

Diese Frage ist wieder hart!

Können Sie die harte Wahrheit vertragen?

Ja? Sehr gut.

Die Frage lautet:

Arbeiten Sie in Ihrem Leben eigentlich an Ihren eigenen Zielen oder an den Zielen von jemand anderem?

Ich stelle Ihnen gleich noch eine zweite Frage hinterher:

Was glauben Sie, mit welcher Art von Zielen Sie dauerhaft glücklicher werden?

Kommunizieren Sie Ihre Ziele unmissverständlich

Sind Sie Unternehmer? Arbeiten Sie für ein Unternehmen? Formulieren Sie bitte in einem Satz Ihr Unternehmensziel. Beschränken Sie sich bitte nicht auf eine allgemeine Aussage wie „Geld verdienen."

Sagen Sie in einem Satz klar und unmissverständlich, was Ihre Firma macht und was das gemeinsame Ziel ist.

Als Führungspersönlichkeit müssen Sie als Allererstes ganz klar das Ziel formulieren, an dem alle arbeiten. Ich meine damit nicht irgendeine schwammige Firmenmission, die in der Eingangshalle hängt, schöne Wörter enthält, ein Bilderbuchunternehmen beschreibt und dabei vollkommen an der Realität vorbeiredet.

Ich meine damit: Was ist das Unternehmensziel, an dem sich alle Mitarbeiter messen lassen dürfen?

Wie soll ein Mitarbeiter ein Ziel haben, wenn er das Ziel nicht kennt?

Das Ergebnis sind oft individuelle Ziele von Angestellten, die mit Unternehmenszielen überhaupt nicht übereinstimmen. Suboptimale Leistung, Unzufriedenheit und Probleme im Unternehmen sind vorprogrammiert. Warum?

Weil Sie die Ziele nicht unmissverständlich kommuniziert haben.

Die daraus resultierenden Konsequenzen sind Ihre Schuld!

Christian Bischoffs Schlüsselpunkte zum Thema „Ziele"

- Ziele müssen messbar sein und zwei Fragen beantworten: Was genau? Bis wann?

- Vage, nicht messbare Ziele sind die Alibi-Ziele der Erfolglosen.

- Die wichtigsten Ziele sind die, die Sie zwingen, besser zu werden.

- Setzen Sie sich ein Durchbruchs-Ziel, das Ihr ganzes Leben zum Positiven verändern würde.

- Ziele fürs Leben sind die schriftliche Antwort auf vier Fragen:
  1. Welche 50 Ziele möchten Sie im Leben erreichen?
  2. Welches sind im Moment die drei wichtigsten Ziele für Sie?
  3. Warum möchten Sie diese drei Ziele unbedingt erreichen?
  4. Was müssen Sie tun, um diese Ziele zu erreichen?

- Erstellen Sie Zielkarten für jede Woche. Setzen Sie sich sonntags hin, evaluieren Sie die vergangene Woche und setzen Sie sich konkrete, messbare und realistische Ziele für die kommende Woche.

- Sehen Sie Zweifel, Ängste und Felsbrocken nicht als Stopp-Schilder, sondern als Teile Ihres Lebensweges an, die immer wieder am Wegesrand auftauchen werden!

- Kennen Sie als Führungspersönlichkeit die Ziele Ihrer Mitarbeiter.

- Kommunizieren Sie unmissverständlich die Unternehmensziele.

5. Lebenseinstellung

HANDELN SIE UND GEBEN SIE IHR BESTES

„Erfolg liegt im Handeln."
– Jim Rohn, Selfmade-Millionär und Wirtschaftsphilosoph

„Viele handeln, weil etwas geschehen ist.
Wenige handeln, weil etwas geschehen soll."
– Peter Hohl, *1941, deutscher Journalist und Verleger, Moderator und Aphoristiker

Genug der Worte, genug der Planung. Wenn Sie Ihre Ziele bestimmt und Ihre Prioritäten festgelegt haben, dann gilt nur noch eins:

> *Ran an die Arbeit*
> *und sein Bestes geben!*

Dies ist eine meiner Lieblingseinstellungen: die innere Bereitschaft zu haben, Worten Taten folgen zu lassen und sein Bestes zu geben!
Hier scheitern die meisten Menschen, weil …

Ja, jetzt kommt die Arbeit.
Alle Schönredner, Blender und Möchtegern-Selbstdarsteller bleiben jetzt auf der Strecke.
Sind wir doch mal ganz ehrlich zu uns selbst:
Sie haben sich ein Ziel gesetzt …
Wer soll Sie jetzt noch aufhalten, wenn nicht Sie selbst?

Machen Sie den positiven Unterschied

Handeln Sie und geben Sie Ihr Bestes

Kommen Sie jetzt nicht mit Argumenten wie:
„Vielleicht ist es doch unrealistisch", „Ich bin auf andere angewiesen".
Das sind Ausreden!!!!!!
Wenn Sie etwas unbedingt erreichen wollen, wenn Sie handeln und dabei täglich Ihr Bestes geben, dann werden Sie mit allerhöchster Wahrscheinlichkeit einen Weg finden, an Ihr Ziel zu kommen. Das Entscheidende ist Ihre Willenskraft! Ihre Willenskraft äußert sich in solchen Qualitäten wie Neugierde, Enthusiasmus, Hartnäckigkeit, konkreten Zielen, einem detaillierten Handlungsplan, Menschenkenntnis, Nächstenliebe …

Stellen Sie sich nur einmal folgende Frage: Wenn Sie im Moment noch nicht das Wissen oder das Geld besitzen, aber Sie haben den Willen, Sie besitzen die Ausdauer, die Hartnäckigkeit, den Enthusiasmus und die Neugierde, können Sie Ihr Ziel erreichen?
Natürlich!!!

Noch einmal:
Natürlich!!!!!!

Ihre Willenskraft wird sich auf Dauer durchsetzen.

> *Sie müssen zu Beginn nicht den genauen Weg zu Ihrem Ziel kennen. Wenn Sie anfangen zu handeln, dann findet sich der Weg mit der Zeit von selbst.*

„Sobald ihr bedeutungsvoll handeln wollt, müsst ihr die Tür zum Zweifel verschließen."
– Friedrich Nietzsche, 1844-1900, deutscher Philosoph,
Essayist, Lyriker und Schriftsteller

Und hier gleich die nächste Tatsache, die mir immer sehr geholfen hat:

> *Wir müssen nicht*
> *Weltklasse sein, um*
> *anzufangen, aber wir müssen*
> *anfangen, um eines Tages*
> *Weltklasse zu sein.*

Wenn Sie also etwas anfangen möchten, dann fangen Sie besser sofort an. NUR SO können Sie eines Tages Ihre PERSÖNLICHE WELTKLASSE erreichen.

Das ist ein ganz wichtiger Punkt: Wir sprechen hier von Ihrer persönlichen Weltklasse! Es geht nicht darum, in irgendetwas der Weltbeste zu werden oder eine Goldmedaille zu gewinnen. Das ist meistens unrealistisch.

Ich hasse Motivationstrainer, die uns immer glaubhaft machen wollen, dass wir immer und überall die Nummer 1 werden können!

Das ist für die meisten Menschen unrealistischer Motivations-Blödsinn.

Darum geht es auch gar nicht. Es geht um Ihre persönliche Bestleistung. Das reicht, damit Sie bis an Ihr Lebensende innerlich zufrieden sein werden. Denn Sie haben IHR Bestes gegeben.

Geben Sie Ihr Bestes

„Der vollbringt das meiste in der großen Welt, der in
seiner eigenen Welt sein Bestes gibt."
– Thomas Jefferson, 1743-1826, US-amerikanischer Jurist,
Gutsbesitzer und 3. Präsident der Vereinigten Staaten von Amerika,
verfasste die Unabhängigkeitserklärung

Das ist der Schlüssel, der in Ihrer eigenen Einstellung liegt!
Darf ich Sie fragen, und um eine ehrliche Antwort bitten: Sind Sie bereit, Ihr Bestes zu geben?
Auch hier gibt unsere Gesellschaft häufig etwas anderes vor. Viele Menschen kapieren nie die folgende Regel:

> *Es geht im Leben nicht darum,*
> *keine Fehler zu machen,*
> *sondern es geht nur darum,*
> *sein Bestes zu geben.*

Das Problem im Alltag: Wir werden häufig nach Fehlern beurteilt.
Es geht schon in der Schule los. Sie kennen das alle noch:
Englischdiktat – 40 Wörter – das Kind hat 38 richtig – Ergebnis: Note 1, mit der unkommunizierten Botschaft: Du bist sehr gut.
Ein anderes Kind hat 30 Wörter falsch: Note 6. Und die unkommunizierte Botschaft: Du bist ungenügend.
Wir hatten doch alle mal eine Sechs in der Schule, und ob wir es zugegeben haben oder nicht, diese Note hat unser Selbstwertgefühl sicherlich nicht positiv beeinflusst.
Es geht in solchen Momenten doch gar nicht um die Note 6, sondern um die entscheidende Frage (und Kinder sollten dies so früh wie möglich lernen):

> *Haben wir in der Vorbereitung auf diese Prüfung unser Bestes gegeben?*

Heute Abend, bevor Sie ins Bett gehen, nehmen Sie sich bitte einen Moment Zeit und stellen sich vor Ihren Badspiegel. Schauen Sie sich ein paar Sekunden direkt in die Augen. Lächeln Sie. Wer da zurückblickt, ist Ihr größter Freund und wichtigster Partner in Ihrem Leben. Danach stellen Sie sich diese alles entscheidende Frage:
„Habe ich heute mein Bestes gegeben?"
Darum geht es!
Bei der Beantwortung dieser Frage können Sie Ihren Chef anlügen und Ihre Mitarbeiter, Sie können Ihren Partner und Ihre Freunde anlügen, Sie können mich anlügen, aber Sie sollten nie sich selbst anlügen.
Das würde Ihnen Ihren Selbstrespekt rauben.
Deshalb: Stellen Sie sich vor einen Spiegel.

Denken Sie mal an Ihre jungen Jahre zurück. Konnten Sie sofort Auto fahren, als Sie sich das erste Mal hinters Steuer setzten?
Bei mir hat der Fahrlehrer bestimmt einhundertmal in den Fahrstunden eingegriffen, musste mindestens fünfzig Mal selbst auf die Bremse treten, weil es sonst gekracht hätte – ich habe bestimmt zwanzigmal den Motor absaufen lassen, bin zweimal durch die Prüfung gefallen …
bis ich endlich Auto fahren konnte!

Bei meiner dritten Führerscheinprüfung war ich so nervös, dass in dem Moment, als der Prüfer hinten ins Auto stieg und mich bat loszufahren, meine Brille komplett beschlug. Ab diesem Moment wusste ich endgültig, wie hoch mein Maximalpuls ist.
Hunderte von Fehlern! Aber jeder dieser Fehler hat mich meinem Endziel, das Autofahren zu lernen, nähergebracht.

Denken Sie an die Zeit zurück, als Sie noch ein Baby waren. Sie konnten noch nicht gehen und sind den ganzen Tag auf dem Boden umher gekrabbelt, bis eines Tages eine innere Stimme zu Ihnen was gesagt hat?

„Steh auf, steh auf!"

Irgendwann haben Sie sich gedacht:

„Auf diese Stimme könnt' ich mal hören!"

Anschließend haben Sie sich an etwas hochgezogen, vielleicht auch an den Händen Ihrer Eltern und dann hat die Stimme was zu Ihnen gesagt?

„Lass los, lass los!"

Irgendwann haben Sie losgelassen! Was ist passiert?

Plumps, plumps, plumps!

Sie sind tausendmal hingefallen, bevor Sie gehen konnten.

Hatten Sie etwa Eltern, die nach Ihrem dritten Gehversuch zu Ihnen gesagt haben:

„Versuch nie wieder zu gehen, Du kannst es eh nicht!"?!

Keiner hat solche Eltern! Das ist absurd! Sie haben das Laufen solange geübt, bis Sie's konnten.

Nun möchte ich Sie gern fragen:

Sollte das nicht unser ganzes Leben lang gelten?

Wenn Sie sich ein Ziel gesetzt haben, wie lange sollten Sie es verfolgen?

Antwort: Bis Sie es erreicht haben!

Geben Sie Ihr Bestes!

Dabei akzeptieren Sie Fehler, Sie heißen Fehler willkommen, denn nur durch Fehler werden Sie besser. Seien Sie auch so intelligent, keinen Fehler zweimal zu machen. Das ist der Schlüssel.

Sein Bestes zu geben, heißt in Zahlen ausgedrückt – 100 %.

Jetzt gibt es immer wieder Menschen, die zu mir sagen:

„Herr Bischoff, mir reichen 60 %, maximal 70 %." Meine Antwort: „Das ist in Ordnung. Jeder Mensch ist für sein eigenes Leben verantwortlich und entscheidet selbst, was er aus seinem Leben macht."

Wenn Sie Kinder haben, dann kennen Sie dieses Symptom zur Genüge. Ihre Kinder behaupten doch sicherlich auch, von der neuen Chiller-Generation zu sein:
„Alter, mach kein Stress. Immer locker bleiben! 70 % reichen auch."

Bitte seien Sie sich jedoch folgender Tatsache bewusst: Wenn Sie nur 70 % geben, werden Sie nie auch nur annähernd in Ihrem Leben herausfinden, welche Potenziale, Möglichkeiten und Fähigkeiten in Ihnen stecken!
Ich sage Ihnen sogar: Oft reichen selbst 99,9 % nicht!
Sind Sie der Meinung, dass zwischen 99,9 % und 100 % ein vernachlässigbar kleiner Unterschied ist?
Ich möchte Ihnen anhand eines Zahlenbeispiels zeigen, was in unserer Gesellschaft passieren würde, wenn dort täglich mit 99,9 % Exaktheit gearbeitet würde. Ich habe dieses Zahlenbeispiel eines Tages gelesen und es war ein absoluter Augen-Öffner für mich! Leider konnte ich den ursprünglichen Autor dieser Statistik auch nach ausführlicher Recherche nicht ermitteln. Aber ein Dank an unbekannte Stelle, denn das ist klasse!

Warum 99,9 % nicht genug sind

- Eine Stunde unreines Trinkwasser jeden Monat aus unseren Wasserhähnen

- 18.322 Briefe würden jede Stunde falsch bearbeitet

- 20.000 falsche Rezeptverschreibungen pro Jahr

- 22.000 Überweisungen würden jede Stunde von einem falschen Konto abgebucht

- 2 misslungene Landungen pro Tag an den meisten großen Flughäfen der Welt

- 50 Neugeborene würden täglich bei der Geburt von der Hebamme fallen gelassen

- 500 falsche Operationen jede Woche

- Jeder Ihrer Tage wäre 1 Minute und 26 Sekunden kürzer

- 50 kg der Nahrung, die Sie im Leben zu sich nehmen, wären abgelaufen, schlecht oder unverträglich

- Ihr Herz würde jedes Jahr 23.000 Mal nicht schlagen, wenn es eigentlich sollte
  (Ich wünsche Ihnen, dass das nicht am Stück ist …)

Sein Bestes zu geben bedeutet nicht, perfekt zu sein!

Verwechseln Sie „Ihr Bestes geben" jedoch bitte nicht mit Perfektion. In jeder Firma scheint es diese unausstehlichen Perfektionisten zu geben! Kennen Sie die?
Menschen, die an unheilbarem Perfektionismus erkrankt sind?
Ach übrigens: Wenn Sie gerade nicht schmunzeln konnten, dann sind es wahrscheinlich Sie!
Wenn Sie bisher immer perfekt sein wollten, dann hören Sie bitte sofort auf damit. Sie werden doch von Ihren Mitmenschen für Ihre kleinen Schwächen geliebt! Kein Mensch ist perfekt! Auch Sie nicht!!!
Perfektion weckt doch nur Aggression!
Ich möchte Ihnen das mit einem Witz verdeutlichen:

Am ersten Schultag in einer amerikanischen Highschool stellt die Lehrerin der Klasse einen neuen Mitschüler vor, Sakiro Suzuki aus Japan. Die Stunde beginnt. Die Klassenlehrerin fragt: „Mal sehen, wer die amerikanische Kulturgeschichte beherrscht – wer hat gesagt: ‚Gebt mir die Freiheit oder den Tod'?"
Es ist mäuschenstill in der Klasse, nur Suzuki hebt die Hand: „Patrick Henry 1775 in Philadelphia."
„Sehr gut, Suzuki. Und wer hat gesagt: ‚Der Staat ist das Volk, das Volk darf nicht untergehen'?"

Suzuki steht auf: „Abraham Lincoln 1863 in Washington."
Die Lehrerin schaut auf ihre Schüler und sagt: „Schämt euch, Suzuki ist Japaner und kennt die amerikanische Geschichte besser als ihr!" Man hört eine leise Stimme aus dem Hintergrund: „Leckt mich am Arsch, ihr Scheißjapaner!"
„Wer hat das gesagt?", ruft die Lehrerin. Suzuki hebt die Hand und ohne zu warten sagt er: „General McArthur 1942 in Guadalcanal, und Lee Iacocca 1982 bei der Hauptversammlung von Chrysler."
Die Klasse ist superstill, nur von hinten hört man ein „Ich muss gleich kotzen!". Die Lehrerin schreit: „Wer war das?" Suzuki antwortet: „George Bush Senior zum japanischen Premierminister Tanaka während des Mittagessens, Tokio 1991."
Einer der Schüler steht auf und ruft sauer: „Blas mir einen!" Die Lehrerin aufgebracht: „Jetzt ist Schluss! Wer war das?" Suzuki ohne mit der Wimper zu zucken: „Bill Clinton zu Monica Lewinsky, 1997 in Washington, Oval Office des Weißen Hauses."
Ein anderer Schüler steht auf und schreit: „Suzuki ist ein Stück Scheiße!" Und Suzuki: „Valentino Rossi in Rio beim Grand-Prix-Motorradrennen in Brasilien 2002."
Die Klasse verfällt in Hysterie, die Lehrerin fällt in Ohnmacht, die Tür geht auf und der Direktor kommt herein:
„Scheiße, ich habe noch nie so ein Durcheinander gesehen."
Suzuki: „Gerhard Schröder zu Finanzminister Eichel bei der Vorlage des Haushalts, Berlin 2003."

Weniger labern, mehr handeln

> *„Reden bewegt den Mund, Handeln die Welt."*
> – Jutta Metzler, *1965, Werbetexterin und Nachdenkerin

Wir sind in unserer Gesellschaft heutzutage Weltmeister im „Redenschwingen" und Amateure in der Umsetzung. Warum sind wir Deutschen eigentlich Weltführer in neuen Patentanmeldungen pro Jahr, umgesetzt und in der Praxis vergoldet werden diese Patente aber meistens im Ausland?

Erfolg liegt nur im Handeln

Nichts ändert sich in einer Firma, solange die Mitarbeiter, die für diese Firma arbeiten, sich nicht ändern. Nichts verändert sich in Ihrem Leben, so lange Sie nicht handeln und etwas an sich verändern!
Kennen Sie den Zyklus der Selbstentwicklung?
Dieser Zyklus beschreibt, wie wir Menschen uns neue Fähigkeiten aneignen. Ich habe diesen Zyklus von meinem Mentor Thor Olafsson aus Island gelernt:

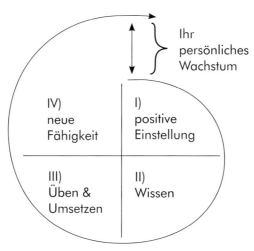

Wir müssen diesen Zyklus einmal voll durchlaufen. Erst dann besitzen wir eine neue Fähigkeit. Schauen wir ihn uns doch mal genauer an:

I) Es geht los mit der positiven Einstellung. Die brauchen Sie, um überhaupt etwas Neues lernen zu können. Wenn Sie bis hierher in diesem Buch gekommen sind, haben Sie diese positive Einstellung garantiert.

II) Als Zweites muss uns jemand das Wissen vermitteln: Wir besuchen ein Seminar, lesen ein Buch, hören ein Hörbuch, lernen von Freunden und Mentoren. Es gibt tausende von Lernmöglichkeiten!

III) Der dritte Schritt ist die Anwendung und Umsetzung in der Praxis. Wir müssen handeln, üben, machen, durch Fehler lernen, korrigieren, Dinge anders machen, bis wir eines Tages …

IV) …in der vierten Phase angelangt sind: Wir haben die Sache so lange angewendet, bis sie uns in Fleisch und Blut übergegangen ist. Jetzt besitzen wir eine neue Fähigkeit! Nun brauchen wir nicht mehr darüber nachzudenken, sondern die Fähigkeit ist automatisiert.
Deswegen schließt sich der Kreis am Ende auch nicht wieder, sondern wird größer. Der Zuwachs ist Ihr persönliches Wachstum.
Was glauben Sie, an welcher Stelle in diesem Zyklus die meisten Menschen stecken bleiben?

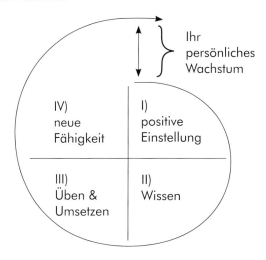

Richtig! Zwischen der zweiten und dritten Phase. Mein Mentor hat das „Die 6-Uhr-Wissensfalle" genannt!"

Und zwar deshalb:
Die meisten Menschen häufen ihr ganzes Leben lang theoretisches Wissen an, ohne es in der Praxis je zu benutzen. Damit kann auch kein persönliches Wachstum entstehen. Zumindest nicht im Alltag. Höchstens theoretisch in unserem Kopf. Aber der Alltag ist das Entscheidende.

Handeln Sie und geben Sie Ihr Bestes

Wir häufen sehr oft in unserem Leben zahlloses Wissen an! Wir werden darauf getrimmt von unserer Gesellschaft.

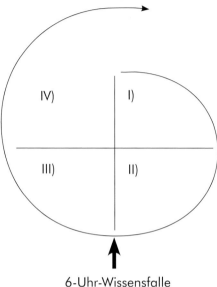

6-Uhr-Wissensfalle

Das Problem dabei ist, dass wir mit einer der größten Lügen aufwachsen und leben, die jemals in unserer Gesellschaft verbreitet wurden. Bitte nicken Sie mit dem Kopf, wenn Sie diese Lüge schon einmal gehört haben! Hier ist der Satz:

Wissen ist Macht!

Das ist eine einzige fette Lüge!

> *Wissen ist nicht Macht.*
> *Erfolg liegt nur in der*
> *Anwendung und Umsetzung*
> *des Wissens. Nur dann wird*
> *Wissen zu Macht.*

Der Erfolg liegt immer nur im Handeln und Umsetzen.

Was Sie wissen, macht überhaupt keinen Unterschied, das Entscheidende ist, was Sie aus dem machen, was Sie wissen. Das macht den ganzen positiven Unterschied. Wissen an sich macht überhaupt keinen Unterschied:

Sie haben sich dieses Buch gekauft! Na und?

Sie lesen das Buch bis zum Ende! Na und??

Sie markieren sich bestimmte Textstellen, Dinge, die Sie sofort umsetzen möchten, Sie lernen beim Lesen vielleicht ein paar neue Dinge. Sie fühlen sich motiviert? Na und???

Sie finden dieses Buch toll oder grottenschlecht? NA UND??????

Was macht das in Ihrem Alltag ab morgen wirklich für einen Unterschied?

Antwort: Keinen!!!

Nichts, was Sie hier lesen, ist wichtig!

Das Einzige, was zählt ist das, was Sie umsetzen!!!

> ## Dann ändern sich Dinge bei Ihnen ...
>
> ## Wenn SIE handeln und Dinge verändern!

Daran müssen wir immer und immer wieder erinnert werden.

„Willst Veränderung du nach eigenen Vorstellungen im Leben,
so bewirke es selbst durch deiner starken Hände Tat und handle!
Lautes Geschwätz und langes Rumsitzen wird dir nichts geben,
auch nicht Warten, dass allein vom Träumen sich's so wandle!"
– Angela Frantz, *1974

Fachidioten

Mein Freund und Mentor Hermann Scherer, einer der besten Redner in Deutschland, hat in seinen Vorträgen einen treffenden Satz:
„Fachidiot schlägt Kunden tot!"

Dieser Satz ist einfach und genial!
Wie oft haben Sie folgendes Szenario schon erlebt: Sie wollen ein Produkt kaufen. Im Geschäft werden Sie von einem Verkäufer mit theoretischem Fachwissen erschlagen, anstatt dass er Ihnen nur das zeigt, was Sie eigentlich wissen wollen: Wie das Objekt Ihrer Begierde ganz einfach in der Praxis funktioniert.

Solche „Fachidioten" gibt es in allen Bereichen. Werfen wir einen Blick in deutsche Schulen: „Fachidiot schlägt Schüler tot."
Das sind die Lehrer mit perfektem Fachwissen, aber ohne die Fähigkeit, auch nur einen Schüler persönlich zu erreichen. Haben wir alle in unserer Schullaufbahn mal erlebt, oder?
„Fachidiot schlägt Mitarbeiter tot."

Die Manager und Chefs, die wir alle lieben. Verstecken sich hinter ihren Fachbüchern, haben dafür die Menschenkenntnis von einem Holzhammer.

Oder im Sport:
„Fachidiot schlägt Spieler tot."
Das sind die Trainer, die ganz schnell wieder entlassen werden. Diese Trainer besitzen alles theoretische Fachwissen der Welt, aber haben eine niedrigere Sozialkompetenz als eine Scheibe Knäckebrot.
Ich kenne dutzende solcher Trainer.
Sie kennen dutzende solcher Menschen in Ihrem Arbeitsumfeld.

Bitte werden Sie nie ein Fachidiot! Glauben Sie mir, ich weiß, wovon ich rede: Ich wäre im Basketball fast selbst einer geworden! Zum Glück haben mir einige Spieler das knallhart ins Gesicht gesagt und ich konnte einen anderen Weg einschlagen.

Einer meiner Mentoren, die amerikanische Basketball-Trainerlegende und Hall-of-Famer Mike Krzyzewski hat mir in einem persönlichen Gespräch einen Satz mit auf meinen Lebensweg gegeben, den ich für immer behalten werde:

„Erfolg als Trainer im Sport besteht zu 20 % aus der Vermittlung des richtigen Fachwissens und zu 80 % aus dem richtigen Umgang mit Deinen Spielern."
Für Sie, für mich und für alle anderen, die gerne erfolgreicher werden möchten, formuliere ich diesen Satz um:

> *Erfolg besteht zu 20% aus der Aneignung des nötigen Fachwissens und zu 80% aus dessen Umsetzung in die Praxis.*

Diese Faustregel funktioniert für mich! Vielleicht auch für Sie!

Alles ist wichtig und hat Konsequenzen

Bitte glauben Sie nicht, dass es unwichtige Dinge in Ihrem Leben gibt. All Ihre Handlungen haben Auswirkungen auf Ihre Zukunft.

Ob Sie morgens eine halbe Stunde länger schlafen oder zum Joggen gehen, um vitaler zu werden, ob Sie sich jetzt gleich den Schokoriegel in den Mund schieben oder nicht, ob Sie weiter täglich auf der Fernsehcouch liegen und sich von dieser blöden Flimmerkiste beeinflussen lassen, mit Ihrer Frau etwas Außergewöhnliches machen oder mit Ihren Kindern spielen …Alles hat weitreichende Auswirkungen auf Ihr Leben!

Es scheint keinen großen Unterschied zu machen, ob Sie sich nach einem 10-Stunden-Tag in der Arbeit zu Hause müde aufs Sofa fallen lassen oder ob Sie doch noch den Willen aufbringen und nur 30 Minuten an Ihrem Traum oder Wunschziel arbeiten. Das macht heute keinen großen Unterschied, aber es macht einen RIESIGEN Unterschied, wo Sie in Ihrem Leben in zehn Jahren stehen werden.

Um den Sprung vom Profitrainer im Leistungssport in die Selbständigkeit als Redner zu wagen, waren für mich fünf (!) Jahre Vorarbeit nötig. Fünf Jahre lang habe ich täglich in meinem Beruf als Trainer gearbeitet, war mit Engagement, Leidenschaft, Willen und Einsatz bei der Sache. Dennoch habe ich jede freie Minute genutzt, um mich weiterzubilden, zu lernen, Seminare zu besuchen, neue Menschen kennen zu lernen, neue Ideen und neue Strategien zu entwickeln. Glauben Sie mir, ich bin nicht so intelligent, wie Sie meinen. Um dieses Buch zu schreiben, musste ich selbst erst 500 Bücher lesen und meinen eigenen Weg finden, jährlich durch die Welt reisen, neue Menschen treffen und Geld in mich investieren.

Nichts geschieht von selbst!

Wenn Sie das nicht glauben, dann spielen Sie doch ein Leben lang weiter Lotto.
Sie werden nie den Jackpot knacken!
Ich wette um 10.000 Euro mit Ihnen.
Lottospieler hoffen, dass sich mit Glück etwas an Ihrem Leben ändert.

Was für eine erbärmliche Einstellung.
Es wird nicht passieren.

> *„Es ist besser zu handeln und es zu bereuen,*
> *als nicht zu handeln und es zu bereuen."*
> – Giovanni Boccaccio, 1313-1375, italienischer Erzähler,
> Novellist und Humanist

All unser Handeln hat Konsequenzen. Wenn wir jetzt handeln, hat das Konsequenzen. Wenn wir nicht handeln und weiter faul auf unserem Hintern sitzen bleiben, hat das auch Konsequenzen: Es wird sich nichts ändern.
Die Wahrheit ist:
Tendenziell wird's eher schlechter. Denn wenn wir nicht besser werden, werden wir schlechter.

Lassen Sie uns diese Tatsache anhand einer Grafik verdeutlichen. Ein Bild sagt oft mehr als tausend Worte. Nehmen wir noch mal Ihre Gesundheit. Sie begehen ab heute täglich eine kleine Sünde: täglich eine Tafel Schokolade, eine Zigarette oder eine Flasche Bier. Wenn Sie das nur heute machen, hat dies zugegebenermaßen keine großen Auswirkungen. Doch Gewohnheiten heißen nicht Gewohnheiten, weil wir es nur heute machen.

Nehmen wir an, Sie machen das die nächsten 10 Jahre lang.
In 10 Jahren ist Ihre Gesundheit hier:

Handeln Sie und geben Sie Ihr Bestes

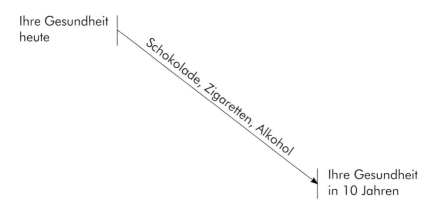

Im Keller! Glauben Sie mir, keiner möchte dann mit Ihnen tauschen.

Nehmen wir an, Sie begehen diese tägliche Sünde nicht, sondern essen jeden Tag einen Apfel. Sie kennen die alte Lebensweisheit, die mein Vater immer wieder zu mir gesagt hat:
„Ein Apfel täglich und keine Krankheit quält Dich."
Ich habe eine gute Frage an Sie:
Was wäre, wenn dieser Satz stimmt?
Sie würden sagen:
„Wenn das wirklich stimmt, dann wäre das sehr einfach."
Nehmen wir an, Sie essen 10 Jahre täglich einen Apfel, anstatt zu rauchen, zu trinken oder Schokolade zu essen.
Ihre Gesundheit wäre in 10 Jahren hier:

Nun entscheiden Sie, welchen Weg Sie in den nächsten 10 Jahren gehen wollen:

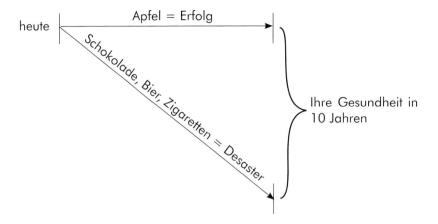

Den zuerst beschriebenen Weg nennen wir in unserer Gesellschaft: Desaster!

Nur der zweite Weg wird von uns als „Erfolg" bezeichnet.
Handeln Sie – handeln Sie richtig! – Geben Sie Ihr Bestes! Sie tun es nicht für mich oder jemand anderen! Sie tun es nur für sich!

> „Handeln, das ist es, wozu wir da sind."
> – Johann Gottlieb Fichte, 1762-1814, deutscher Theologe und Philosoph

Leidenschaft für das, was Sie tun

In meinen Vorträgen rede ich oft über Leidenschaft und Begeisterung. Begeisterung und innere Leidenschaft für das eigene Handeln sind in meinen Augen absolut wichtig, denn ich glaube, dass Menschen, die etwas mit Begeisterung machen, immer einen Weg finden, erfolgreich zu werden. Menschen, die ihre Arbeit ohne Begeisterung verrichten, bleiben im tödlichen Mittelmaß.

> „Je mehr man liebt, umso tätiger wird man sein."
> – Vincent von Gogh, 1853 -1890, niederländischer Maler

Handeln Sie und geben Sie Ihr Bestes

Aber ich bin auch ganz ehrlich zu Ihnen:
Es braucht mehr als Leidenschaft!

Enthusiasmus und Begeisterung sind hilfreich, doch nicht das entscheidende Kriterium. Die Vorstellung, dass uns Arbeit immer Spaß machen muss, ist realitätsfremd. Das geht nicht! Wir haben alle diese Tage ...
– Da macht uns die Arbeit überhaupt keinen Spaß und muss trotzdem erledigt werden. An diesen Tagen liegt es an Ihrer inneren Einstellung, das zu tun, was Sie tun müssen und trotzdem Ihr Bestes zu geben.
Manchmal kommt ein Zuhörer nach einem Vortrag zu mir und sagt: „Ich wäre auch gerne Redner. Das macht bestimmt Spaß, auf der Bühne zu stehen und Vorträge zu halten."
Wer so etwas sagt, hat ein vollkommen falsches Bild von diesem Beruf! Glauben Sie mir, 99 % von Ihnen würden nicht mit mir tauschen wollen, wenn Sie mal den Alltag sehen. Der Denkfehler, den die Menschen bei dieser Aussage machen ist, dass sie glauben, ich würde nur auf der Bühne stehen. Ich habe es noch nicht exakt ausgerechnet, aber von der Zeit eines Jahres stehe ich weniger als drei Prozent der Zeit auf der Bühne. Das ist das, was das Publikum sieht – keiner sieht die anderen 97 %, nämlich das ganze Vorbereiten, Üben und vor allem das viele Reisen, Planen, Vermarkten usw. Glauben Sie mir, das macht oft keinen Spaß. Aber trotzdem muss ich mein Bestes geben. Denn nur damit wird es möglich, die drei Prozent der Zeit auf der Bühne zu genießen.

Christian Bischoffs Schlüsselpunkte
zum Thema „Handeln"

- Wir brauchen die innere Bereitschaft, unseren Worten Taten folgen zu lassen, zu handeln und unser Bestes zu geben.

- Keiner muss zu Beginn den genauen Weg zu seinem Ziel kennen. Wenn Sie anfangen zu handeln, dann findet sich der Weg mit der Zeit von selbst.

- Wir müssen nicht Weltklasse sein, um anzufangen, aber wir müssen anfangen, um eines Tages Weltklasse zu sein.

- Es geht im Leben nicht darum, keine Fehler zu machen, sondern es geht darum, sein Bestes zu geben.

- Legen Sie Ihren nervigen Perfektionismus ab. Perfektion weckt doch nur Aggression!

- Weniger reden, mehr handeln!

- Wissen ist nicht Macht. Erfolg liegt nur in der Anwendung und Umsetzung des Wissens. Nur dann wird Wissen zu Macht.

- Dinge ändern sich, wenn Sie handeln und Dinge verändern.

- Werden Sie nie ein Fachidiot. Erfolg besteht zu 20% aus der Aneignung des nötigen Fachwissens und zu 80% aus dessen Umsetzung in die Praxis.

- Nichts geschieht von selbst!

6. Lebenseinstellung

PERSÖNLICHE FLEXIBILITÄT –
DIE ERFOLGSKOMPONENTE
DES 21. JAHRHUNDERTS

„Der Wille zur Veränderung fehlt! Das Ergebnis dieser fatalistischen
Einstellung wird oft ‚Schicksal' genannt."
– Dr. Ekkehart Mittelberg, *1938, Literaturwissenschaftler und Herausgeber der Reihe
»Klassische Schullektüre« beim Cornelsen Verlag

Flexibilität und Veränderungsbereitschaft ist ein Einstellungsfaktor, der unerlässlich ist für neue Erfolge. Seit es die Menschheit auf diesem Planeten gibt, gibt es Veränderungen. Neue Dinge und Herausforderungen gehören zum Alltag, unsere Welt wandelt sich immer schneller – doch wir scheinen immer unflexibler zu werden.
Woran liegt das?

Es liegt sicherlich zum Großteil an unserer bequemen Wohlstandseinstellung und dem in Deutschland schier unglaublichen Drang nach Sicherheit.
Akzeptieren wir es endlich: Veränderungen gehören zu unserem Alltag und werden es bis zum Tag unseres Todes tun. So ist das nun mal. Schauen wir uns nur mal an, was sich in den letzten 10 Jahren verändert hat: die .com-Blase ist geplatzt, der neue Markt ist von der Börse verschwunden. Der 11. September 2001 hat die Weltpolitik verändert. Massenentlassungen in Unternehmen wie Nokia und Siemens. Die Finanzkrise verändert die komplette Welt. Eine Veränderung nach der anderen.
Die Entscheidung, die jeder von uns mit seiner eigenen Einstellung jetzt treffen muss, ist folgende:

Verschwende ich meine Energie, indem ich mich gegen diese Veränderungen stemme? Das können Sie gerne machen. Das Ergebnis wird

Machen Sie den positiven Unterschied   183

sein, dass sich bei Ihnen im Leben nichts ändert. Mehr noch: Ihr Leben wird nach Ihrem subjektiven Empfinden immer schlechter.

Es ist eine Tatsache, dass in Deutschland alles immer teurer wird und die staatliche Rente immer geringer. Wenn Sie sich gegen diese Tatsache sträuben und auch die nächsten zehn Jahre mit Ihrem gleichen niedrigen Gehalt auskommen wollen, dann ist das okay. Seien Sie sich nur bewusst, dass Ihr Geld Ihnen in zehn Jahren nicht mehr das kaufen wird, was es heute tut. Ihr Leben wäre dann „schlechter".

Auch hier möchte ich Ihnen die nackte Wahrheit nicht vorenthalten:

In 15 Jahren besitzt Ihr Geld ungefähr noch die Hälfte der Kaufkraft, die es heute hat.

Unsere Politiker möchten uns für dumm verkaufen und uns weismachen, dass die Inflation jährlich nur zwischen 2 und 2,5 Prozent beträgt. In Wirklichkeit ist sie viel höher.

Viel besser ist es doch, die eigene Energie dafür einzusetzen, Veränderungen zu akzeptieren und sie zum eigenen Vorteil zu nutzen. In solchen Veränderungen stecken immer auch Chancen und Möglichkeiten. Wir müssen diese nur erkennen und dafür brauchen wir Flexibilität.

> *„Du kannst versuchen, die Welt zu verändern oder du kannst deine Ansichten gegenüber der Welt verändern."*
> – Unbekannt

Sie möchten in Ihrem Unternehmen, zu Hause oder in Ihrem Freundeskreis Veränderungen vornehmen? Machen Sie es!

Werden Sie sich jedoch folgender Sache bewusst:

Wenn Sie die betroffenen Menschen darüber informieren, müssen Sie garantiert immer erst vier Phasen durchlaufen, bevor diese Veränderung eines Tages etabliert ist.

Diese Phasen sind:

1. Kritik

2. Gelächter

3. Akzeptanz

4. „Es-geht-nicht-mehr-ohne"

Zunächst wird der Sturm der Kritik über Sie hinwegfegen, denn Menschen mögen Veränderungen nicht. Hier fallen die meisten Entscheider auch schon um. Es ist ihnen wichtiger, beliebt zu sein, als das Unternehmen voranzubringen. Sie richten ihr Fähnlein immer in die Richtung aus, aus der gerade der Wind bläst. Wir Menschen haben alle ein inneres Grundbedürfnis nach Liebe und Zuneigung. Häufig meiden wir Konflikte, weil wir glauben, dass das Gegenüber uns dann nicht mehr so sehr mag. Deswegen meiden Sie Auseinandersetzungen und Konflikte, Sie möchten keine Maßnahmen durchführen, mit denen andere nicht übereinstimmen. Ihr Bedürfnis nach der Zuneigung Ihres Umfelds ist Ihnen wichtiger, als Ihr eigenes Umfeld zu entwickeln. Deswegen packen die meisten Menschen Veränderungen erst gar nicht an oder bleiben in Phase 1 stecken. Sie können sich nicht durchsetzen und geben ihre Pläne auf.

Wenn Sie nicht zu dieser Gruppe gehören und der Kritik standhalten (natürlich vorausgesetzt, Sie haben mit Ihrer Veränderung Recht und sind davon absolut überzeugt), dann kommen Sie relativ zügig in Phase 2: Das Ganze wird von Ihren Mitmenschen und Mitarbeitern durch den Kakao gezogen. Kritik ist jetzt nicht mehr angebracht. Ihr Umfeld merkt, dass Sie es ernst meinen und die Sache durchziehen. Man macht sich aber weiterhin vor allem hinter Ihrem Rücken über die Veränderungen lustig.
Lassen Sie sich davon nicht irritieren. Es ist nur eine Frage der Zeit, bis die Veränderung akzeptiert wird (Phase 3). Das ist spätestens dann der Fall, wenn die ersten sichtbaren Erfolge eintreten.
Eines Tages ist Ihre einst initiierte Veränderung ein so unersetzbarer Teil des Arbeitslebens in Ihrer Firma geworden, dass es nicht mehr ohne sie geht. Sie haben Phase 4 erreicht. Aus der Veränderung ist Gewohnheit geworden, auf die keiner mehr verzichten möchte.

Nur drei Beispiele für Veränderungen, die uns alle betroffen haben:
Die Einstellung der Plattenspieler-Produktion und deren Ersetzung durch CDs. Die Einführung von E-Mails als Kommunikationsmittel. Handys und all ihre Funktionen.
Immer waren zu Beginn die Skepsis und der Protest sehr groß.

Persönliche Flexibilität

Das sicherlich prominenteste Beispiel für diese vier Phasen der Veränderung stellt unser ehemaliger Bundestrainer Jürgen Klinsmann dar: Dieser wurde 2004 zum Trainer der deutschen Fußball-Nationalmannschaft ernannt. Kaum im Amt, stellte er das komplette sportliche Konzept um. Er installierte eigene Athletiktrainer aus den USA und arbeitete mit Trainingsmethoden, die vorher so noch nie beim DFB zu sehen waren. Was ist passiert? Obwohl der deutsche Fußball zu diesem Zeitpunkt völlig am Boden war und dringend neue Konzepte brauchte, brach die Kritik unbarmherzig über Klinsmann herein. Es war ein Sturm der Entrüstung, der wochenlang durch die gesamte deutsche Medienlandschaft tobte. Wie ein Orkan hatte er die Kraft, alles plattzumachen. Doch Jürgen Klinsmann blieb standhaft.

Schnell stellten sich in den Vorbereitungsspielen die ersten Erfolge ein. Zudem merkte die Öffentlichkeit, dass sie Klinsmann nicht so leicht verbiegen konnte, wie sie es gerne hätte. Folglich verstummte die Kritik, aber auf den Straßen, in den Bars und hinter vorgehaltener Hand machte sich die Nation über Klinsmann lustig.

Spätestens kurz vor Beginn der WM 2006 in Deutschland und mit einem öffentlichen Machtwort von unserem „Kaiser" Franz Beckenbauer („Wir müssen jetzt alle zusammenhalten und dürfen nicht alles hinterfragen") waren Klinsmanns Methoden auf einmal akzeptiert.

Während der WM wuchs die Unterstützung für ihn und sein Team von Spiel zu Spiel. Die anfänglichen Kritiker steckten sich nun alle ein Deutschland-Fähnlein an ihr Auto und waren die größten Unterstützer.

Als Klinsmann direkt nach dem Turnier seinen Rücktritt erklärte, war er schon so ein Volksheld, dass sich keiner mehr die deutsche Nationalmannschaft ohne ihn vorstellen konnte. Sogar Beckenbauer hat gesagt: „Der Klinsmann muss weitermachen." Klinsmann hatte erfolgreich Phase 4 erreicht: Es ging anscheinend nicht mehr ohne ihn.

Klinsmann stand und steht für Veränderung. Worüber sich bei seinem Amtsantritt ein ganzes Land amüsierte, ist heute zu solch einem Markenzeichen geworden, dass es in der Vergangenheit kaum einen Trainer gab, dessen Verpflichtung allein für ein so großes öffentliches Interesse gesorgt hat, wie die von Jürgen Klinsmann beim FC Bayern München. Was machte Klinsmann nun beim FC Bayern? Alles neu.

Das Problem war nur dieses Mal, dass die komplette deutsche Presselandschaft ihn wollte scheitern sehen. Klinsmann hat als „Rookie-Trainer" Fehler gemacht – darüber brauchen wir nicht sprechen. Aber die Hetzkampagne aus den Medien war enorm.

Machen Sie den positiven Unterschied

Schauen wir uns an, was sich bei Bayern unter van Gaal in der Tabellensituation geändert hat. Nicht viel...

> *„Der Veränderung die Tür verschließen,*
> *hieße das Leben selber aussperren."*
> – Walt Whitman, 1819-1892, eigentlich Walter Whitman,
> US-amerikanischer Lyriker

Hören Sie auf, zu jammern und zu klagen, dass sich alles ändert. Nutzen Sie Ihre Kraft und fangen Sie an zu handeln und mit diesen Veränderungen umzugehen.

> *„Nicht die anderen, du selbst musst dich verändern."*
> – Swami Prajnanpad

Selbst wenn Sie nur etwas flexibler an Ihrem Arbeitsplatz werden – Sie müssen nicht gleich die ganze Welt verändern.
Flexibilität benötigen Sie, um Kunden gut zu betreuen, denn jeder Kunde ist anders. Sie kennen alle diese unfreundlichen, arroganten, unausstehlichen Kunden. Im Umgang mit denen bedeutet Flexibilität zum Beispiel, die eigene Freundlichkeit zu behalten. Warum ist das so wichtig? Sind Kunden für Sie wichtig?
Natürlich!
Jedes Unternehmen steht und fällt mit seinen Kunden. Daher ist Flexibilität im Umgang mit diesen äußerst wichtig. Soll der Kunde doch unfreundlich sein, wie er will. Solange er sein Geld bei Ihnen lässt, ist er für Sie ein guter Kunde. Daher seien Sie besser flexibel im Umgang mit ihm.
Lassen Sie sich nicht auf sein Niveau herab. Hier gilt das alte Sprichwort:

> *Kämpfe niemals mit einem Schwein! Ihr werdet beide dreckig.*
> *Dem Schwein gefällt es, weil es sich im Dreck wohl fühlt.*
> *Doch Sie haben Ihren Ruf verloren.*

Am Ende ist es immer die Angst, die Menschen vor Veränderung zurückschrecken lässt

Wie können wir lernen, flexibler zu werden, Veränderungen anzunehmen, unsere Ängste zu besiegen? Analysieren Sie bitte zuerst, ob die Veränderung gut und sinnvoll ist.

Hier gibt es nur eine Möglichkeit:

> *Stellen Sie sich Ihren Ängsten, lassen Sie sich auf Veränderungen ein, probieren Sie neue Dinge aus. Mit jedem Erfolgserlebnis steigt Ihr Selbstbewusstsein und die Gewissheit: Wenn ich das geschafft habe, dann schaffe ich den nächsten Schritt auch.*

„Nie ist's zu spät, zu suchen eine neu're Welt."
– Alfred Lord Tennyson, 1809-1892, englischer Dichter

Meinen Zivildienst habe ich in der Kinder-Jugend-Psychiatrie abgeleistet. Es war ein hochinteressantes Jahr. Wir hatten eine Zeit lang einen Jungen auf unserer Station, der panische Angst davor hatte, mit dem Aufzug zu fahren. Direkt an unserer Stationstür gab es einen riesigen Essensaufzug, der lediglich zwischen dem Erdgeschoss und dem 1. Stock fuhr, um täglich den großen Essenwagen anliefern zu können. Zu Fuß lagen zwischen den Stockwerken maximal vierzig Treppenstufen. Zudem war der Aufzug gläsern und damit absolut einsehbar, hell und geräumig. Doch der Junge wollte partout nicht mit diesem Aufzug fahren. All das gut gemeinte Zureden und Therapieren unseres Psychologen hatte wochenlang nichts genützt.

Eines Tages platzte unserem Psychologen der Kragen. Unter tobendem Widerstand packte er den Jungen, steckte ihn in den Aufzug und fuhr mit ihm in den ersten Stock. Der Junge brach in Tränen aus und hatte im ersten Stock sogar einen Heulkrampf.

Die nächsten Tage analysierten die beiden in den Therapiestunden, ob diese zehn Sekunden lange Fahrt schlimm war und warum der Junge Angst davor hatte. Drei Tage später machten beide wieder eine gemeinsame Aufzugfahrt. Der Junge zitterte immer noch sichtbar, betrat aber schon von alleine den Aufzug. So ging das Schritt für Schritt weiter. Einen Monat später fuhr er lachend mit mir im selben Aufzug und sagte: „Schau, Christian, ich kann Aufzug fahren. Ich habe keine Angst mehr."

Nun – steinigen Sie mich bitte nicht für dieses Beispiel. Ich bin kein Psychologe und kannte das Krankheitsbild dieses Jungen nicht. Ich bin auch kein Experte und sage nicht, dass diese Methode immer richtig ist. Ich weiß es nämlich nicht. Ich kann nur aus eigener Erfahrung sagen:

Ängste zu überwinden, befreit!

Als Jugendlicher hatte ich eine panische Angst vor Referaten. Mich vor die Klasse zu stellen und zu reden – ich wäre vor lauter Peinlichkeit lieber im Boden versunken. Heute verdiene ich mit Reden mein Geld. Wie bin ich da hingekommen? Ich habe es wieder und wieder und wieder und wieder gemacht ... bis eines Tages die Angst verschwunden war.

„Man weiß nie, was daraus wird, wenn die Dinge verändert werden.
Aber weiß man denn, was daraus wird,
wenn sie nicht verändert werden?"
– Elias Canetti, 1904-1995, Schriftsteller

Bitte seien Sie nicht dumm

Vielleicht gibt es einen Leser, der jetzt sagt: „Bischoff, Sie haben Recht! Ich hasse meinen Job! Ich muss mich verändern. Ich gehe morgen zum Chef und kündige."

Sollten Sie zu dieser Spontan-Erkenntnis gelangen, habe ich folgende Frage an Sie:

Haben Sie sichergestellt, dass Sie ab übermorgen andere Einkunftsquellen haben, die dafür sorgen, dass Sie Ihre Familie ernähren können?

Ich habe an dieser Stelle eine klare Warnung für Sie!

Seien Sie nicht dumm! Treffen Sie keine überstürzten Entscheidungen.

Falls Sie verheiratet sind, haben Sie mindestens einem anderen Menschen gegenüber eine Verantwortung. Seien Sie sich dieser Verantwortung bewusst und machen Sie keine Dummheiten. Machen Sie einen drastischen Schritt in Ihrem Leben nur, wenn Sie etwas Besseres parat haben. Bis dahin ist Ihr alter Job gut genug, denn er versorgt Sie und Ihre Familie.

Deswegen: Suchen Sie sich etwas Besseres, bevor Sie dem Altbekannten den Rücken zudrehen.

> *„Veränder eh nicht deinen Stand,*
> *bis du Bessres hast zur Hand."*
> – Unbekannt

Christian Bischoffs Schlüsselpunkte zum Thema „Flexibilität"

- Veränderungsbereitschaft ist essenziell in unserer Zeit.

- Wenn Sie in Ihrem Unternehmen etwas verändern wollen, müssen Sie vier Phasen durchlaufen:

  1. Kritik
  2. Gelächter
  3. Akzeptanz
  4. Es-geht-nicht-mehr-ohne

- Wenn Sie an Ihrer Veränderung zweifeln, denken Sie an Jürgen Klinsmann.

- Am Ende ist es immer Angst, die uns vor Veränderungen zurückschrecken lässt.

- Ängste zu überwinden, befreit.

- Stellen Sie sich Ihren Ängsten, lassen Sie sich auf Veränderungen ein, probieren Sie neue Dinge aus. Mit jedem Erfolgserlebnis steigt Ihr Selbstbewusstsein und die Gewissheit: Wenn ich das geschafft habe, dann schaffe ich den nächsten Schritt auch.

- Bitte seien Sie nicht dumm: Nehmen Sie keine drastischen Veränderungen in Ihrem Leben vor, wenn das die Existenz von Ihnen und Ihren Angehörigen aufs Spiel setzt.

- Der Schlüssel liegt oft in kleinen Schritten. Machen Sie einen nach dem anderen.

7. Lebenseinstellung

LERNE ODER STIRB!

„Wer von jedem Menschen etwas lernen kann, ist wahrlich weise."
– Talmud („Lehre"), Sammlung der Gesetze und religiösen Überlieferungen
des Judentums nach der Babylonischen Gefangenschaft

Sie sollten immer lernen, lernen, lernen, lernen!
Denken Sie sich gerade: „Hm, den Spruch habe ich schon oft gehört"?

Sehr gut! Es wäre schlimm, wenn Sie diesen Satz noch nie in Ihrem Leben gehört hätten. Es gibt Dinge im Leben, die können wir gar nicht oft genug hören! Wir Menschen müssen die wichtigen Botschaften des Lebens immer wieder hören, bis sie uns zu den Ohren rauskommen. Dann nämlich kommt die Botschaft allmählich im Kleinhirn an!
Ich habe letztes Jahr einen Redner gehört, der seinen Vortrag mit folgenden Worten begann:

„Die meisten Menschen müssen dieselbe Sache aus fünfzig unterschiedlichen Quellen hören, bevor sie sie nachhaltig in ihrem Leben umsetzen. Ich hoffe, dass ich nur für einen von Ihnen heute in diesem Raum diese 50. Stimme bin. Wenn ich für Sie erst die 27. oder 37. Person bin, die Ihnen eine bekannte Sache noch mal sagt, so ist das auch sehr gut! Sie müssen anschließend die gleiche Botschaft nur noch von 33 bzw. von 23 anderen Personen hören, bevor Sie diese Dinge nachhaltig in Ihr Leben integrieren!" Ist das nicht eine geniale Botschaft? In diesem Sinne hoffe ich, dass ich bei einigen meiner Leser die 50. Stimme sein kann, die ihnen sagt: Bleiben Sie ein lebenslanger Lerner!

Wer ist für Ihre Zukunft verantwortlich?

Wirklich, wer ist dafür verantwortlich?
SIE! Nur SIE!

Viele Menschen glauben immer, ihre Zukunft wäre die Verantwortung ihres Arbeitgebers. Ihr Arbeitgeber ist nur für eines verantwortlich: Wenn Sie ihm einen Monat lang zuverlässig die Arbeit geleistet haben, die Sie bei Dienstantritt zugesagt haben, dann muss er Ihnen als Gegenleistung Ihr Gehalt zahlen.

Das war's!

Nicht mehr und nicht weniger.

„Wollen Sie mir jetzt sagen, dass sich mein Arbeitgeber nicht für mich interessiert?"

Ganz ehrlich: Ja! Ihrem Arbeitgeber liegt Ihr Wohlbefinden zumindest nicht so sehr am Herzen, wie Sie sich das vielleicht wünschen. Ihr Arbeitgeber hat ein einfaches Ziel: Gewinn zu erwirtschaften.

Sie arbeiten für ihn, um ihn bei diesem Ziel zu unterstützen. Sie werden nur so lange für ihn arbeiten, wie sie ihm mehr helfen, als Sie monatlich kosten. So einfach ist das. Es spielt keine Rolle, ob das ethisch korrekt ist oder nicht. In unserer heutigen Gesellschaft nennen wir das: die Fakten! Ihr Arbeitgeber interessiert sich meistens nicht dafür, was Sie aus Ihrer Zukunft und Ihrem Leben machen. Glauben Sie mir: Er hat nicht das geringste Interesse daran. Und das ist in Ordnung, weil es Ihr Leben ist!

Sie können sehr gut mit folgender Strategie fahren:

> *Arbeiten Sie intensiv, zuverlässig, integer und ergebnisorientiert in Ihrem Beruf, so dass Ihr Arbeitgeber nicht auf Sie verzichten kann. Arbeiten Sie gleichzeitig konstant und mit mindestens dem gleichen Einsatz an Ihrer persönlichen Weiterentwicklung!*

Es gibt viele Menschen in unserem Land, die Angst davor haben, entlassen zu werden und in die Arbeitslosigkeit zu stürzen. Diese Ängste sind sicherlich berechtigt, darüber brauchen wir nicht zu diskutieren. Es ist Fakt, dass große Firmen häufig Stellen mit dem einzigen Ziel abbauen, ihren Gewinn und ihren Börsenkurs zu steigern. Auch darüber können wir uns beschweren, wie wir wollen. Das ist sicherlich ethisch fragwürdig. Ich sage Ihnen aber in aller Deutlichkeit, dass sich daran in Zukunft nichts ändern wird!
Menschen, die von ihrem Arbeitgeber abhängig sind, müssen sich in solchen Situationen zu Recht Sorgen um ihre Zukunft machen.
Warum drehen Sie den Spieß nicht einfach um?
Machen Sie Ihren Arbeitgeber von sich abhängig! Werden Sie als Experte in Ihrem Job so unersetzbar, dass Ihr Chef allen anderen kündigen würde, nur nicht Ihnen!
Sie fragen: „Geht das?"
Natürlich geht das! Es ist eine Frage Ihrer Einstellung, ob Sie es wollen!
Sie fragen: „Wie geht das?"
Arbeiten Sie intensiv, zuverlässig, integer und ergebnisorientiert in Ihrem Beruf – machen Sie sich unersetzbar.

Bleiben Sie ein lebenslanger Lerner. Viele Menschen sind keine lebenslangen Lerner, weil sie den drei Dummheiten verfallen.
Diese drei Dummheiten sind für Stagnation im Leben verantwortlich.

Erste Dummheit

„Nach dem Studium oder der Ausbildung ist das Lernen für mich vorbei!"

Haben Sie schon mal von Menschen diesen Satz gehört? Das ist keine intelligente Lebenseinstellung!
Die richtige Einstellung ist: Nach unserer schulischen Ausbildung geht das Lernen erst richtig los. Unsere schulische Ausbildung leistet viel, nur bereitet sie uns nicht auf unser Leben vor.

Als ich die Schule beendete, hatten wir damals in unserem Jahrgang schon zig Abiturienten, die mit folgender Einstellung die Schule verließen: „Ich werde Lehrer, denn da muss ich nicht viel machen und habe ganz viel Ferien!"

Was für eine gefährliche Einstellung! Wie kann ich mir einen Beruf fürs Leben nach dem Kriterium aussuchen, wie viel Ferien und Freizeit ich habe? Ist es da noch verwunderlich, dass so viele Lehrer nach 20 Jahren Dienst ausgebrannt und desillusioniert sind? Sie haben den Beruf vollkommen unterschätzt oder sich mit ihrer destruktiven, ambitionslosen Einstellung Schritt für Schritt das eigene Grab geschaufelt.

Ich möchte gleich eine Sache klarstellen: Für mich haben Lehrer den wichtigsten Beruf in unserer Gesellschaft, denn sie arbeiten täglich mit unserer nächsten Generation. Kaum ein anderer Mensch hat so große Einflussmöglichkeiten auf Jugendliche wie ein Lehrer. Ich habe in meiner 13-jährigen Schullaufbahn viele sehr gute Lehrer erlebt, die mich bis heute nachhaltig geprägt haben. Ich bin ihnen bis heute dafür dankbar! Gleichzeitig ist dieser Beruf aber auch von vielen richtig faulen Menschen, Ignoranten und Destrukteuren übersät, die nur auf die nächsten Ferien warten.

Zurück zu Dummheit Nummer eins:

Ein Mensch, der nach seiner Ausbildung aufhört zu lernen, stagniert. Das Gefährliche im Alltag ist, dass Stagnation nur auf dem Papier Stagnation ist. In Wirklichkeit ist sie Rückschritt, denn Ihre eigene Stagnation wird Sie mit der Zeit innerlich sehr unzufrieden machen und Ihre Leistungsbereitschaft und -fähigkeit limitieren.

Sie sind 40 Jahre alt, wachen eines Morgens auf und fragen sich, warum Sie so unzufrieden mit sich und Ihrem Leben sind. Was lief die letzten zwanzig Jahre falsch?

Ich gebe Ihnen gerne die Antwort:

Sie hatten zwanzig Jahre die falsche Einstellung! Keine persönliche Weiterentwicklung gefördert. Kein neues relevantes Wissen ins eigene Leben integriert. Weder persönliches Wachstum noch Fortschritt im Leben erzielt. Das Ergebnis ist Unzufriedenheit.

Jeder Mensch möchte innerlich besser werden. Dieser innere Fortschritt macht uns zufrieden. Wenn wir stagnieren, werden wir innerlich unzufrieden.

Viele jugendliche Spieler, die in ihrer Sportart bei sich keinen Fortschritt mehr sehen, hören früher oder später damit auf. Sie gehen zu ihrem

Trainer, verabschieden sich und geben meistens einen anderen Grund an, warum sie aufhören („Ich spiele nicht genug", „Der Trainer fördert mich nicht", „Ich mag die Mitspieler nicht"). Meistens sind das alles Ausreden.

Der wahre Grund ist: Sie merken innerlich, dass sie nicht vorankommen. Der Fortschritt fehlt. Sie möchten sich damit nicht abfinden und probieren eine andere Sportart aus.

Dieser wahre Grund ist generell eine gute Einstellung. Jugendliche akzeptieren meist keinen Stillstand. Junge Menschen haben diesen inneren Drang, in ihrem Leben besser zu werden, mehr zu schaffen, mehr zu erreichen. Was für eine bewundernswerte Einstellung! Wie würde unsere Gesellschaft aussehen, wenn wir diese Einstellung alle unser ganzes Leben lang behalten könnten?

Zweite Dummheit

Persönliche Arroganz

Diese Dummheit ist inakzeptabel. Dennoch sehen wir sie jeden Tag. Wir kennen alle Menschen mit der arroganten Einstellung:
„Ich weiß alles", „Ich brauche nicht mehr zu lernen", „Von dem kann ich nichts lernen".
Oder die schlimmste von allen:
„Ich will nichts mehr lernen! Interessiert mich alles nicht!"
Diese Einstellungen finden wir in jeder Berufsbranche. Sie sind ein Killer für jedes Unternehmen und nicht tolerierbar! In einem Vortrag hat es Boris Grundl einmal folgendermaßen ausgedrückt:

„Nichts stört mich mehr als Menschen, die in einem Vortrag sitzen und so tun, als kennen sie schon alles.
Legen Sie bitte diese blöde, arrogante Einstellung ab.
Mit einer solchen Einstellung ist Ihr Kopf nicht offen für Neues.
Und wenn Ihr Kopf nicht offen für Neues ist, dann sind Sie innerlich tot und sterben langsam ab wie ein Baum."

Genau so ist es. Persönliche Arroganz ist überall. Auch in unserer Branche. Ich war auf der GSA (German Speakers Association) Convention. Es war eine tolle Veranstaltung mit tollen Referenten. Im Publikum ca. 200 Redner und Trainer, die beruflich das ganze Jahr in Unternehmen Menschen coachen. Unter diesen zweihundert Zuhörern gab es bei jedem Vortrag einige, die während des Vortrags tausend andere Dinge zu tun hatten. Alles, nur nicht dem Redner zuzuhören, um die Chance zu nutzen, etwas Neues zu lernen.

Das ist für mich persönliche Arroganz: Menschen zu coachen, aber selbst nicht die Fähigkeit besitzen, nur zwei Tage mit voller Konzentration bei der Sache zu sein.

> *„Wer zu stolz ist, Lehrling sein zu wollen,*
> *ist es nicht wert, Meister zu werden."*
> – Hermann Fischer S. V. P., 1867-1945, deutscher Theologe

In der Vergangenheit habe ich hin und wieder auch Vorträge vor Lehrern gehalten. Bei jeder Veranstaltung habe ich genau fünf Minuten gebraucht, um die Lehrer ausfindig zu machen, die mit dieser inakzeptablen Lebenseinstellung: „Ich will nichts mehr lernen" durchs Leben gehen. Glauben Sie mir: Sie erkennen solche Menschen sofort. Kein Interesse an gar nichts, destruktive Körpersprache, völlige Ignoranz und das Schlimmste: Sie versuchen, andere Kollegen mit in ihr Boot zu ziehen! Ich denke mir immer: „Die armen Jugendlichen, die solche Erwachsenen als Lehrer haben."

> *„Lernen kann ein jeder von jedem, durch jeden, der gelebt hat."*
> – Karl von Holtei, 1798-1880,
> deutscher Schriftsteller und Schauspieler

Dritte Dummheit

Routine – Routine – Routine: eintönige Routine

Routine ist sicherlich nichts Schlechtes in unserem Leben, aber sie ist oft gefährlich. Der Mensch braucht Abwechslung, neue Ideen, neue Herausforderungen. Zu viel Routine stumpft das Gehirn ab und macht oft gleichgültig. Nichts ist gefährlicher als Gleichgültigkeit. Was machen Sie mit einem Menschen, dem alles egal ist?

Im Sport werden Trainer häufig nicht entlassen, weil sie schlechte Trainer sind, sondern weil sich nach einigen Jahren eine Routine in den Trainings- und Umgangsprozess eingeschlichen hat, die auf Spieler leistungshemmend wirkt und somit unerträglich ist. Trainer müssen ständig darauf achten, dass sie neue Dinge in den Trainingsprozess einbringen und für ihre Spieler zu einem gewissen Grad unvorhersehbar in ihrem Handeln sind. Zu viel Routine ist ein Killer im Leistungssport.

Routine verleitet Menschen ganz schnell zu Trägheit und Stagnation. Gefördert wird diese Stagnation in Deutschland wunderbar durch unser Beamtentum.

Ich mag dieses System nicht und erkläre Ihnen auch sofort den Grund: Unser Beamtentum widerspricht dem inneren menschlichen Bedürfnis, zu wachsen und besser zu werden. Dafür fördert es Gleichgültigkeit, Faulheit und schlechte Arbeitsleistung. Warum sollte ein Beamter den inneren Drang verspüren, sich weiterzuentwickeln, wenn er praktisch unkündbar ist und am Ende des Monats immer das gleiche Gehalt verdient, egal wie gut oder schlecht seine Leistung am Arbeitsplatz ist?? Nur sehr wenige Menschen haben den Eigenantrieb, Wachstum von sich selbst zu verlangen. Von den meisten muss er eingefordert werden. Deswegen ist das Beamtentum in unserem deutschen Rechtsstaat absolut leistungshemmend und sollte so schnell wie möglich abgeschafft werden.

Nehmen wir als Beispiel unser Schulsystem: Schulen sollten prinzipiell wie ein Wirtschaftsunternehmen geführt werden. Der Direktor stellt die Lehrer ein, fördert und befördert die Guten und entlässt die Schlechten. Damit würde sich ganz schnell die Spreu vom Weizen trennen. Es gäbe sehr bald qualitativ sehr hochwertige Schulen mit einem hervorragenden Ruf, die viele Schüler besuchen wollen. Ein gutes Angebot erzeugt eine hohe Nachfrage. Sollen die Lehrer, die dieses Angebot erzeugen, auch mehr verdienen. Warum sollten Schulen nicht in einen Leistungswettbewerb treten wie Unternehmen? Alles in unserer Gesellschaft gleicht heute diesem Wettbewerb. Jeder Lehrer kann dann immer noch selbst entscheiden, inwieweit er sich diesem stellen möchte. Unser Beamtentum jedoch ist vollkommen überholt und veraltet.

Dies sind die drei Dummheiten, die persönlichem Wachstum im Wege stehen. Schauen wir uns nun vier ganz einfache Möglichkeiten an, die eigene Entwicklung zu fördern.

Erste Möglichkeit

Bücher, Hörbücher, Seminare, Mentoren

Der Deutsche schaut im Durchschnitt 13 Stunden und 14 Minuten pro Woche fern. Das sind fast 690 Stunden oder 29 Tage im Jahr. Der Durchschnittsdeutsche verbringt fast einen Monat im Jahr vor dem Fernseher.
Hallo?!?!?
Wie kann das sein?
Vier Stunden und 21 Minuten pro Woche liest der Deutsche im Schnitt. Das sind 226 Stunden oder 9,5 Tage im Jahr. Fast einen Monat pro Jahr vor der Glotze und nur 9,5 Tage schauen wir uns etwas an, auf dem Worte stehen – wie kann das sein?
Die Statistik der Financial Times Deutschland stellt fest, dass sich diese 4 Stunden und 21 Minuten Lesen pro Woche folgendermaßen aufteilen:
* Zeitung: eine Stunde 50 Minuten
* Zeitschrift: 22 Minuten
* Bücher: 50 Minuten.
(Fragen Sie mich bitte nicht, was die Deutschen in der restlichen Zeit lesen.)
Weniger als 1 Prozent der Deutschen liest mehr als zehn Bücher pro Jahr.

Über 13 Stunden pro Woche vor dem Fernseher, weniger als eine Stunde ein gutes Buch in der Hand. Ist es da noch ein Wunder, dass wir uns nicht persönlich weiterentwickeln?
Sie lernen nichts Signifikantes, wenn Sie Fernsehen oder Zeitschriften lesen. Dass sind Unterhaltungsinstrumente!
Jetzt sagen Sie bestimmt: „Ich schau nicht so viel fern. Nur mal ab und zu."

Machen Sie mal folgendes interessante Experiment: Schreiben Sie nur eine Woche lang minutiös auf, wann und wie lange Sie ferngeschaut haben. Oft ist es ernüchternd, wie sich diese Zeiten aufaddieren und welches Ergebnis am Ende der Woche auf dem Blatt steht!

Fakt ist: Beim Fernsehen lernen wir kaum etwas für unser Leben.

Genauso wenig in Tageszeitungen! Alles, was Zeitungen machen, ist uns zu sagen, wie schlecht die Welt ist. Die Zeitung zu lesen, ist überwiegend Zeitverschwendung! Wirklich. Zählen Sie nur mal die Überschriften und Sie werden merken, dass 80 % negativ sind! Wie hilft Ihnen das konstruktiv in Ihrem Leben weiter? Überhaupt nicht. Auch Zeitschriften sind kein wirkliches Weiterbildungsmedium, sondern leicht verdauliche Unterhaltung. Was bringt Ihnen die 40. Wunderdiät in der „Bild der Frau"?
Gar nichts.

Aus Büchern lernen wir.
Ich habe eine ernste Frage an Sie:
Wie viele Bücher haben Sie in den letzten sechs Monaten gelesen?
Wirklich! Seien Sie ehrlich! Wie viele haben Sie gelesen?

Wenn Sie mal Spaß haben wollen, dann bitten Sie Menschen, Ihnen die letzten fünf Bücher zu nennen, die sie gelesen haben. Die meisten können Ihnen das nicht sagen, die allermeisten können Ihnen noch nicht einmal das Letzte sagen. Fragen Sie sie, welches Buch sie derzeit lesen. Neun von zehn lesen überhaupt nicht. Übrigens mein Tipp: Meiden Sie Menschen, die nicht lesen.

Was sollten Sie lesen?

In welchem Bereich wollen Sie sich weiterbilden? Lesen Sie daraus Bücher. Aber Vorsicht: Auf dem Markt gibt es sehr viel Müll. Viele Menschen schreiben Bücher, um Geld zu verdienen, nicht um Menschen zu helfen. Werden Sie auch nicht einseitig. Lesen Sie nicht nur Selbsthilfebücher wie dieses, sondern auch andere Genres: Biographien, Philosophie, zur Abwechslung auch etwas Einfaches.
Die gute Mischung macht's.

Führen Sie sich nur Folgendes vor Augen: Wenn Sie ein Ziel erreichen wollen, gibt es etliche Menschen auf dieser Welt, die das schon vor Ihnen geschafft haben. Holen Sie sich deren Biographien und lernen Sie, was Sie machen sollten und was Sie nicht machen dürfen, um an Ihr Ziel zu gelangen. Sie sparen sich damit in der Praxis eine Menge Zeit.

Bücher allein reichen nicht

Wir haben heute nicht mehr so viel Zeit für uns alleine. Dafür sitzen wir unglaublich viel in Autos. Sie müssen nicht lesen, um zu lernen. Kaufen Sie sich Hörbücher und nutzen Sie die Zeit im Auto. Rechnen Sie sich mal aus, wie viel Zeit Sie pro Jahr im Auto verbringen. Bei vielen kommt eine so hohe Stundenanzahl heraus, dass Sie in dieser Zeit problemlos eine neue Fremdsprache lernen oder einen Zusatzstudiengang absolvieren könnten. Hörbücher sind ein ganz einfaches Lernmedium. Genauso wie E-Books, die Sie leicht von Internetseiten direkt auf Ihren Computer laden können.

Seminare

Machen Sie es sich zur Gewohnheit, mindestens zwei Fortbildungsseminare pro Jahr zu besuchen. Das ist das Minimum. In Ihrer Wohngegend gibt es garantiert ein Überangebot an Chancen und Möglichkeiten, Vorträgen, Rednern, Dozenten und Seminaren zu allen Themen. Das Entscheidende ist, dass Sie hingehen! Erwarten Sie von niemandem, dass er die Welt neu erfindet, sondern dass Sie ein paar neue Ideen mitnehmen. Investieren Sie das Eintrittsgeld! Nutzen Sie die Chance.

„Jeder lernt nur auf eigene Kosten."
– Aus Arabien

Mentoren

Am schnellsten lernen Sie, wenn Sie einen Mentor haben. Einen Menschen, der das schon geschafft hat, was Sie schaffen möchten, und

Sie persönlich berät und vor Fehlern schützt. Zugegebenermaßen sind Mentoren nicht sehr leicht zu finden, denn ihre Zeit ist kostbar. Wenn Sie einen Mentor nicht persönlich gewinnen können, dann nutzen Sie seine Bücher und Hörbücher. Das ist das Gute in unserer heutigen Zeit: Sie müssen Ihre Mentoren nicht mehr persönlich kennen, um von Ihnen zu lernen.

Zweite Möglichkeit

Übertragen Sie das Wissen auf Ihr Leben

Die erste Möglichkeit haben Sie sicherlich schon oft gehört. Es gibt viele Bücher, die Ihnen ähnliche Tipps geben. Doch die meisten vergessen eins: Es reicht nicht nur, mehr zu wissen. Neue Informationen machen für Sie erst einen Unterschied, wenn Sie diese auch in Ihr Leben integrieren. Wenn Sie etwas Neues lesen oder hören, fragen Sie sich daher konstant:
„Was könnte das für mein Leben bedeuten?"
„Wie kann ich dies persönlich umsetzen?"
„Wie kann ich von diesem Wissen profitieren?"
„Was kann ich anders und besser machen?"
Wenn Sie nur eine gute Idee aus jedem gelesenen Buch, aus jedem Hörbuch und von jedem Seminar nachhaltig umsetzen, sieht Ihr Leben in zehn Jahren ganz anders aus.

Dritte Möglichkeit

Lernen Sie von Versagern

Ganz im Ernst! Schauen Sie sich Misserfolg genau an!
Wir lernen aus persönlichen Misserfolgen häufig viel mehr als aus Erfolgen. Ich habe aus meiner einen Entlassung als Cheftrainer mehr gelernt als aus vier Teilnahmen bei der deutschen Meisterschaft. Niederlagen und Rückschläge sind ein sehr guter Lehrmeister.
Ebenso lernen Sie von Versagern mindestens genauso viel wie von erfolgreichen Menschen.

Es ist ein fataler Irrtum, immer nur auf die positive Seite des Lebens zu schauen und zu den Erfolgreichen aufzublicken. Betrachten Sie die Kehrseite der Medaille, um zu lernen, wie Sie es auf KEINEN FALL machen dürfen. Sie ersparen sich eine Menge Fehler und Zeit.

> *„Schade, dass erfolglose Menschen keine Seminare geben, denn wir sind nicht bereit, sie dafür zu bezahlen. Gehen Sie doch mal zu einem erfolglosen Menschen, laden Sie ihn auf eine Tasse Kaffee ein, halten Sie einen Notizblock und Stift parat und fragen Sie ihn: ‚Dein Leben ist eine einzige Katastrophe. Erzähl mir bitte, wie Du so viel Mist bauen konntest.' Dann hören Sie gut zu und schreiben Sie viel mit!"*
> – Jim Rohn, amerikanischer Wirtschaftsphilosoph

Als ich in Bamberg als Trainer der Profimannschaft begann, hatten wir einen ausländischen Headcoach. Er war in seiner aktiven Zeit einer der besten Aufbauspieler Europas und genießt in seinem Heimatland einen legendären Ruf.
Wie viele ehemalige Spieler wurde er Trainer.
Es hat genau eine Woche in der Vorbereitung gedauert, bis ich wusste, dass er als Trainer jedoch nicht viele Fähigkeiten besaß und viel heiße Luft um nichts machte. Mir war klar, dass er als Trainer nicht lange in Bamberg sein würde. Er war nicht nur inhaltlich schlecht, sondern vor allem menschlich eine einzige Katastrophe. Es hat drei Monate gedauert, bis er entlassen wurde. Diese drei Monate waren für alle Spieler ein einziger Horror. Dennoch war diese Zeit sehr nützlich, habe ich doch in dieser Zeit mehr von ihm als von jedem anderen Trainer gelernt, wie Dinge NICHT gemacht werden dürfen.

Ich möchte Ihnen nur ein Ereignis aus dieser Zeit schildern. Sie werden es mir nicht glauben, und behalten Sie bitte im Hinterkopf, dass wir uns hier im Profisport befinden!

Dienstagabends war unser Training immer von 17.00–18.30 Uhr. Dies war auch schon der erste Fehler: Profisportler sollten nie ganz genau wissen, wie lange das Training dauert und wann es aus ist. Das wirkt leistungshemmend auf die Trainingsbereitschaft. An diesem Dienstag hatten wir gegen Ende der Einheit ein neues Taktikkonzept eingeführt.

Die Spieler verstanden es überhaupt nicht und nichts funktionierte. Um 18.27 Uhr bekam unser Coach völlig genervt einen solch heftigen Tobsuchtsanfall, dass fast die Decke eingestürzt wäre. Drei Minuten schrie er ohne Punkt und Komma. Dann passierte das Unglaubliche:
Der große Minutenzeiger an der riesigen Hallenuhr rückte auf 18.30 Uhr vor, offizielles Trainingsende!
Jedem anderen Profitrainer wäre das in dieser Situation sicherlich vollkommen egal gewesen.
Nur nicht unserem Coach!
Der blickte auf, hörte sofort auf zu schreien, holte die Spieler zusammen und sagte mit ganz normalem Tonfall und in gebrochenem Englisch:
„Ich muss nach Hause, meine Frau vögeln. Ihre Muschi ist feucht und wartet auf mich." Schnappte sich seine Tasche und war zehn Sekunden später aus der Halle raus. Auf dem Feld standen zehn Spieler, die nur ungläubig mit dem Kopf schüttelten und nicht glauben konnten, was sie gerade erlebt hatten.
Ab diesem Moment hatten wir jeglichen Respekt vor ihm verloren.

> *„Manchmal lehrt mich die schlechte Seite des Lebens*
> *mehr Weisheit als die gute."*
> – Weisheit der Sioux

Vierte Möglichkeit

Entwickeln Sie einen Plan B

Sie sind angestellt und fürchten, dass Sie eines Tages auch Ihren Arbeitsplatz verlieren könnten?

Wappnen Sie sich dagegen: Planen Sie voraus und entwickeln Sie in aller Ruhe in Ihrem stillen Kämmerlein einen Plan B: Was könnten Sie machen, wenn Sie sich beruflich wirklich neu orientieren müssten?

Warten Sie nicht den Tag ab, bis es soweit ist. Entwickeln Sie sofort einen Plan und dann Schritt für Schritt die Fähigkeiten, die Sie für die Durchführung dieses Planes brauchten.

All Ihre Sorgen wären geringer. Vielleicht finden Sie Ihr ausgearbeitetes Konzept eines Tages so attraktiv und interessant, dass Sie gar nicht mehr auf die Kündigung warten, sondern selbst kündigen.

„Regel für das 21. Jahrhundert:
Besitze mehr als eine Fähigkeit!"
– Jim Rohn

Ach ja:
Bei allem Lernen und Besserwerden hier der wichtigste Punkt:

„Lerne für dein Leben, aber verlerne darüber nicht, zu leben."
Martin Gerhard Reisenberg, *1949,
Diplom-Bibliothekar in Leipzig und Autor

Christian Bischoffs Schlüsselpunkte zum Thema „Lernen"

- Arbeiten Sie intensiv, zuverlässig, integer und ergebnis-orientiert in Ihrem Beruf, so dass Ihr Arbeitgeber nicht auf Sie verzichten kann. Arbeiten Sie gleichzeitig konstant und mit mindestens dem gleichen Einsatz an Ihrer persönlichen Weiterentwicklung!

- Drei Dummheiten sind meistens für die eigene Stagnation im Leben verantwortlich:

  1. Dummheit: „Nach dem Studium oder der Ausbildung ist das Lernen für mich vorbei!"
  2. Dummheit: persönliche Arroganz
  3. Dummheit: Routine – Routine – Routine: eintönige Routine

- Vier ganz einfache Möglichkeiten, die eigene Entwicklung zu fördern:

  1. Möglichkeit: Bücher, Hörbücher, Seminare, Mentoren
  2. Möglichkeit: Übertragen Sie das Wissen auf Ihr Leben
  3. Möglichkeit: Lernen Sie von Versagern
  4. Möglichkeit: Entwickeln Sie einen Plan B

8. Lebenseinstellung

DER EINZIGE GRUND, WARUM SIE ARBEITEN: DIENEN SIE ANDEREN

„Wenn Du genügend Menschen hilfst, das zu bekommen, was sie möchten, dann wirst Du all das bekommen, was Du möchtest."
– Zig Ziglar, *1926,
amerikanischer Motivationstrainer

Dieser Satz ist der Schlüssel zu allen Erfolgen und allem Wohlstand! Jeder Mensch sollte ihn in seiner Bedeutung und Tiefgründigkeit verstehen. Keiner von uns ist allein. In Wirklichkeit sind wir alle auf dieser Welt, um anderen Menschen zu dienen, zu helfen und sie dabei zu unterstützen, das zu bekommen, was sie bekommen wollen. Wenn Sie dieses noble Motiv mit Ehrlichkeit und Leidenschaft verfolgen, dann werden Sie wohlhabend. Nennen Sie es Dienstleistung, Kundenservice oder Kundenakquise. Am Ende arbeiten wir alle doch nur aus drei Gründen.

Die drei einzigen Gründe, warum Sie jemals zur Arbeit gegangen sind und es auch in Zukunft immer tun werden:

1. Um Ihrem Arbeitgeber zu helfen, seinen Kunden so gut wie möglich zu dienen

„Die Macht, die Euch gegeben ist, bedeutet in erster Linie Dienst am Menschen."
– Johannes Paul II., 1920-2005, eigentlich Karol Wojtyla, polnischer Theologieprofessor, Erzbischof von Krakau, Kardinal, wurde 1978 erster polnischer Papst

Wenn Sie in einem Angestelltenverhältnis tätig sind, ist dies der einzige Grund, warum Sie täglich zur Arbeit gehen: Sie helfen Ihrem Arbeitgeber dabei, bestehenden Kunden so gut wie irgend möglich zu dienen. Damit diese zufrieden sind und auch weiterhin Kunden bleiben. Denn Sie und Ihr Arbeitgeber sind auf das Geld Ihrer Kunden angewiesen. Wenn Sie keine Kunden haben, dann haben Sie keine Einnahmen. Ohne Einnahmen geht das Geschäft früher oder später pleite. So einfach ist das.

Egal, in welchem Bereich Sie arbeiten: Wir haben alle Kunden. Wir geben ihnen unterschiedliche Begriffe. Im Sport heißen sie Fans oder Zuschauer, beim Arzt sind es Patienten, der Rechtsanwalt spricht von Mandanten, der Fitnessclub von Mitgliedern. Doch in Wirklichkeit sind das alles Kunden. Diesen müssen wir so gut wie irgend möglich dienen.

2. Um ihren Kunden so gut wie möglich zu dienen

Sie haben einen Dienstleistungs- oder Kaufauftrag erhalten. Jetzt müssen Sie ihn ausführen, indem Sie ein Produkt oder einen versprochenen Service liefern. Machen Sie das so gut es irgendwie geht. Stellen Sie einen bestehenden Kunden zufrieden. Erfüllen Sie seine Erwartungen nicht nur. Versuchen Sie, seine Erwartungen sogar zu übertreffen. Seien Sie so gut, dass der Kunde gar nicht in Erwägung zieht, dieses Produkt oder diese Dienstleistung von jemand anderem zu beziehen. Denn wenn Sie einen Kunden mit der versprochenen Leistung versorgen, geht es nur um ein Ziel: Dies für ihn auch in Zukunft tun zu dürfen. Das ist das Folgegeschäft.

> *„Ein gutes Geschäft wechselt drei Jahre lang nicht den Kunden."*
> – Aus China

Diese drei Arbeitsgründe machen Sie wohlhabend. Wirklich. Es ist so einfach. Je mehr Menschen Sie dienen, desto mehr Geld werden Sie haben. Je weniger Menschen Sie dienen, desto weniger Geld haben Sie.

2. Um ihren Kunden so gut wie möglich zu dienen

Die Entscheidung liegt einzig und allein bei Ihnen.
Hier gibt es kein Richtig oder Falsch.
Es ist Ihr Leben und Sie entscheiden, was Sie damit machen.

Nehmen wir mal an, Sie sind unzufrieden mit Ihrer finanziellen Situation. Fragen Sie sich, wie vielen Menschen Sie im Moment dienen. Wahrscheinlich nicht sehr vielen!
Dies ist der Grund, warum Sie nicht viel Geld haben. Wenn sich das in Ihrem Leben ändern soll, dann müssen Sie einen Weg finden, mehr Kunden zu dienen.

Nehmen wir ein einfaches Beispiel:
Stellen Sie sich vor, Sie sind von Beruf Metzger. Bei jedem Kilogramm Ware, das Sie verkaufen, bleiben am Ende 5 Euro Gewinn für Sie übrig (bitte nicht diskutieren, dies ist ein fiktives Rechenbeispiel). Sie haben so viel Kundschaft, dass Sie am Tag 16 Kilo Ware verkaufen. Das sind 80 Euro Gewinn pro Tag, im Monat ca. 2000 Euro. Sie sind damit nicht zufrieden? Ihre einzig sinnvolle Möglichkeit ist, die Anzahl Ihrer Kunden zu erhöhen. Nur dann steigern Sie Ihren Gewinn. Wie schaffen Sie das? Indem Sie besser sind und höhere Qualität liefern als alle anderen Metzger in Ihrer Gegend. Dann kommen die Kunden von selbst. Wir haben hier in unserer Stadt einen Metzger, da stehen die Menschen bis auf die Straße Schlange, um bei ihm einkaufen zu DÜRFEN. Es gibt so viele andere Metzger, doch alle wollen zu ihm, weil er der Beste ist. Das ist auch der Grund, warum sich niedrige Qualität auf Dauer nie auszahlt. Wenn Sie schlechte Qualität liefern, werden Sie nie wohlhabend.

Ein anderes Beispiel:
Sie sind selbständiger Verkäufer und erhalten pro Verkaufsstück Ihres Produktes eine Provision von 50 Euro. Sie haben 100 bestehende Kunden, die jeden Monat kaufen. Das sind 5000 Euro pro Monat. Sie möchten diese Zahl steigern, haben aber schon alle Menschen gefragt, die Sie kennen.
Es gibt eine einfache Regel: Wenn Sie ein qualitativ gutes und wertvolles Produkt anbieten, kaufen 1 % der Menschen, auch wenn Sie diese vorher noch nie gesehen haben. Wenn Sie also 100-mal zum Telefonhörer greifen und fremde Menschen anrufen, dann haben Sie garantiert einen neuen Kunden.

Machen Sie den positiven Unterschied

> *Kommen Sie mit möglichst
> vielen Menschen ins Geschäft.*

3. Um Neukunden zu akquirieren

*„Markt ist nicht die Anwesenheit von Anbietern,
sondern von Kunden."*
– Jörg Lohrmann, *1970,
Geschäftsprozess- und Strategieberater

Sie sind als Verkäufer tätig, im Außendienst oder selbständig? Dann verwenden Sie sicher einen großen Teil Ihrer Arbeitszeit darauf, neue Kunden zu gewinnen. Menschen, die Sie für Ihr Produkt begeistern wollen, die davon einen Nutzen haben und die interessiert sein könnten, es zu kaufen. Wenn Sie nur diese Tätigkeit richtig gut machen, dann werden Sie wohlhabend. Denn je mehr Menschen von Ihrem Angebot überzeugt sind und es nutzen, umso mehr Geld wird zu Ihnen fließen. Wichtig ist, dass Ihnen das Wohl Ihrer Kunden wirklich am Herzen liegt und Sie nicht das schnelle Geld machen möchten. Ihr Kunde wird den Unterschied bemerken. Dieser Unterschied wird sich schnell herumsprechen und dafür sorgen, dass Sie entweder langfristig erfolgreich werden oder ganz schnell aus dem Geschäft sind. Manchmal werden Kunden auch dazu gezwungen, ein bestimmtes Produkt zu nutzen. Wir nennen das Monopol. Da all das Geld aus Zwang automatisch zum Monopolisten fließt, ist der natürlich überhaupt nicht bereit, diese Position aufzugeben.

Übertreffen Sie die Erwartungen Ihrer Kunden

> *Das wichtigste Kriterium ist eine Top-Leistung oder Top-Qualität. Liefern Sie das, was Sie versprochen haben, in der Qualität, in der Sie es versprochen haben, zu dem Zeitpunkt, zu dem Sie es versprochen haben.*

Es reicht heute nicht mehr, gut zu sein. Sie gehen im Wettbewerbskampf unter. Heute müssen Sie die Erwartungen Ihrer Kunden übertreffen. Nur dann bleibt der Kunde bei Ihnen. Und das Wichtigste ist das Anschlussgeschäft.

Ein Kunde, nicht wiederkommt, ist kein guter Kunde für Sie.
Sie brauchen heutzutage keine zufriedenen Kunden mehr, sondern loyale. Ein zufriedener Kunde kauft beim nächsten Mal vielleicht dennoch bei Ihrer Konkurrenz. Es reicht heutzutage also nicht mehr aus, Menschen zufriedenzustellen.
Ihre Kunden müssen loyal sein.
Ich erkläre Ihnen den Unterschied:
Hätten Sie lieber einen zufriedenen oder einen loyalen Ehepartner?
Sie verstehen, was ich meine:
Für Sie geht es bei Lieferung des versprochenen Produktes nur um eins: das Anschlussgeschäft. Egal, ob Sie selbständig sind oder für ein Unternehmen arbeiten. Der wichtigste Verkauf ist immer der nächste.

Weiterempfehlung

Die Weiterempfehlung ist die beste, einfachste und effektivste Möglichkeit, neue Kunden zu gewinnen. Einen bestehenden Kunden so zufriedenzustellen, dass er anderen davon erzählt. Zu wissen: Je besser wir unserem Kunden dienen, umso besser wird er uns dienen (er kommt wieder) und umso mehr wird er darüber erzählen. Viele Unternehmen stecken heute Millionen von Euro in Fernseh-, Radio-, Zeitungswerbung und Promotion-Aktionen. Dabei scheinen sie zu vergessen, was immer noch die allerbeste Werbung ist: ein begeisterter Kunde, der voller Enthusiasmus anderen von Ihnen erzählt.

Und die allerschlechteste Werbung für Sie oder Ihr Unternehmen ist ein unzufriedener Kunde, der seinen Unmut nach außen trägt. Übers Internet geht das heutzutage noch viel leichter. Und das schadet Ihnen am allermeisten!

In Deutschland kommt erschwerend hinzu, dass ein zufriedener Kunde seine Erfahrung an EINEN Bekannten weiterträgt, ein unzufriedener Kunde seine Erfahrung jedoch so lange weiterzuerzählen scheint, bis es die ganze Stadt weiß.

Deswegen haben Sie keine Scheu davor, zufriedene Kunden sofort und direkt um Weiterempfehlungen zu bitten. Nehmen Sie Ihr Schicksal selbst in die Hand, überlassen Sie es nicht anderen.

Weiterempfehlungen sind immer gut, Werbung dagegen kann auch ganz schnell nach hinten losgehen. Ein Paradebeispiel ist dafür seit über einem Jahr die Firma „Praktiker". Jede Woche scheinen sie auf allen Kanälen und in allen Radiosendungen mit folgendem Satz Werbung zu machen:

„20 % auf alles. 20 % auf alles!!!! Aber nur bis ... (hier setzen Sie als Datum das Ende der Woche oder das Monatsende ein)."
Sobald dieses Datum abgelaufen ist, kommt die nächste Werbeaktion mit demselben Spruch – nur einem anderen Datum! Seit über einem Jahr gibt es das ganze Jahr lang bei Praktiker „20 % auf alles!".

Ganz ehrlich: Ich komme mir da als potenzieller Kunde verarscht vor! Diese Werbung grenzt für mich dermaßen an Volksverarschung, dass ich aus Prinzip keinen Fuß in einen „Praktiker"-Laden setze und dort definitiv nichts einkaufen werde. Solch eine Werbung ist nur noch unglaubwürdig.

Wahrscheinlich hat das Unternehmen vor Aktionsbeginn noch alle Produktpreise künstlich erhöht, damit die „20 % auf alles" nicht ins Gewicht fallen.

Ich habe einen Freund, der bei Praktiker arbeitet und mir die Gründe für diese dumme „Daueraktion" erklärt hat: Die Konkurrenz ist zu groß, die Umsätze brechen weg, sollen aber mit aller Gewalt hoch gehalten werden. Anstatt eine Produktvariation oder Positionierungsänderung vorzunehmen, ist die Firma überzeugt davon, dass der Umsatz nur mit niedrigeren Preisen und höheren Verkaufsmengen gehalten werden kann. Ich verspreche Ihnen heute eins: Das ist der falsche Weg, die vollkommen falsche Werbestrategie, und es wird nur eine Frage der Zeit sein, bis Praktiker vom Markt verschwindet.

Leidenschaft, Begeisterung, Liebe

„Ich bin der Überzeugung, dass Verstand, und sei er noch so hell erleuchtet, wenig ausrichtet, ist er nicht mit Enthusiasmus gepaart. Der Verstand ist die Maschine; je vollkommener jede Einzelheit an ihr, je zielbewusster alle Teile ineinandergreifen, umso leistungsfähiger wird sie sein, – aber, um getrieben zu werden, bedarf sie noch der treibenden Kraft, und dies ist die Begeisterung."
– Houston Steward Chamberlain, 1855-1927,
deutscher Schriftsteller britischer Herkunft

Leidenschaft, Begeisterung oder Liebe zur Arbeit. Nennen Sie es, wie Sie wollen. Es läuft immer aufs Gleiche hinaus:

Begeisterung und innere Leidenschaft sind so wichtig, denn ich glaube, dass Menschen, die etwas mit Begeisterung machen, immer einen Weg finden, erfolgreich zu werden. Menschen, die ihre Arbeit ohne Begeisterung verrichten, bleiben meistens tödliches Mittelmaß. Deswegen ist Leidenschaft ein ganz wichtiger Erfolgsfaktor, den man Menschen leider kaum beibringen kann. Jeder muss seine persönliche Begeisterung in sich suchen.

Wenn Sie eine Jugendmannschaft trainieren, haben Sie häufig zwei Arten von Spielern in Ihrem Team: Jugendliche, die für ihre Sportart brennen und deren gesamte Woche sich nur um den Wettkampf am Wochenende dreht. Und ein paar Athleten, die von ihren Eltern zum Sport geschickt wurden. In letztgenannten Spielern lodert höchst selten das Feuer der inneren Begeisterung. Deswegen werden sie meistens auch nie wirklich gut.

Glauben Sie, dass es einen Profisportler gibt, der seinen Sport hasst? Glauben Sie, dass es einen Künstler gibt, der seine Tätigkeit hasst? Denken Sie, dass es sehr erfolgreiche Menschen gibt, die ihre Arbeit hassen?

Das bedeutet doch im Umkehrschluss:

Wenn wir unsere Arbeit nicht mögen, werden wir dort auch nie wirklich erfolgreich werden.

Ich möchte Sie auch noch mal auf Folgendes hinweisen: Es ist Unfug und Unsinn zu glauben, dass uns unsere Arbeit zu jeder Zeit Spaß machen muss. Es wird nicht passieren. Ich habe an früherer Stelle in diesem Buch schon darüber gesprochen.

Wir benutzen ab jetzt den Begriff „Begeisterung".

„Keine Erfindung, keine Gewalt der Welt hat das getan,
was Begeisterung vollbrachte."
– Peter Rosegger, 1843-1918, österreichischer
Volksschriftsteller und Erzähler

Wir alle brauchen Begeisterung für drei Dinge:

1. Begeisterung für das, was wir tun!

„Freude an der Arbeit lässt das Werk trefflich geraten."
– Aristoteles

Lang genug drüber geredet, kein weiterer Kommentar. Nur noch so viel: Wenn Sie Begeisterung verspüren für das, was Sie tun, dann werden Sie selbstbewusster, glücklicher, gesünder und haben mehr Energie im Alltag.

Ich bin Redner aus Leidenschaft, weil ich mit voller Begeisterung und Überzeugung hinter meiner Botschaft stehe. Ich liebe meine Arbeit. Glauben Sie mir: Das werden Sie mir deutlich anmerken, wenn Sie in eines meiner Seminare.

2. Begeisterung für unsere Kunden

„Wer sich selbst den Wind aus den Segeln nimmt,
wird bald allein im Meere treiben."
– Martin Gerhard Reisenberg, *1949,
Diplom-Bibliothekar in Leipzig und Autor

Haben Sie schon einmal einen langfristig erfolgreichen Verkäufer gesehen, der seine Kunden hasst?
Wir müssen ehrliche Freude an den Menschen haben, denen wir unseren Service anbieten. Ein ehrliches und aufrichtiges Interesse daran besitzen, wie wir ihnen bestmöglich helfen können. Am Ende basiert Glück im Leben auf guten zwischenmenschlichen Beziehungen.

3. Begeisterung für uns selbst!

„Wer gut in Schwung ist, kann auch andere mitreißen."
– Siegfried Wache , *1951,
technischer Zeichner, Luftfahrzeugtechniker und Buchautor

Sie müssen von sich und Ihrem Tun überzeugt sein.
Warum?
Weil der Kunde es spürt. Ihre Überzeugung spiegelt sich in Ihrer Körpersprache und man hört es am Klang Ihrer Stimme. Sie können sich nicht dauerhaft verstellen.
Machen Sie sich jeden Tag bewusst, dass Sie gut genug sind und sich Ihren Erfolg automatisch verdienen, wenn Sie diese drei Begeisterungs-Punkte erfüllen.

Ihre drei Möglichkeiten

Sie sagen jetzt vielleicht zu sich: „Ich diene Kunden. Aber ich verdiene damit nicht viel!"

Wenn Sie in dieser Situation stecken, haben Sie genau drei Möglichkeiten:

1. Wechseln Sie Ihr Berufsfeld und machen Sie sich selbständig. Fakt ist: Wenn Sie wohlhabend werden wollen, dann müssen Sie statistisch gesehen selbständig sein.

2. Sie bleiben in Ihrem aktuellen Beruf und machen noch eine Tätigkeit nebenbei.

3. Sie ändern nichts und akzeptieren Ihre gegenwärtige Situation so, wie sie ist.

Treffen Sie eine bewusste Entscheidung. Danach haben Sie aber auch kein Recht mehr, sich über Ihre Situation zu beschweren. Denn es war Ihre Entscheidung auf Basis Ihrer eigenen Einstellung! Es ist Ihr selbstbestimmtes Leben, deswegen sind nur Sie für diese Entscheidung verantwortlich!

„Zweifeln Sie nicht an Ihren Entscheidungen. Treffen Sie eine Entscheidung, und dann sorgen Sie dafür, dass sie richtig wird!"
– Unbekannt

Die zwei Alternativen sind:

Sie lieben Ihren Beruf so sehr, dass Ihnen der Verdienst nicht so wichtig ist.

Lieben Sie Ihren Job? Dann sind Sie genau richtig in ihm. Wenn nicht, dann versuchen Sie, die Vorteile zu finden. Fragen Sie sich: Was war der ursprüngliche Grund, diesen Beruf zu ergreifen? Warum wollte ich ihn unbedingt machen? Was gefällt mir an meinem Beruf?

Versuchen Sie, die Leidenschaft für Ihre Tätigkeit wiederzufinden. Wenn Sie jetzt denken: „Nein, ich hasse meinen Beruf. Ich will nicht mehr", dann haben Sie eine weitere Möglichkeit:

Fangen Sie an, das zu machen, was Sie lieben.

Fragen Sie sich: Was mache ich wirklich gerne? Wo ist meine Leidenschaft? Wo liegt meine innere Berufung und meine Einzigartigkeit? Wie kann ich damit Geld verdienen? Doch gehen Sie bitte nicht morgen zu Ihrem Arbeitgeber und kündigen Sie ins Blaue hinein. Das wäre absolut töricht. Wenn Sie alleinstehend sind ohne Lebenspartner, Kinder und sonstige Menschen, für die Sie Verantwortung tragen, dann ist das etwas anderes. Dann sind Sie nur für sich verantwortlich und können ab morgen tun und lassen, was Sie wollen. Doch sobald Sie Verantwortung tragen, ist es Ihre Pflicht, dass die Menschen, die sich auf Sie verlassen, von Ihnen auch gut versorgt werden.

Kennen Sie die Doku-Serie „Goodbye Deutschland"? Der TV-Sender VOX begleitet Familien, die aus Deutschland auswandern, um ihr Glück woanders in der Welt zu suchen. Ich bewundere das. Wirklich …

Wenn es detailliert geplant und vorbereitet ist und eine realistische Aussicht auf Erfolg hat, dann sollte jeder Mensch seine Träume verfolgen. Es gibt jedoch auch immer wieder Familien, die scheinen aus einer Laune heraus auswandern zu wollen: „Ich habe keine Lust mehr und will hier raus!" Zum Beispiel hat ein Ehepaar nach einigen beruflichen Rückschlägen in Deutschland seine letzten Ersparnisse genommen und wanderte nach Mallorca aus, ohne jemals vorher da gewesen zu sein und die örtlichen Gegebenheiten zu kennen. Ihr Ziel war es, sich eine neue Existenz aufzubauen. Leider sind sie auf Grund ihrer mangelnden Vorbereitung und übergroßen Naivität kläglich gescheitert und haben sich komplett ruiniert.

Jetzt sagen Sie vielleicht:
„Ich habe Talent in dem, was ich tun möchte."

Das mag stimmen. Sind Sie aber auch wirklich so herausragend, dass Sie damit Ihren Lebensunterhalt bestreiten können?

In Deutschland gibt es Millionen von jungen Menschen, die Talent im Fußball haben. Doch nur die wenigsten sind so gut, dass sie davon leben können. Sie sind vielleicht ein toller Akrobat oder Zauberer, doch nur die wenigsten können damit ihren Lebensunterhalt verdienen. Sie lieben Basketball, doch nur die wenigsten sind so gute Trainer, dass sie diesen Beruf hauptberuflich machen können. Sie zeichnen gerne, doch verkaufen sich Ihre Bilder so gut, dass die Einnahmen Ihren Lebensunterhalt absichern? Wenn Sie diese Frage mit „Ja" beantworten können, dann bauen Sie sich bitte Schritt für Schritt damit eine Existenz auf, denn es ist Ihre Leidenschaft. Doch nicht alle können das.

Alternativ ist folgender Ansatz ratsam: Wenn Sie Ihre Leidenschaft nicht zu Ihrem Beruf machen können, dann behalten Sie Ihren Job, der Ihre Existenz und die Ihrer Familie absichert, und widmen Sie sich Ihrer Leidenschaft so intensiv wie möglich als Hobby.

Guter Kundenservice – ein leidiges Thema in Deutschland

In einem Unternehmen gibt es in Wirklichkeit nur einen Boss: den Kunden. Der besitzt die Macht, jeden Mitarbeiter im Unternehmen zu feuern, wenn er unzufrieden ist. Sie sind auf das Geld Ihrer Kunden angewiesen!

Ihre Kunden halten Sie am Leben,

Ihre Kunden zahlen Ihren Gehaltsscheck – nicht Ihr Arbeitgeber!

Noch mal: Wenn Sie keine Kunden haben, geht Ihre Firma pleite und Sie sind arbeitslos! Deswegen behandeln Sie Ihre Kunden so gut wie möglich. Wir nennen das Kundenservice.

Ich bin immer wieder überrascht davon, wie schlecht der Kundenservice in Deutschland ist. Und ich glaube, das liegt daran, dass wir uns so an die miese Qualität gewöhnt haben, dass wir schlechten Service stillschweigend akzeptieren, anstatt uns zu beschweren.

Miserabler Kundenservice – eine unendliche Geschichte. Ich möchte Ihnen ein paar persönliche Erfahrungen weitergeben:

Guter Kundenservice – ein leidiges Thema in Deutschland

Vor kurzem war ich in einem Schreibwarenladen. Der Verkäufer hat mich erst minutenlang warten lassen, obwohl kein anderer Kunde im Geschäft war, und war dann so unfreundlich, dass mir nach ein paar Minuten der Kragen geplatzt ist und ich zu ihm gesagt habe:
„Hören Sie mal zu, ich möchte Ihnen mal was erklären! Sie sind Kosten für Ihr Unternehmen, ich bin Gewinn!"
Er hatte keine Ahnung, wovon ich geredet habe.

Hier ist ein Erlebnis, das Sie nicht glauben werden:
Ich gehe bei uns zu Hause in Bad Endorf in einen Supermarkt. Und Sie kennen das, in vielen Supermärkten ist im Eingangsbereich eine Bäckerei. So auch in diesem.
Nun, ich stehe vor der Vitrine und ganz links lachen mich die Granatsplitter an. Dort stehen 6 Granatsplitter in drei Zweierreihen nebeneinander aufgestellt. Und ich merke, das von mir aus gesehen der Granatsplitter vorne links deutlich größer und schöner ist als alle anderen. Mir ist klar: Den will ich haben!
Und ich warte … und warte … und warte … auf die Bedienung. Nach einer Weile immer noch keine Bedienung weit und breit. Ich werde unruhig, sehe nirgendwo eine Klingel auf dem Tresen und rufe: „Hallo?"
Aus dem Hinterraum höre ich ein gelangweiltes: „Gleich!" Und ca. 20 Sekunden später trabt eine vollkommen demotivierte Verkäuferin nach vorne.
Ich schaue sie an und sage: „Ich hätte gerne von Ihnen aus gesehen den Granatsplitter ganz hinten rechts."
Macht diese Anweisung Sinn für Sie? Sie steht mir gegenüber, von mir aus gesehen ist der Granatsplitter vorne links, d. h. von ihr aus gesehen ist er hinten rechts.
Nun, die gute Dame war mit dieser Anweisung vollkommen überfordert.
Sie langt von sich aus gesehen den Granatsplitter vorne rechts an, ich sage: „Nein, nicht den.", dann langt sie den hinten links an – ich sage wieder: „Nein, nicht den." – dann … Volltreffer! Sie hat endlich den richtigen gefunden.
Doch dann traf mich fast der Schlag. Wissen Sie, wie die Dame den Granatsplitter angefasst hat? Granatsplitter stehen ja in so kleinen ca. 2 cm hohen Papiertütchen, damit man sie von unten oder der Seite schön sauber und hygienisch anfassen kann.

Machen Sie den positiven Unterschied

Der einzige Grund, warum Sie arbeiten: Dienen Sie anderen

Diese Dame greift meinen Granatsplitter von oben ... mit ihrer ganzen fetten Hand.

Mir vergeht schon halb der Appetit, als die Dame den Granatsplitter neben der Kasse ablegt, um mit der linken Hand nach einer Tüte zu greifen. Und während sie das macht, ob Sie es mir glauben oder nicht, schleckt sie sich mit der Zunge den Zeige- und Mittelfinger der rechten Hand ab, bevor sie wieder meinen Granatsplitter nimmt und ihn in die Tüte packt.

Ich frage Sie: „Entschuldigung, schlecken Sie sich immer die Finger ab, bevor Sie Kundenware anfassen?"

Sie, peinlich berührt: „Oh, Entschuldigung!"

Die Sache wäre der Dame gar nicht aufgefallen!

Glauben Sie, dass ich noch einmal in diese Bäckerei gehe?

Was perfekter Kundenservice bedeutet und wie einfach er ist, verdeutlicht folgendes Beispiel:

Vor kurzem war ich in Mexiko. Ich hatte einen mehrstündigen Zwischenstopp in Mexico City und musste auf Toilette. Nun, meine Toilettenbesuche dauern auf Reisen oft etwas länger. Denn ich putze mir auch regelmäßig die Zähne. Das ist eine Angewohnheit, die ich entwickelt habe.

Ich gehe also auf diese öffentliche Toilette am Flughafen von Mexico City, stelle mich ans Waschbecken und hole meine Zahnbürste raus. Dabei bemerke ich, dass ich der einzige Kunde in diesem großen Toilettenraum bin. Ja, Sie haben richtig gehört: Ich habe „Kunde" gesagt. Ich war der einzige Kunde ... Bis auf den Toilettenmann.

Der steht ein paar Meter hinter mir und lächelt mich an. Dann geht er auf den Papierhandtuch-Spender rechts neben mir zu und zieht sorgsam mit einer unglaublich präzisen Technik drei Papierhandtücher aus dem Spender und legt sie mir aufs Waschbecken.

Ich denke: Wow, was für ein Service!

Der Mann ist freundlich, zuvorkommend, hilft mir, ohne aufdringlich zu wirken. Und ohne ein weiteres Wort zu sagen, geht er wieder zu seinem alten Platz zurück.

Ich putze mir ausgiebig die Zähne. In dieser Zeit kommen mehrere Männer auf Toilette und benutzen die Einrichtung. Und jedes Mal wenn einer von ihnen anschließend zum Waschbecken geht, kommt der Mann unauffällig lächelnd aus dem Hintergrund, zieht eins, zwei, drei Papierhandtücher aus dem Spender und legt sie neben dem Kunden ans Waschbecken – ohne auch nur ein einziges Wort zu sagen.

Was war das Ergebnis?

Jeder, wirklich jeder Toilettenbenutzer hat sofort bereitwillig in seine Hosentasche gegriffen und diesem Toilettenmann ein teilweise üppiges Trinkgeld gegeben. Obwohl er noch nicht mal einen Sammelbehälter aufgestellt hatte. Die Leute haben ihm das Geld in die Hand gedrückt. Das war nicht so wie auf den meisten öffentlichen Toiletten in Deutschland, wo ein griesgrämig blickender Mann oder eine Frau an der Tür sitzt und Dich unfreundlich mit diesem fordernden „Leg-jetzt-bloß-Geld-auf-meinen-Teller"-Blick anschaut. Nein, diesem ganz offensichtlich sehr armen Toilettenmann hat jeder bereitwillig Geld gegeben. Warum? Weil er Kunden zuvorkommend und freundlich behandelt hat. Ja, wenn Sie auf eine öffentliche Toilette gehen, sind Sie Kunden! Wir sind alle Kunden! Mich hat das so fasziniert, dass ich dem Mann am Ende 10 Dollar in die Hand gedrückt habe …

Nun, was hat das diesem Mann gebracht? Ich erzähle Ihnen diese Erfahrung.

Erzählen Kunden Geschichten? Ja, klar!

Wenn Sie Kunde sind, erzählen Sie Ihre Erfahrungen weiter? Mit Sicherheit.

Geben Ihre Kunden ihre Erfahrungen, die sie bei Ihnen machen, weiter? Natürlich.

Sorgen Sie dafür, dass Ihr Kunde positiv und nicht negativ über Sie spricht.

Je mehr Menschen Sie dienen, desto wohlhabender werden Sie

Dienen ist in unterschiedlichster Form möglich.

Warum verdienen Fußballprofis so viel Geld? Zurzeit wird immer wieder diskutiert, ob diese Gehälter nicht vollkommen irrsinnig sind und begrenzt werden sollten. Viel interessanter ist doch die Frage, wo dieses Geld herkommt.

Wie viele begeisterte Fußballfans und Zuschauer gibt es in Deutschland? Fast jeder Bundesbürger, jeder Fernsehsender, jede Radiostation und jede Zeitung scheint sich dafür zu interessieren.

Alle, die wöchentlich ins Stadion gehen und die Spiele im TV verfolgen, sind für diese hohen Gehälter verantwortlich.

Wir sind die Kunden, die das Geld zu den Vereinen fließen lassen. Diese investieren es natürlich in ein bestmögliches Produkt: ein gutes Team, das aus guten Spielern besteht. Und weil uns andere auch noch als Kunden haben wollen, gibt es ganz viele Firmen, die beim Fußball Werbung machen. Damit wir ihr Logo sehen. Auch deren Geld fließt zuerst zu den Vereinen, dann zu den Spielern.

Die Frage ist auch nicht, ob ein Fußballer ein besserer Sportler ist als ein Basketballer. Ich bin der Überzeugung, dass Basketball in puncto Athletik und technisches, koordinatives und körperliches Können eine viel anspruchsvollere Sportart ist. Doch ein Basketballprofi verdient in Deutschland nicht annähernd das, was ein Fußballprofi verdient, weil der Kunde „Zuschauer" sich mehr für Fußball interessiert. Wenn Sie in den USA sind, ist dies genau umgekehrt. In der NBA (der amerikanischen Basketball-Profiliga) verdient ein Profi ein Vielfaches von dem, was ein Fußball-Profi dort verdient. Je mehr Kunden Sie haben, desto mehr verdienen Sie – so ist das nun mal, finden Sie sich damit ab!

Seien Sie präsent

Sie sollten in Ihrer Umgebung, in Ihrem Betätigungsfeld präsent sein. Gehen Sie auf Veranstaltungen, öffentliche Events, in Rotarier- oder Lions-Clubs, involvieren Sie sich in Ihrer Gemeinde. Machen Sie das nicht mit dem Hintergedanken, dass Sie sofort mit anderen Menschen Geschäfte machen können. Sorgen Sie dafür, dass Menschen Sie kennen. Seien Sie die Person, die andere bewundern, der sie vertrauen und mit der sie gerne ihre Zeit verbringen. Wenn Sie diesen Ruf erst mal haben, werden die Leute Sie von sich aus fragen, was Sie beruflich machen. Und Sie werden erstaunt sein, wie viele mit Ihnen zusammenarbeiten möchten. Andere finden Sie interessant, weil Sie einen interessanten Charakter haben. Das ist eine wahnsinnig gute und neue Idee, nicht wahr? ☺ Das meine ich mit „präsent sein".

Das Thema Geld

Ich bin kein Experte auf diesem Gebiet, deshalb möchte ich mich damit auch hier nicht beschäftigen. Ich möchte Ihnen nur meine persönlichen Erfahrungen mit auf den Weg geben:

- Eins Ihrer wichtigsten Ziele im Leben sollte die Erlangung finanzieller Freiheit sein. Das heißt, Sie besitzen so viel Geld, dass Sie nicht mehr arbeiten müssen und von den Zinsen ihres Geldes leben können. Ab diesem Moment können Sie in Ihrem Leben das machen, was Sie machen möchten, und nicht mehr das, was Sie machen müssen.

- Jeder Mensch kann Millionär werden. Es ist ganz einfach: Sparen Sie monatlich und fangen Sie so früh wie möglich damit an!
Wenn Eltern ihrem Kind ab dem Tag seiner Geburt jeden Monat 43,42 Euro in einer Fondsanlage mit durchschnittlich 8 Prozent Ertrag anlegen, das Kind als Erwachsener diese Anlage mit dem gleichen Betrag weiterlaufen lässt, dann ist es mit 65 Jahren zum Renteneintritt Millionär.
Nun halten Sie sich fest: In diesen 65 Jahren hat dieser Mensch 33.727 Euro eingezahlt, doch Kurssteigerungen und Dividenden haben einen gigantischen Schub von 966.273 Euro fürs Vermögen gegeben (in dieser Rechnung sind die Ausgabeaufschläge nicht mit eingerechnet).
Beginnt der Mensch im Alter von 20 Jahren zu sparen, so muss er monatlich schon 207 Euro anlegen, mit 30 Jahren 464 Euro monatlich und ab dem 40. Lebensjahr 1093 Euro pro Monat (bei einer angenommenen Verzinsung von 8 %).

- Arbeiten Sie nur mit einem Anlageberater zusammen, der erfolgreicher ist und mehr verdient als Sie! Wenn Ihnen jemand ein Anlageprodukt verkaufen möchte, stellen Sie ihm zwei Fragen: „Wie viel Geld verdienen Sie pro Monat?" und „Wie viel Geld besitzen Sie?" Ihr Anlageberater muss mindestens dreimal so viel Geld wie Sie besitzen oder verdienen. Er muss Ihnen zeigen, dass er finanziell deutlich erfolgreicher ist, als Sie es im

Moment sind. Sie brauchen keinen Berater, der selbst nicht weiß, wie man Geld verdient. Diese Menschen gibt es zuhauf in dieser Branche.

Die zweite Frage, die Sie Ihrem Anlageberater stellen: „Was ist Ihr persönlicher Nutzen, wenn Sie mir dieses Produkt verkaufen?" oder „Wie hoch ist die ausgezahlte Innenprovision, die Sie erhalten, wenn Sie mir das Produkt verkaufen?" Jede Fondsgesellschaft und jeder Emittent eines Finanzproduktes zahlt seinen Vermittlern Geld dafür, dass sie das Produkt an den Kunden bringen, die sogenannte Innenprovision. Diese lag in der Vergangenheit bei Fonds häufig knapp unter 10 %. Haben Sie sich schon einmal überlegt, warum Sie eigentlich einen Ausgabeaufschlag auf Fonds zahlen sollen, wenn Ihr Berater sowieso schon eine Innenprovision erhält??? Sagen Sie ihm stattdessen, er soll Ihnen den Aufschlag erlassen oder Sie machen bei der Provision halbe-halbe.
Wenn Sie sich als absoluter Experte „outen" wollen, dann fragen Sie Ihren Anlageberater noch:
„Wie hoch sind die weichen Kosten des Fonds?"
Dabei handelt es sich um fixe Kosten wie Vertriebsprovisionen, Marketingkosten usw. Die weichen Kosten eines Fonds sollten 20 % niemals übersteigen, viel besser ist ein Wert von maximal 15 %. Lassen Sie sich auch die Leistungsbilanz der Fonds-Gesellschaft oder des Emittenten zeigen. Darin erkennen Sie, bei wie vielen Anlageprodukten in der Vergangenheit die Gesellschaft ihre anfänglichen „Renditeversprechungen" auch wirklich gehalten hat.
Arbeiten Sie gerade in unsicheren Zeiten nur mit großen Emittenten. Ich persönlich mag den Emittenten MPC aus Hamburg.

Über 90 % seiner Produkte haben in der Vergangenheit die Renditeerwartungen erfüllt oder übertroffen.
Das ist Konstanz und Seriosität (keine Angst, ich werde für diese Zeilen von MPC nicht bezahlt ☺! Ich kenne niemanden aus diesem Unternehmen persönlich).
Wenn Sie diese beiden Fragen gestellt haben, werden viele Anlageberater sofort die Flucht ergreifen!

Das Thema Geld

Gut so! Fallen Sie nicht auf hohe Lock-Renditen rein!
Lassen Sie sich seriös von Fachleuten beraten, die in finanzieller
Hinsicht deutlich erfolgreicher sind als Sie! Denken Sie daran:
Jeder Profitrainer muss von einer Sportart mehr verstehen als
seine Spieler. Sonst könnte er sie nicht coachen! Warum sollte
das beim Thema Geld anders sein?

Übrigens:
Wenn Sie eine persönliche Empfehlung für einen Anlageberater
haben möchten, dann kontaktieren Sie mich!
Ich sage Ihnen gerne, mit wem ich zusammenarbeite.

Christian Bischoffs Schlüsselpunkte zum Thema „Dienen Sie anderen"

- Die drei Gründe, warum Sie täglich zur Arbeit gehen:
  1. Um Ihrem Arbeitgeber zu helfen, seinen Kunden so gut wie möglich zu dienen.
  2. Um neue Kunden zu akquirieren.
  3. Um bestehenden Kunden zu deren vollkommener Zufriedenheit zu dienen.

- Kommen Sie mit möglichst vielen Menschen ins Geschäft.

- Liefern Sie das, was Sie versprochen haben, in der Qualität, in der Sie es versprochen haben, zu dem Zeitpunkt, zu dem Sie es versprochen haben.

- Seien Sie so gut, dass Sie Folgegeschäfte bekommen.

- Die Weiterempfehlung ist immer noch die beste, einfachste und effektivste Möglichkeit, neue Kunden zu gewinnen.

- Wir alle brauchen Begeisterung für drei Dinge:
  1. Begeisterung für das, was wir tun!
  2. Begeisterung für den, für den wir es tun!
  3. Begeisterung für uns selbst!

- Guter Kundenservice: Seien Sie nett, freundlich und behandeln Sie Ihre Kunden mit Respekt.

9. Lebenseinstellung

SPASS MUSS SEIN, DENN OHNE SPASS MACHT'S KEINEN SPASS

„Die Freude am Wirken ist Leben – das hilft uns weiter, wenn auch der Weg manchmal steil und ermüdend ist."
– Friedrich Max Müller, 1823-1900, britischer Indologe, Sprach- und Religionswissenschaftler deutscher Herkunft

„Mir scheint, die wichtigste Redensart im Deutschen heißt: Spaß beiseite."
– Ramanthan Guri

Haben Sie genügend Spaß in Ihrem Leben?
Seien Sie ehrlich! Ich meine diese Frage ernst.
Haben Sie wirklich so viel Spaß, Freude und Vergnügen am Leben, wie Sie gern hätten? Falls nicht: Wer ist dafür verantwortlich? Sagen Sie jetzt bitte nicht: „Mein Arbeitgeber, weil mein Job so langweilig ist."
Ich bin mir sicher, dass viele Menschen ihr Leben nicht so genießen und nicht die Freude an ihm haben, die sie haben könnten. Wir Deutschen sind Weltmeister in Ernsthaftigkeit, seriösem Auftreten, Organisation und bürokratischen Abläufen.

> *Dabei haben viele eins vollkommen verlernt: Spaß zu haben!*

Nennen Sie es, wie Sie wollen: Freude, Vergnügen oder Heiterkeit.
Ich nenne es Spaß. Ich meine damit nicht, dass Sie ab morgen der Unternehmensclown werden sollen, über den sich alle amüsieren.
Ich meine damit auch nicht, dass wir eine Spaßgesellschaft brauchen, in der keiner mehr seinen Pflichten nachkommt.

> *„Damit's dir Spaß noch macht, musst du dich schon bequemen,*
> *das Leben immerhin ein bisschen ernst zu nehmen."*
> – Otto Erich Hartleben, 1864-1905, Pseudonym: Otto Erich,
> deutscher gesellschaftskritischer Schriftsteller und Dramatiker

Ich meine damit einfach nur:

> *Haben Sie Spaß im Leben –*
> *denn mit mehr Spaß kommt*
> *eine größere (Lebens-)*
> *Produktivität.*

Warum Spaß so wichtig ist

> *„Spaß belebt wie Sonnenschein."*
> – Else Pannek, *1932, deutsche Lyrikerin

Ich sage Ihnen meine persönliche Meinung, warum es so wichtig ist, Spaß an dem zu haben, was wir tun:

Wenn wir weder Spaß noch Freude an unseren Tätigkeiten haben, dann werden wir diese auch nicht besonders gut machen. Unsere fehlende Freude schlägt auf unsere Stimmung, sorgt für innere Unzufriedenheit, schlechte Laune, Missmut und Unfreundlichkeit.

All diese Faktoren sind die Ursache dafür, dass wir eine negative Einstellung aufbauen. Mit dieser negativen Einstellung beeinflussen wir (unbewusst) täglich die Menschen, die in unserer Umgebung sind.

Unsere Partnerschaft wird darunter leiden, in der Arbeit sind wir unbeliebt und werden geschnitten. Menschen wenden sich von uns ab, und nur noch Menschen mit einer ebenfalls negativen Einstellung suchen unsere Gegenwart. Dies wird unsere negative Einstellung weiter verschlimmern, weil wir uns einbilden, dass alle gegen uns sind. Wir verfallen ins Klagen, Jammern, Nörgeln und permanente Kritisieren.

Von nun an kommt es knüppeldick: Alle sind gegen uns, das Leben ist gegen uns und wir lassen es alle wissen. Das nervt unser Umfeld noch mehr. Unsere Ehe geht in die Brüche, wir verlieren unseren Job, die Freunde wenden sich ab. Wir leben am Existenzminimum. Nun glauben wir, dass alle anderen verantwortlich sind, nur nicht wir selbst!

Wirklich? Wenn wir in den Spiegel schauen, sehen wir den Grund des Übels. Wahrscheinlich krümmt sich bei dem Anblick sogar der Spiegel vor Schmerz ...

Dieses Szenario halten Sie für vollkommen übertrieben? O. k., vielleicht ein bisschen. Oder auch nicht. Ich möchte Ihnen deutlich vor Augen führen, was passieren kann, wenn Sie nicht mit Spaß bei Ihren Tätigkeiten sind.

> *„Ohne Spaß wird der Mensch ein Essigtopf."*
> – Schwäbisches Sprichwort

Wenn Sie mit Spaß und Freude Ihre Arbeit machen, dann finden Sie einen Weg, wie Sie diese Arbeit auch richtig gut machen können. Ihre Freude und Ihre gute Dienstleistung werden andere Menschen anziehen. Das macht Sie erfolgreicher. Mehr Erfolg bringt mehr Freude. Je mehr Spaß und Freude Sie an Ihrer Arbeit haben, umso besser werden Sie Ihre DIENSTleistung erbringen. In diesem Wort steckt das Verb „dienen" – wer anderen gut dient, wird mit der Zeit immer mehr Menschen dienen können und damit noch erfolgreicher werden.

Wenn Sie diese Gedankengänge nun nicht nachvollziehen können, oder als zu oberflächlich abtun, dann sind Sie mit allerhöchster

Wahrscheinlichkeit einer dieser Miesmacher, die ihre ganze Umgebung mit ihrer negativen Einstellung infizieren!

„Erfolg bringt Freude für neuen Erfolg, der neue Freude bringt."
– Dr. phil. Manfred Hinrich, *1926, deutscher Philosoph,
Lehrer, Journalist, Kinderliederautor

Dieses Prinzip funktioniert überall, in allen Berufsbranchen. Es ist egal, wie Sie Ihr Geld verdienen. Ich habe in Unternehmen Chefs gesehen, die haben mit ihrem „immer ernsten" Führungsstil die ganze Firma versaut. Dann habe ich Chefs getroffen, die mit so viel Freude und Spaß ihre Arbeit verrichtet haben, dass sich die Freude sichtbar auf das ganze Unternehmen übertragen hat. Bis zum Hausmeister. Zu einigen habe ich voller aufrichtiger Anerkennung gesagt: „Hier wäre ich auch gerne Mitarbeiter."

Die verschiedenen Spaßrubriken im Leben

„Worüber soll sich der freuen,
der an sich selber keine Freude mehr hat?"
– Johannes Friedrich Freiherr von Cottendorf Cotta, 1764-1832,
deutscher Verleger

Arbeit

Ich habe drei wichtige Fragen an Sie:

1. Macht Ihnen Ihre Arbeit Spaß?
   2. Wirklich nicht?
   3. Warum machen Sie diese Arbeit dann?

Zwingt irgendjemand Sie dazu, Ihrer jetzigen Tätigkeit auch weiterhin nachzugehen?
Nein.
Machen Sie diese Arbeit für jemand anderen?
Nein.

Sind Sie irgendjemandem Rechenschaft schuldig, warum Sie diese Arbeit machen?
Nein.
Nur Sie haben sich in Ihre aktuelle Situation gebracht und nur Sie können diese ändern.
Was macht es denn für einen Sinn, sein ganzes Leben lang einer Tätigkeit nachzugehen, die Sie nicht mit Freude erfüllt, sondern Sie innerlich total unzufrieden und unglücklich werden lässt?
Möchten Sie eines Tages auf Ihrem Sterbebett liegen und voller Reue sagen: „Ich habe 40 Jahre lang etwas gemacht, was mich nie mit Spaß, Freude und Sinnhaftigkeit erfüllt hat?"
Wenn Ihnen Ihr aktueller Job nicht die Freude macht, die Sie gerne hätten, dann suchen Sie sich etwas anderes. Denken Sie dabei daran: Erst suchen und finden, dann wechseln!
Ich meine damit nicht, dass Sie vor Problemen weglaufen sollen! Lehrjahre sind nun einmal keine Herrenjahre! Eine gering bezahlte Praktikantenstelle erlaubt Ihnen keine großen Sprünge. Akzeptiert! Solange Ihnen der Job „an sich" allerdings so viel Spaß macht, dass Sie sich gerne dafür quälen, werden Sie früher oder später so gut sein, dass auch das Geld stimmt.

> *„Wenn man Spaß an einer Sache hat,*
> *dann nimmt man sie auch ernst."*
> – Gerhard Uhlenbruck, *1929,
> deutscher Immunbiologe

Ich war sechs Jahre lang Basketballtrainer in Bamberg. Wir waren gemeinsam das erfolgreichste Programm in Deutschland und mit zwei deutschen Meisterschaften 2005 und 2007 das Aushängeschild des deutschen Basketballs. Ich habe meinen Job voller Freude und mit Spaß gemacht – und war damit täglich voller Energie und Enthusiasmus. All die Probleme, Herausforderungen und Hürden waren kein Problem, solange ich mit Spaß bei der Sache war. Ich hatte für alles immer eine (scheinbare) Lösung parat.
Bis ich eines Morgens aufwachte und merkte, dass mir die Arbeit nicht mehr so viel Spaß macht. Das hatte natürlich tiefere Ursachen, deren Erläuterung uns hier nicht weiterbringt. Sie kennen alle solche Gründe.

Auf jeden Fall ist mir ganz schnell Folgendes bewusst geworden: Ich bin nicht mehr mit vollem Spaß bei der Sache. Damit leiste ich auch nicht mehr so gute Arbeit wie bisher. Das war für mich nicht akzeptabel. Ich bin zu unserem Manager gegangen und habe gekündigt.

Daher mein ernst gemeinter Rat an Sie:

> *Wenn Ihre Arbeit aufhört, Spaß zu machen und Sie nur noch frustriert sind ... dann ist es höchste Zeit aufzuhören!*

Machen Sie einen Job langfristig nie des Geldes wegen! Haben Sie den Mut und das Vertrauen in sich, dass Sie etwas Besseres finden, das Sie mit mehr Freude erfüllt.

Ihr Partner

Ihnen macht Ihre Beziehung keinen Spaß mehr?

Trennen Sie sich! So einfach ist das. Packen Sie Ihre Sachen und ziehen Sie aus. Es ist Ihr Leben!

Jetzt sagen Sie: „Geht nicht so leicht. Ich bin verheiratet."

Das darf doch kein Hinderungsgrund sein. Wenn Sie Ihre Ehe satthaben, dann lassen Sie sich scheiden!

> *Lieber eine gute Scheidung als eine schlechte Ehe!*

Sie haben Kinder? Es ist besser für Ihre Kinder, dass sie zwei erwachsene Menschen als Vorbild in ihrem Leben haben, die volle Verantwortung für ihr Leben übernehmen, als Mama und Papa, die unglücklich zusammen sind und womöglich noch diese aufgestauten Aggressionen an ihren Kindern auslassen. Und zusätzlich ihrem Kind eine schlechte Ehe vorleben. Wenn beide Erwachsene vernünftig sind, kann ein Kind auch in Trennung sehr gut aufwachsen.

In einem persönlichen Coaching arbeitete ich mit einer netten Dame zusammen, die sehr unglücklich in ihrer Beziehung war. Ihr Freund zeigte seit langem kein richtiges Interesse mehr an ihr. Mein spontaner Rat an sie: „Trennen Sie sich. Sofort! Wenn Sie ständig Zweifel haben, dann ist es nur eine Frage der Zeit, bis diese Beziehung auseinandergeht. Warten Sie nicht länger. Ziehen Sie gleich einen Schlussstrich. Alles andere ist Zeitverschwendung." Meine Antwort hat sie nicht überzeugt. Sie kam mit all den bekannten Argumenten: „Zweite Chance", „Vielleicht ändert er sich ja", „Ich führe noch ein paar Gespräche" usw.

Nach über einem Jahr bekam ich eine E-Mail von ihr, in der sie mir schrieb, dass sie ausgezogen sei. Eine Entscheidung, die sie schon viel früher hätte treffen müssen. Sie hatte über ein Jahr ihres Lebens in einer Partnerschaft ohne Perspektive verschwendet. Ein Jahr, in dem sie innerlich zufriedener und glücklicher hätte sein können und somit mehr Freude am Leben gehabt hätte.

Worauf hätte sie von Anfang an hören müssen? Auf ihren Bauch! Vertrauen Sie mehr Ihrem Bauch, Ihrer inneren Stimme. Legen Sie Ihre Ängste bei solchen Entscheidungen ab!

Freunde

Noch so ein heikles Thema. Ich treffe mich nicht mehr mit Leuten, die ich nicht mag. Sollte das Treffen unvermeidlich sein, dann halte ich es so kurz wie möglich. Diese Einstellung hat mir schon einige Konflikte beschert, auch mit meiner Lebenspartnerin. Ich weigere mich, mit ihr zu sinnlosen Kaffeekränzchen zu gehen, bei denen nur unbedeutender Blödsinn geredet wird.

Ist diese Einstellung egoistisch von mir? Sicherlich. Ich empfehle Ihnen, die gleiche Einstellung zu entwickeln. Nur Sie entscheiden, wer Ihre Freunde sind. Alle Menschen, in deren Gegenwart Sie nicht sein möchten, weil es Ihnen keinen Spaß macht, werden von Ihrer Liste gestrichen.

Ihr Leben außerhalb der Arbeit

Machen Ihnen Ihre Hobbies Spaß? Reisen Sie viel, erleben Sie jedes Jahr so viel, wie Sie gerne möchten? Wenn nicht, warum machen Sie es nicht einfach?

Fast jeder kann es sich heute leisten, um die Welt zu reisen. Sie müssen nicht im teuersten Hotel wohnen, um andere Länder und Kontinente zu erkunden. Ein Flugticket kostet kein Vermögen! Sie wollten schon immer mal nach Australien, Neuseeland, Südafrika, Kanada oder Peru? Sie haben nicht viel Geld? Packen Sie Ihren Rucksack, kaufen Sie sich ein Flugticket und ab geht's! Das ist nicht so schwierig und schon gar nicht so teuer. Durch's Reisen wirken so viele neue Eindrücke auf Sie, die Sie oft langfristig und nachhaltig prägen. Die besten Erfindungen sind nicht im Labor entstanden, sondern auf einer Wanderung in den Bergen oder am Wasser.

Letzten Sommer bin ich mit dem Fahrrad den Highway Nummer 1 an der Pazifik-Küste der USA entlanggefahren. Dies war ein Traum, den ich mir schon immer erfüllen wollte. Es war ein unglaubliches Erlebnis, mit so vielen faszinierenden Natureindrücken, unbezahlbaren Erfahrungen, einigen Hindernissen und Rückschlägen und jeder Menge Spaß. Ich verspreche Ihnen: Wenn Sie solche Erfahrungen einmal gemacht haben, dann möchten Sie das in Zukunft immer wieder tun!

Ich möchte Ihnen ein Erlebnis dieser Tour erzählen, über das ich heute immer noch lachen kann: Ich bin während der Tour überfallen worden!
Folgendes ist passiert: Ich war zwischen San Francisco und Los Angeles unterwegs. Dort gibt es einen ca. 90 Meilen langen Abschnitt, wo man nur durch die Natur fährt. Auf diesem Weg gab es viele Sehenswürdigkeiten und Naturparks, die ich mir anschauen wollte. Dort verbrachte ich so viel Zeit, dass ich es bei Einbruch der Dämmerung nicht mehr in die nächste große Ortschaft mit einem Motel schaffte. Folglich übernachtete ich auf dem nächsten Campingplatz, der auch einige Freiluftplätze für Radfahrer im Angebot hatte. Es war Mai. In dieser Jahreszeit kühlt es in der Nacht bis auf 5 Grad ab. Ich hatte kein Zelt dabei, der Campingplatz hatte keine warmen Duschen. Mir stand eine lange, kalte Nacht unter freiem Himmel bevor.

Die verschiedenen Spaßrubriken im Leben

Um das Leid ein klein wenig abzumildern, kaufte ich mir etwas Holz, entzündete ein schönes Lagerfeuer und legte mich daneben unter einer dünnen Decke schlafen. Von der körperlichen Anstrengung übermüdet, schlief ich sofort ein.

Mitten in der Nacht wurde ich urplötzlich durch einen lauten Knall neben mir aus dem Schlaf gerissen. Ich schreckte auf. Das Lagerfeuer war erloschen; es war stockfinster. Ich konnte noch nicht einmal meine eigene Hand erkennen. Mein Körper zitterte vor Kälte. Ich bemerkte, dass sich neben mir etwas bewegte und an meiner Gepäcktasche zog. Ich ging auf dieses unbekannte Etwas zu, das sofort die Flucht ergriff. Es war ein Tier. Doch was für eins? Sekunden später kam aus einer anderen Richtung ein Angriff auf mein Gepäck. Ich scheuchte den Feind davon, ohne irgendetwas zu erkennen. Dann bemerkte ich, dass ich umzingelt war. Mehrere „Feinde" hatten mich eingekreist.

Ganz ehrlich: Ich war schlaftrunken und hatte panische Angst wie nie zuvor in meinem Leben. Ich verscheuchte den Feind, der sich sofort zurückzog, um wenige Sekunden später den nächsten Angriff zu starten. Ich konnte nichts sehen und schnappte verzweifelt mein Fahrrad, hob das Vorderrad hoch, schaltete den Dynamo an und drehte am Vorderrad, um für ein paar Sekunden im Lichtkegel etwas erkennen zu können. Einige Tieraugen blitzten mich an und wichen erschrocken zurück. Sobald mein Vorderrad wieder stillstand, waren die Tiere auch schon wieder da.

Minutenlang ging das so weiter – doch es war ein aussichtsloser Kampf für mich. Der Feind war in der Überzahl und gab keine Ruhe. Ich musste meinen Schlafplatz räumen! Voller Hast packte ich meine Sachen und schaute auf die Uhr: 2.30 Uhr!

Es war zu dunkel, um auf der Straße in dieser Einöde weiterzufahren. Das wäre zu gefährlich gewesen. Doch mein Adrenalinspiegel war so hoch, dass an ein Einschlafen nicht mehr zu denken war. Deshalb setzte ich mich halberfroren unter einen dicken Baum in der Mitte des Campingplatzes, an dem sich die einzige Straßenlampe weit und breit befand und wartete fröstelnd und zitternd, bis die Morgendämmerung hereinbrach. Mit den ersten Sonnenstrahlen war ich bereit aufzubrechen.

Beim Verlassen des Campingplatzes fiel mir ein großes Schild auf:
„Watch the racoons!" – „Hüten Sie sich vor den Waschbären!"
Ich hielt an und schaute in meine Gepäcktaschen: All mein Proviant
war weg. Ich war von Waschbären überfallen worden!!!
Sie hatten mir all mein Essen geklaut!!

Haben Sie Spaß an Ihrem Leben

Dieser Satz steht in Ihren Augen vielleicht im Widerspruch zu dem, was
ich gerade gesagt habe. Natürlich sollten Sie Dinge ändern, wenn Sie
mit etwas unzufrieden sind.

> *Unzufriedenheit ist gut.*
> *Wir Menschen ändern meist*
> *nur etwas, wenn wir richtig*
> *unzufrieden sind.*

Doch lernen Sie auch, Ihr Leben so zu genießen, wie es ist. Das ist die
Kunst. Wir sind so verwöhnt in unserem Wohlstandsdeutschland, dass
viele Menschen gar nicht mehr erkennen und zu schätzen wissen, dass
wir im vollkommenen Überfluss leben.

Sie haben doch eigentlich alles, was Sie brauchen. Lernen Sie, die
schönen Dinge in Ihrem Leben zu erkennen, sich an ihnen zu erfreuen
und dankbar zu sein.

Nach Veränderung und Verbesserung streben,
doch den aktuellen Zustand schätzen und genießen!

Glauben Sie mir: Es könnte für uns alle schlimmer sein!
Einmal waren wir im Sommer mit der deutschen Jugend-Nationalmannschaft zur Europameisterschaft in Mazedonien.
Mazedonien ist ein sehr armes Land. Ich war einerseits schockiert, wie
wenig die Menschen dort besitzen.

Andererseits war ich fasziniert, denn obwohl der Durchschnittsbürger
nicht mal einen Bruchteil von dem besitzt, was ein Deutscher hat, waren die Menschen immer freundlich, zuvorkommend und gut gelaunt.
Schockiert und fasziniert – selten lagen die Gefühlsextreme so eng bei-
sammen.
Ich habe in diesen zwei Wochen viel von den Mazedoniern gelernt.

Beim ersten Training lernten wir unsere beiden Hausmeister und Betreuer für die nächsten zwei Wochen kennen:

Slaven, 60 Jahre, und Boge, 70 Jahre. Auf den ersten Blick war klar,
dass beide ihr ganzes Leben lang sehr ärmlich gelebt hatten. Doch sie
besaßen auch unbezahlbare Eigenschaften:

Freundlichkeit, Herzlichkeit, Freude und Spaß am Leben!

Slaven und Boge haben zwei Wochen lang alles für uns gemacht: den
Boden geschrubbt, unsere Kabine sauber gehalten, uns mit Trinkwasser
versorgt und vor allem haben sie uns bei all unseren Ankünften immer
mit einem Lächeln begrüßt.

Am Ende des ersten Trainings hatten wir den beiden einen kleinen An-
stecker mit unserer Nationalflagge geschenkt. Was in dem Moment der
Präsentübergabe passierte, werde ich nie vergessen:

Die zwei waren so glücklich, dass sie zu jedem einzelnen Spieler und
Delegationsmitglied gingen und sich mit einer persönlichen Umarmung
bedankten. Unsere Spieler standen mit großen Augen sprachlos in der
Halle …

Wie wenig Slaven und Boge wirklich besaßen, wurde mir spätestens
am fünften Tag bewusst, als beide immer noch in den gleichen Klamot-
ten in der Halle saßen.

Deshalb ging ich am Tag vor unserer Abreise mit 100 Euro in einen Supermarkt, kaufte vier riesige Kartons voller Lebensmittel und noch vier T-Shirts (für 100 Euro bekommt man in Mazedonien noch viel mehr als in Deutschland).

Anschließend fuhr ich mit diesen vier vollen Kartons in die Halle zu Slaven und Boge, schnappte mir einen Dolmetscher und ließ beiden erklären, dass dies ein persönliches Geschenk von mir für sie und ihre Familien sei.

Die beiden waren überglücklich, fassungs- und sprachlos. Sie gaben mir eine innige Umarmung, doch schienen sie auch wie gelähmt.

Am nächsten Morgen brachen wir um 4.30 Uhr vom Hotel Richtung Flughafen auf. In dem Moment, als ich in den Bus steigen wollte, rief mir jemand hinterher. Es war der Dolmetscher aus der Halle. Er kam keuchend zu mir gelaufen und sagte: „Sir, ich habe Sie schon die ganze Nacht gesucht. Ich soll Sie herzlich von Slaven und Boge grüßen. In ihrem ganzen Leben hat noch nie jemand so etwas für sie getan wie Sie gestern. Beide werden Sie für immer im Herzen behalten."

Diese Szene werde ich nie vergessen.

Ich habe aus diesem Erlebnis Folgendes gelernt:

> *Seien Sie dankbar für all das, was Sie haben, erfreuen Sie sich an Ihrem Leben. Denn folgender „schlaue Spruch" stimmt wirklich: Uns geht es in Deutschland besser als 98% der Menschen auf dieser Welt.*

Einer der dümmsten Motivationssätze überhaupt

Arbeit ist oft einfach harte Arbeit! Das ist gut so. Die Arbeit ist nun mal das Zentrum unseres Lebens und damit der Ursprung all unserer Zufriedenheit – oder auch nicht.

Folgen Sie bitte nie dem dümmsten aller Motivationssprüche:
„Wer liebt, was er tut, muss in seinem Leben keinen Tag mehr arbeiten!"

Ich möchte gerne wissen, wer diesen Spruch in die Welt gesetzt hat. Bei allem Spaß, bei aller Freude, oft ist Arbeit einfach nur Arbeit. So war das immer und so wird das immer sein.
Wenn Sie nur noch tun, wonach Ihnen gerade der Sinn steht, dann sind Sie wahrscheinlich ein Aussteiger oder verdienen überhaupt kein Geld. Wenn das Ihre eigene Entscheidung ist, dann ist das gut. Besonders erfolgreich sind Sie damit bestimmt nicht.

Ansonsten gilt:
Spaß bei der Arbeit – aber arbeiten müssen wir trotzdem.

Die höchste Kunst für viele Menschen: Lachen Sie über sich selbst

„Warum immer tierisch ernst sein? Seien Sie mal ein Spaßvogel,
und die Leute werden auf sie fliegen."
– Erhard Horst Bellermann, *1937,
deutscher Bauingenieur und Dichter

Haben Sie Humor? Millionen von Deutschen scheinen keinerlei Sinn für Humor zu besitzen. Dabei erkennt man am Humor eines Menschen seinen persönlichen Reifegrad.
In meinen Vorträgen benutze ich folgenden zeitlosen Klassiker, um herauszufinden, wie viel Humor mein Publikum wirklich hat:
„Wer von Ihnen hat Humor?"
Sie können darauf wetten, dass alle Hände nach oben gehen.
Dann fahre ich fort:
„Ob das wirklich stimmt oder ob Sie mich gerade angelogen haben, werden Sie in zwanzig Sekunden wissen. Vor kurzem hat eine Untersuchung herausgefunden, dass jeder dritte Deutsche in Wirklichkeit potthässlich ist!" (Aus einem mir unerfindlichen Grund finden viele Zuhörer dies lustig. ☺)
„Jetzt schauen Sie bitte ganz unauffällig Ihren Nachbarn rechts an. Und nun bitte Ihren Nachbarn links …
Wenn die beiden ganz okay aussehen, dann müssen Sie der Hässliche sein!" Jetzt fangen wirklich die meisten an zu lachen.
„Wenn Sie jetzt nicht gelacht haben, gratuliere ich Ihnen: Sie sind einer von Millionen humorlosen Deutschen!"

„Spaß kann man denen nicht übersetzen, die keinen Spaß verstehen."
– Erhard Horst Bellermann, *1937,
deutscher Bauingenieur und Dichter

Die höchste Kunst für viele Menschen: Lachen Sie über sich selbst

Ich bin überzeugt davon, dass man am Humor schneller als an allen anderen Charaktereigenschaften den Reifegrad eines Menschen erkennen kann. Der beste und zugleich schwierigste Humor ist die Fähigkeit, über sich selbst lachen zu können. Sich selbst nicht so wichtig zu nehmen.

In meinen Vorträgen mache ich einige Witze über mich, und die scheinen dem Publikum besonders gut zu gefallen. Hier ist einer:

Ein Teil unserer Basketballmannschaft hat mal einen Bauernhof besucht. Es ging um das Projekt: „Sportler unterstützen Landwirte". Um den Auftritt werbewirksam verkaufen zu können, haben wir natürlich auch die Presse dazu eingeladen. Ein Fotograf knipste Fotos von mir im Schweinestall. Ich sagte zu dem Fotografen: „Dass ihr mir aber nicht so dummes Zeug unter das Bild schreibt, wie Bischoff und die Schweine oder so!" „Nein nein, natürlich nicht."

Am nächsten Tag war das Bild von mir mit den Schweinen in der Zeitung und darunter zu lesen: „Christian Bischoff, dritter von links".

Nehmen Sie Ihren Beruf und Ihr Leben ernst – nehmen Sie sich selbst nicht zu ernst. Keiner von uns ist so wichtig, wie wir es immer gerne hätten. Deshalb gilt für mich:

> *Haben Sie mehr Spaß an dem, was Sie tun und an Ihrem gesamten Leben!*

„Wir müssen die Dinge lustiger nehmen, als sie es verdienen, zumal wir
sie lange Zeit ernster genommen haben, als sie es verdienen."
– Friedrich Nietzsche, 1844-1900,
deutscher Philosoph, Essayist, Lyriker und Schriftsteller

Christian Bischoffs Schlüsselpunkte zum Thema „Spaß"

- Viele haben in ihrem Leben eins vollkommen verlernt: Spaß zu haben!

- Wenn Sie keine Freude an Ihrem Beruf und in Ihrem Leben haben, dann kommt damit eine negative Einstellung. Mit dieser negativen Einstellung vergiften Sie Ihr Umfeld und stehen irgendwann alleine da.

- Wer Spaß an dem hat, was er tut, wird anderen gut dienen und seinen Job sehr gut machen. Damit stellt sich automatisch Erfolg ein.

- Wenn Ihre Arbeit aufhört, Spaß zu machen und Sie nur noch frustriert sind ... dann ist es höchste Zeit aufzuhören!

- Lieber eine gute Scheidung als eine schlechte Ehe.

- Vertrauen Sie mehr Ihrem Bauch und Ihrer inneren Stimme.

- Meiden Sie Menschen, mit denen Sie nicht gerne zusammen sind.

- Lernen Sie, mehr Spaß an Ihrem jetzigen Leben zu haben.

- Unzufriedenheit ist gut. Wir Menschen ändern meist nur etwas, wenn wir richtig unzufrieden sind.

- Das höchste Ziel: Nach Veränderung und Verbesserung streben, doch den aktuellen Zustand schätzen und genießen.

Christian Bischoffs Schlüsselpunkte

- Seien Sie dankbar für all das, was Sie haben, erfreuen Sie sich an Ihrem Leben – uns geht es so gut in Deutschland.

- Einer der dümmsten Motivationssprüche: „Wer liebt, was er tut, muss keinen Tag in seinem Leben mehr arbeiten!" Arbeit ist oft einfach nur harte Arbeit! Für jeden!

- Haben Sie Spaß im Leben – denn mit mehr Spaß kommt eine größere (Lebens-)Produktivität.

10. Lebenseinstellung

HARTNÄCKIGKEIT UND AUSDAUER – AM ENDE IST ERFOLG NUR HARTE ARBEIT

„Das Geheimnis des Erfolgs liegt in der Beharrlichkeit, mit der ein Ziel verfolgt wird."
– Benjamin Disraeli, 1804-1881,
englischer Premierminister

„Hast du ein Unternehmen vor, so gehe mit Bedacht ans Werk; was du aber erwählt hast, dabei bleibe auch fest bestehen."
– Bias von Priene, 590-530 v. Chr.,
einer der Sieben Weisen Griechenlands

Wenn Sie keine Hartnäckigkeit und Ausdauer besitzen, dann werden Sie nie so erfolgreich, wie Sie eigentlich werden könnten. Viele Menschen setzen sich Ziele, viele kennen auch ihre Prioritäten und haben einen Plan. Doch der Erfolg liegt am Ende in der Hartnäckigkeit, mit der man an einer Sache dranbleibt; in der Ausdauer, die man zeigt, denn Ziele werden nur selten ohne Hindernisse und Hürden erreicht.

> *Fehlende Beharrlichkeit ist der Hauptgrund, warum viele Menschen scheitern. Sie geben einfach zu früh auf.*

Hartnäckigkeit und Ausdauer

> *Wenn Sie konsequent an einer Sache dranbleiben, wird sich früher oder später der Erfolg einstellen. Meistens später als früher.*

Dieses „später" können die meisten Menschen nicht erwarten und brechen vorher ab. Wenn sie nur etwas länger drangeblieben wären, dann hätten sie ihr Ziel erreicht.

Sie brauchen Zeit

> *„Ausdauer wird früher oder später belohnt. Meist später."*
> – Wilhelm Busch, 1832-1908,
> deutscher Zeichner, Maler und Schriftsteller

> *Um in einer Sache Ihrer Wahl wirklich gut und erfolgreich zu werden, sollten Sie zehn Jahre Zeit einplanen, wenn Sie bei null beginnen.*

> *„Auf einen Hieb fällt kein Baum."*
> – Deutsches Sprichwort

248   Machen Sie den positiven Unterschied

Ich habe einen Freund und Anlageberater namens Philipp Müller. Philipp hat 1998 seine Anlagefirma in Hamburg alleine gegründet und es zu seinem Lebensziel gemacht, Menschen bei ihren Finanzgeschäften, Geldanlagen und Altersvorsorgen bestens zu unterstützen. Er wusste, dass dieser Geschäftsbereich auf Grund zahlreicher unseriöser Anbieter mit einem sehr schlechten Ruf behaftet ist. Es tummeln sich viele Firmen und Einzelpersonen am Markt, die auf Kosten ihrer Anleger das schnelle Geld machen möchten. Philipp wusste von Beginn an, dass er Geduld brauchen würde und sich durch eine unvergleichbare persönliche und fürsorgliche Betreuung seiner Kunden vom Rest der Masse abheben muss. Eines seiner ersten Ziele war es, seine ersten Kunden so gut zu betreuen, dass sie ihn weiterempfehlen. Die Mundpropaganda zufriedener Kunden ist die einzig wirksame und nachhaltige Werbung in diesem Geschäft. Einer der ersten potenziellen Kunden wollte zur damaligen Zeit 5.000 DM von ihm anlegen lassen. Um diesen Kunden zu überzeugen, dass er sein richtiger Partner sei, musste Philipp dreimal quer durch Deutschland zum Kunden reisen. Aufwand und Ertrag standen in dieser Situation in keinerlei Relation. Nach einem immensen Aufwand hatte er den Kunden überzeugt. Er durfte dessen 5.000 DM anlegen. Als Philipp von seinem dritten Besuch aufbrechen wollte, fragte ihn sein neuer Kunde neugierig: „Wie können Sie eigentlich von so etwas leben?"

Philipps Antwort: „Ich kann es nicht, das ist unmöglich."

„Warum nehmen Sie dann solch einen Aufwand auf sich?"

„Weil ich hoffe, dass Sie so zufrieden mit mir sind, dass Sie mich vielleicht eines Tages an einen Großkunden weiterempfehlen."

Nur vier Wochen später empfahl dieser neue Kunde Philipp Müller an einen Großkunden weiter, der später 1,2 Millionen DM bei ihm anlegte.

Heute, fast zehn Jahre nach der Firmengründung, verwaltet Philipp mit seiner Firma einen Anlagebetrag in Höhe von 80 Millionen Euro.

Lachend schaut er heute auf die Tage zurück, als er für eine 5.000 DM-Geldanlage dreimal quer durch Deutschland reisen musste.

Sein Erfolgsgeheimnis: Hartnäckigkeit, Geduld und Ausdauer.

> *„‚Aller Anfang ist schwer',*
> *jedes Durchhalten schwerer."*
> – Dr. phil. Ernst Reinhardt, *1932, Schweizer Publizist

Hartnäckigkeit und Ausdauer

> *Seien Sie wie eine Briefmarke:*
> *Bleiben Sie an einer Sache*
> *dran, bis Sie sie erreicht haben.*

Ein weiteres beeindruckendes Beispiel ist mein Freund Hermann Oberschneider. Hermann war ein sportbegeisterter österreichischer Junge, der in seiner Jugendzeit als eine Sportskanone glänzte, aber nie durch besonders gute schulische Leistung auffiel. Er schaffte mit einem schlechten Notendurchschnitt gerade so den Hauptschulabschluss. Doch Hermann war von klein auf ein begeisterter Skifahrer, der davon träumte, erfolgreich zu sein und finanziell unabhängig zu werden. Nachdem er seine Ski-Karriere jedoch wegen einer Verletzung an den Nagel hängen musste und eine Banklehre absolviert hatte, steckte er Anfang der 90-er Jahre all seine Energie in die Eröffnung einer kleinen Skischule in Kaprun am Kitzsteinhorn. Damals musste er sich gegen zwei große, alteingesessene Skischulen behaupten, welche ihm das Leben als junger Unternehmer alles andere als leicht machten.
Heute ist Hermanns Skischule die erste Adresse in Kaprun. Mit Hingabe und Leidenschaft erreichte er nach ca. 10 Jahren den höchsten Qualitäts-Standard in seiner Skischule.
Und es ging weiter: Nach weiteren drei erfolgreichen Jahren seiner Skischule gründete er eine Incentive & Event Firma und schuf sich so ein zweites Standbein. Der Bau von Seilgärten für Teamtrainings folgte.
Alles, was Hermann begann, machte er mit 100 % Einsatz und immer mit dem Anspruch, der Beste in seinem Bereich zu sein – es gelang.

Zuletzt baute Hermann ein komplettes Geschäftshaus, den SKI DOME in Kaprun, mit der Mission „Alles für dein Schneevergnügen". Ein Service-Center für den Wintersportler. Hier bekommt der Gast heute alles, was er für die schönsten Tage im Jahr braucht. Sowohl von der Infrastruktur als auch von der personellen Qualität setzt der SkiDome Kaprun in Österreichs Skitourismus-Branche Maßstäbe.
Vom Erfolg beflügelt, setzte sich Hermann Oberschneider eine neue Vi-

sion: ein Produkt zu einer Weltmarke zu machen! Getrieben von seiner unternehmerischen Leidenschaft, gelang es ihm auch diesmal: Es dauerte nicht lange, und die Tür der Möglichkeiten öffnete sich. Hermann Oberschneider wurde Miteigentümer bei MBT Masai Barefoot Technology. MBT stellt Schuhe für gesundes Gehen und Stehen auf den urbanen Böden unserer Welt her. Ende der 90er war MBT nur fanatischen Gesundheitsfreaks ein Begriff. Das Unternehmen warf pro Jahr feste Absatzzahlen ab, doch ein einheitliches Konzept, ein globales Netzwerk und ein durchdachter weltweiter Vertrieb waren nicht vorhanden. Hermann erkannte blitzschnell das unglaubliche Potenzial dieses Schuhs! Dieser Schuh könnte alle Menschen dieser Welt dabei unterstützen, eine aufrechtere Haltung und einen gesünderen Gang in einem bequemen Schuh mit einer ganz weichen Sohle zu entwickeln. Hermanns Ziel war klar: aus MBT eine Weltmarke zu machen und ein global schlüssiges Marketing- und Absatzkonzept zu entwerfen.

Auf diesem Weg musste er auch einige Rückschläge verkraften. Aber am Ende zählen doch nur die Fakten: MBT hat heute einen Firmenwert von ungefähr 500 Millionen Dollar. Hermann Oberschneider, der von klein auf mit einer bewundernswerten Ausdauer und Hartnäckigkeit seine Ziele und Visionen verfolgte, hat sein Ziel, erfolgreich und finanziell unabhängig zu sein, mehr als erreicht.

Herrmanns Beispiel verdeutlicht aber noch etwas: Ein Schulabschluss hat nichts damit zu tun, wie erfolgreich ein Mensch einmal im Leben werden kann. Denn solche Erfolge sind mit einem schlechten Hauptschulabschluss nicht erklärbar, sondern mit einer unbezahlbaren Eigenschaft: ein unbändiger Wille, der von Hartnäckigkeit und Ausdauer geleitet wird.

„Ausdauer: der Sieg des Willens über die Bequemlichkeit."
– Manfred Grau, *1948,
deutscher Betriebswirt und Publizist

„Länger durchhalten ist das Geheimnis aller Siege."
– Phil Bosmans, *1922, belgischer Ordenspriester

Was auch immer Ihr Ziel ist – halten Sie durch!

Ihre Ziele sind nur Ihre Ziele und gehen niemanden etwas an. Aber halten Sie durch – egal, wie schwierig es wird.

„Mit Ausdauer erreichte die Schnecke die Arche."
– Charles Haddon Spurgeon, 1834-1892,
englischer Theologe

Mit neunzehn startete ich meine professionelle Trainerkarriere im Basketball. Damit entschied ich mich eigentlich gegen ein Studium, denn beides war unter gewöhnlichen Bedingungen nicht zu vereinbaren. Dennoch wollte ich einen Studienabschluss haben, und versuchte es. Nach vier Semestern Lehramtsstudium und täglichem Pendeln zwischen Wohnort und Universität, brach ich mein Studium an der LMU München ab. 1999 schrieb ich mich bei der Fernuniversität Hagen ein, da ich unbedingt erfolgreich Wirtschaftswissenschaften studieren wollte. Bei meiner gleichzeitigen beruflichen Belastung im Leistungssport standen mir mindestens fünf Jahre konstantes Lernen alleine und am eigenen Schreibtisch bevor. Viele sagten zu mir, dass ich den Uni-Abschluss bei solch einer beruflichen Belastung nie schaffen würde. Ich weiß nicht, wie es Ihnen ergeht, doch wenn jemand zu meinen Zielen sagt: „Kannst Du nicht! Schaffst Du nicht", dann ist das die größte Eigenmotivation für mich. Mit der Motivation, allen Kritikern das Gegenteil zu beweisen, startete ich erfolgreich ins Studium.

Doch nach drei Jahren kam der tote Punkt. Die Zwischenprüfungen waren geschafft – bis zum Abschluss einschließlich Diplomarbeit lag noch ein jahrelanger Weg vor mir. Jeden Tag die gleiche Routine. Frühmorgens aufstehen, etwas lernen, dann das Vormittagstraining, nachmittags nochmal lernen und abends wieder Training. Was viele nicht verstehen: Ein Fernstudium ist mindestens genauso viel Arbeit wie ein Komplettstudium an der Präsenzuniversität. In dieser Phase gab es für mich nur ein Ziel: von Tag zu Tag und von Woche zu Woche denken. Einen kleinen Zwischenschritt nach dem anderen erreichen. Selbst umsetzen, was ich meinen Spielern immer predige: Hartnäckigkeit und Ausdauer. In den folgenden Jahren kamen noch einige Rückschläge, doch nach vierzehn Semestern und sieben Jahren gleichmäßigen Lernens hatte ich es endlich geschafft: Ich hielt mein Zeugnis als Diplom-kaufmann in der Hand!

„Ausdauer ist konzentrierte Geduld."
– Thomas Carlyle, 1795-1881,
schottischer Geschichtsschreiber und sozialpolitischer Schriftsteller

Manchmal müssen Sie den Kurs wechseln

Als Jugendlicher hatte ich immer das Ziel, Basketball-Profi zu werden. Dieses Ziel schien sich auch sehr schnell zu verwirklichen. Mit sechzehn Jahren heuerte ich im Bundesliga-Basketball an. Zwei Jahre später bekam ich ein Sportstipendium in den USA angeboten. Ich nahm es dankend an. Die Karriere schien ihren gewünschten Verlauf zu nehmen. Jedoch nur ein Jahr später musste ich auf Grund eines ernsthaften Wirbelgleitens die Basketball-Schuhe an den Nagel hängen. Eine Entscheidung, die mir zu diesem Zeitpunkt sehr schwerfiel. Heute weiß ich, dass es aus gesundheitlichen Gründen die vielleicht beste Entscheidung war, die ich je in meinem Leben getroffen habe. Denken Sie daran: entscheidend sind die Entscheidungen, die Sie in Ihrem Leben treffen! Denn Entscheidungen entscheiden Ihr Leben!
Anstatt den Kopf hängen zu lassen und mich selbst zu bemitleiden, setzte ich mir sofort ein neues Ziel: Ich wollte Trainer in der Basketball-Bundesliga werden. Im zarten Alter von neunzehn Jahren startete ich meine Trainerkarriere – als Assistenztrainer in der 2. Bundesliga und als Cheftrainer in der Bezirksliga. Nur zwei Jahre später kamen die ersten Angebote, als Cheftrainer in den Bundesligabereich zu wechseln. Ich fühlte mich sehr geehrt, doch lehnte ab, da ich innerlich spürte, dass dieser Schritt zu früh kam. Im nächsten Jahr kam das gleiche Angebot wieder. Ich lehnte wieder ab. Auch im dritten Jahr lehnte ich ab. Erst im vierten Jahr sagte ich zu und wechselte nach Bamberg als Assistenztrainer für die Bundesligamannschaft. Nur drei Monate später kam ich durch unvorhergesehene Ereignisse wie die Jungfrau zum Kind: Ich wurde über Nacht Cheftrainer der Bundesligamannschaft.
In den nächsten Wochen stellte ich eine Sache für mich ganz schnell fest: Das war kein Beruf, den ich für den Rest meines Lebens ausüben wollte. Für mich standen der tägliche und wöchentliche Stress, der

Druck des Gewinnen-Müssens, die ständige öffentliche Aufmerksamkeit und alle sonstigen Verpflichtungen in keiner Relation zum Output. Ich wusste ganz schnell, dass ich mein Lebensziel ändern musste. Profi-Cheftrainer in der Basketball-Bundesliga zu sein, war es auf jeden Fall nicht mehr.

Manchmal müssen Sie ehrlich zu sich sein.
Wenn eine Sache nichts mehr für Sie ist, dann ändern Sie Ihre Richtung. Wechseln Sie den Kurs, bevor Sie sich in einer Sackgasse befinden.

Mit Hindernissen und Hürden umgehen

> *„Manchmal muss man ein gutes Kamel sein,*
> *um lange Durststrecken durchzustehen."*
> – Friedrich Löchner, *1915, Pseudonym: Erich Ellinger,
> deutscher Pädagoge, Dichter und Autor

Immer, wenn sie auf ein Hindernis oder auf eine Hürde stoßen, geben die meisten Menschen auf. Das sind die Loser, die für alle anderen immer gut gemeinte Ratschläge parat haben, aber nie selber etwas in ihrem Leben erreichen.
Wenn Sie ein Hindernis vor sich haben oder in einer Sackgasse stecken, hören Sie sofort auf zu arbeiten. Halten Sie an und überlegen Sie sich drei Möglichkeiten, wie Sie das Hindernis bezwingen, überwinden oder ihm ausweichen können. Für jede Hürde haben Sie drei alternative Lösungsvorschläge parat, wie Sie diese Hürde überwinden können. Es gibt viele verschiedene Alternativen, doch Sie müssen sich die Zeit nehmen und die Geduld aufbringen, diese Wege zu finden. Seien Sie in Ihrem Kopf immer lösungsorientiert – nicht Problem-gehandicapt. Bleiben Sie hartnäckig, bis Sie eine Lösung gefunden haben, die für Sie funktioniert.

> *„Ausdauer und Entschlossenheit sind zwei Eigenschaften,*
> *die bei jedem Unternehmen den Erfolg sichern."*
> – Leo (Lew) Nikolajewitsch Graf Tolstoi, 1828-1910,
> russischer Erzähler und Romanautor

Christian Bischoffs Schlüsselpunkte zum Thema „Hartnäckigkeit und Ausdauer"

- Um in einer Sache Ihrer Wahl wirklich gut und erfolgreich zu werden, sollten Sie zehn Jahre Zeit einplanen, wenn Sie bei null beginnen.

- Hartnäckigkeit und Ausdauer sind der ultimative Erfolgsgarant!

- Manchmal müssen Sie den Kurs wechseln.
  Tun Sie es, bevor der Weg Sie in eine Sackgasse führt.

- Erst bei Hindernissen und Hürden zeigt sich,
  wie hartnäckig Sie wirklich sind.

- Hartnäckigkeit und Ausdauer, gepaart mit lösungsorientiertem Denken, führen zu Erfolg.

11. Lebenseinstellung

FRAGEN SIE, SIE FEIGLING

„Wer viel fragt, lernt viel und macht sich angenehm, besonders, wenn er seine Fragen dem Wissen der Gefragten anpasst; denn er gibt ihnen so Gelegenheit, sich in Reden zu ergehen, und er selbst erntet fortwährend Erkenntnisse."

Sir Francis von Verulam Bacon, 1561-1626, englischer Philosoph, Essayist und Staatsmann, entwarf die Methodologie der Wissenschaften

Dies ist der nächste Einstellungspunkt, der an Einfachheit kaum zu schlagen ist:

Wenn Sie etwas in Ihrem Leben wollen, dann fragen Sie danach!
Ja: Sprechen Sie Leute an und fragen Sie!
Die meisten Menschen sind sich gar nicht im Klaren darüber, wie viel einfacher ihr Leben sein könnte und wie viel mehr sie erfahren, erleben und haben könnten, wenn sie nur den Mut hätten, danach zu fragen!

Deshalb:
Wenn Sie etwas wissen möchten, fragen Sie danach!
Wenn Sie Hilfe brauchen, bitten Sie darum!
Wenn Sie bei etwas nicht weiterwissen – fragen Sie!

„Der hochwürdige Imam Mohammed Ghasali wurde einst gefragt, wie er zu einer so hohen Stufe der Gelehrsamkeit gelangt sei. Er antwortete: Dadurch, dass ich mich nicht schämte, zu fragen, was ich nicht wusste."

– Saadî, zwischen 1209 und 1213-1292, persischer Dichter

Probieren Sie nicht immer alles alleine, sondern bitten Sie andere um Unterstützung. In Deutschland gibt es 82 Millionen Menschen an Ihrer Seite. Da wird Ihnen doch jemand bei Ihrem Problem helfen können. Nur können die Menschen nicht an Ihren Augen ablesen, was Sie brauchen.

Fragen Sie, Sie Feigling

Wir müssen unseren Mund schon selbst öffnen und zumindest danach fragen.

Wenn Sie das noch nie bewusst praktiziert haben, können Sie sich gar nicht vorstellen, was Menschen alles machen, wenn Sie sie nur fragen! Probieren Sie das doch mal ab morgen konsequent aus. Sie sind in einer fremden Stadt und wissen nicht genau, wohin? Sprechen Sie den erstmöglichen Passanten an und fragen Sie.

Sie suchen einen Artikel im Geschäft? Sparen Sie sich die Zeit, fragen Sie bei der erstbesten Verkäuferin nach.

Sie brauchen Hilfe beim Entladen Ihres Autos? Sprechen Sie den ersten Menschen an, der Ihnen über den Weg läuft, und fragen Sie ihn höflich, ob er Ihnen kurz helfen könnte.

Was glauben Sie, wie viele da nein sagen? Ich habe es noch nie erlebt. Konsequentes Fragen macht Ihr Leben so viel leichter. Es ist eine Fähigkeit, die Sie sich ganz leicht aneignen können.

Die meisten Menschen trauen sich nicht, über ihren eigenen Schatten zu springen und einfach nachzufragen. Kinder haben damit meistens kein Problem, wir Erwachsenen aber schon.

> *„Jeder Tor kann antworten, wenn man ihn zu Rate zieht,*
> *aber nur der bedeutende Mensch kann fragen."*
> – Abbé Ferdinando Galiani, 1728-1787,
> italienischer Nationalökonom und Schriftsteller

Ich wollte immer mein Trainervorbild Mike Krzyzewski und sein Basketballprogramm an der Duke-Universität persönlich kennen lernen. Sechs Jahre lang habe ich angefragt, nachgefragt, verschiedene Leute gefragt. Jedes Jahr habe ich wieder eine Anfrage direkt an die Universität geschickt. Jedes Mal erhielt ich ein „Nein!" als Antwort. Doch dieses „Nein" wollte ich nicht akzeptieren. Ich habe früh gelernt, dass ein „Nein" eigentlich nicht Nein bedeutet, sondern nur: „So nicht" oder „Noch nicht". Es hat fünf Jahre gedauert, bis mir jemand mit seinem Netzwerk so helfen konnte, dass Duke mich zu seinen Basketballsommercamps einlud. Seitdem bekomme ich jedes Jahr wieder eine Einladung. Bis ich an diesem Punkt angelangt war, musste ich mich aber erst einmal sechs Jahre lang „durchfragen".

Wenn Sie einen Menschen mit viel Lebenserfahrung kennen lernen, jemand, der die Ziele schon erreicht hat, die Sie noch schaffen wollen, dann löchern Sie ihn mit Fragen! Stellen Sie eine Frage, halten Sie den Mund, hören Sie zu, ohne zu unterbrechen, und schreiben Sie gut mit!

„Ein Fragesteller ist unwissend, bis er auf seine Frage die richtige Antwort erhält. Der Besserwisser wird nie die richtige Antwort erhalten, weil er die Frage nicht stellt."

– Willy Meurer, *1934, deutsch-kanadischer Kaufmann

Viele Sachen schaffen Sie nicht, wenn Sie nicht fragen. Sie glauben gar nicht, was Sie alles erreichen können, wenn Sie nur andere fragen.

Als ich das Skript zu meinem ersten Buch „Motivational Moments" fertig hatte, habe ich fast fünfzig Verlage angeschrieben und gefragt, ob sie an einer Veröffentlichung interessiert wären. Von vierzig Verlagen erhielt ich nie eine Antwort, neun Verlage haben mir schriftlich abgesagt. Doch ein Verlag war an dem Manuskript interessiert. Dieser Verlag hat mir geholfen, das Buch bis heute in seine vierte Auflage zu bringen. Durch das Buch bekam ich etliche Aufträge für Vorträge, die von begeisterten Lesern ausgingen, und dies war der Start meiner Autorenkarriere. Sie halten gerade bereits mein viertes Buch in den Händen ...

„Reden ist Silber,
Fragen ist Gold."

– Alfred Selacher, *1945, Schweizer Lebenskünstler

Letzten Sommer erfüllte ich mir einen langjährigen Traum: mit dem Fahrrad auf dem Highway One in den USA von San Francisco nach Los Angeles zu fahren. Ich hatte noch nie eine solche Tour gemacht.

In der Vorbereitung stellte ich einige entscheidende Fragen in einschlägige Internetforen und bekam mehr Antworten und Informationen, als ich jemals erwartet hätte. Während meines Flugs nach San Francisco erzählte ich so vielen amerikanischen Passagieren wie möglich von meinem Vorhaben. Nach acht Stunden hatte ich das Gefühl, ich kenne San Francisco und jede Straßenecke, durch die ich fahren muss, schon auswendig. Als ich aus dem Flugzeug stieg, wusste ich genau, wohin ich zunächst mit der Schnellbahn fahren musste, wo der erste Fahrradladen für die Routinekontrolle war, welche Sehenswürdigkeiten ich wie am geschicktesten abfahre und wie ich am zweiten Tag am schnellsten aus San Francisco heraus Richtung Süden käme.

Alles, was ich dafür investieren musste, waren einige präzise gestellte Fragen.

Die Qualität der Fragen, die Sie sich selbst stellen, entscheidet über die Qualität des Lebens, das Sie führen.

Als ich meine Rednerkarriere begann, war niemand an meinen Vorträgen interessiert. Also habe ich Leute gefragt. Wenn Sie Menschen fragen, ist es nur eine Frage der Zeit, bis jemand *ja* sagt. Es gibt immer jemanden, der an ihren Sachen interessiert ist. Meine ganze Vortragskarriere basiert auf reiner Eigeninitiative. Ich habe so viele Menschen, Kunden und Agenturen wie möglich gefragt.

Eines Tages war der Vortrag so gut, dass Interessenten angefangen haben, bei mir anzufragen.

> *„Es gibt keine dummen Fragen*
> *– nur Dumme, die nicht fragen."*
> – Anke Maggauer-Kirsche, *1948, deutsche Lyrikerin

Sie sind im Verkauf tätig und mit Ihren Verkaufszahlen unzufrieden? Das ist einfach zu korrigieren: Um erfolgreich im Verkauf zu sein, müssen Sie nur zwei Kriterien erfüllen:

1. Haben Sie ein gutes (besser: großartiges) Produkt,

2. Fragen Sie so viele Menschen wie möglich, ob sie es kaufen möchten.

Ihr Produkt ist gut? Okay, dann müssen Sie nur noch eins tun: fragen, fragen, fragen, fragen, fragen!

Stellen Sie sich vor, Sie fragen ein ganzes Jahr lang täglich nur zwei Menschen mehr, ob sie es kaufen möchten. Das sind 730 zusätzliche potenzielle Kunden. Diese Kunden haben prinzipiell zwei Möglichkeiten zu antworten: ja oder nein.

Ein *Nein* dürfen Sie nicht persönlich nehmen. Brauchen Sie wirklich nicht, denn kein Mensch interessiert sich für Sie und Ihre Bedürfnisse. Ein *Nein* bedeutet nur, dass Ihr Produkt im Moment kein akutes Bedürfnis beim Gefragten befriedigt.

Doch zehn Prozent der Gefragten sagen immer *ja*. Das wären 73 zusätzliche Verkäufe im Jahr. Alles, was es für diese Zusatzverkäufe braucht, ist eine Frage.

Fragen Sie ab heute

Wir fragen meistens nicht, weil wir Angst vor dem *Nein* haben. Diese Angst müssen wir ablegen. Ein *Nein* ist doch kein *Nein*, sondern bedeutet nur *Noch nicht* oder *Heute nicht*. Und das heißt auch noch lange nicht, dass der Kunde nicht in Zukunft kaufen wird. Ich erlebe das in meinem Beruf immer wieder: In den ersten fünf Kontakten mit einem potenziellen Kunden sagt dieser immer *Nein* auf meine Frage, ob er an einer Veranstaltung mit mir interessiert sei. Beim sechsten Mal sagt er auf einmal *ja* oder ruft sogar aus Eigeninitiative bei mir persönlich an. Warum? Weil nun der richtige Zeitpunkt für ihn ist.

Nehmen Sie sich die Zeit und erstellen Sie eine Liste, auf der Sie alles aufschreiben, was Sie gerne hätten, aber nicht den Mut haben, danach zu fragen: im Beruf, zu Hause, in der Schule. Neben jedem Punkt schreiben Sie auf, wie Sie sich selbst davon abhalten, danach zu fragen. Wovor haben Sie Angst? Als Nächstes schreiben Sie auf, was das Nicht-Fragen Sie kostet, und daneben schreiben Sie, was Sie gewinnen würden, wenn Sie fragen würden.

Nehmen Sie alle Ihre Lebensbereiche (Beruf/Karriere, Finanzen, Beziehungen, Gesundheit, Freizeit/Hobbies, Familie, Persönliches) und schreiben Sie sich die Dinge auf, nach denen Sie in diesen Bereichen fragen müssen. Das können so Dinge sein wie eine Gehaltserhöhung, eine Weiterempfehlung, ein Feedback, Hilfe und Unterstützung oder Ähnliches.

Christian Bischoffs Schlüsselpunkte zum Thema „Fragen"

- Wenn Sie etwas brauchen, dann fragen Sie danach!

- Die Qualität der Fragen, die Sie sich selbst stellen, entscheidet über die Qualität des Lebens, das Sie führen.

12. Lebenseinstellung

DER RICHTIGE UMGANG MIT SICH SELBST UND ANDEREN

„Der Mensch ist wie sein Umgang."
– Euripides, 480-407 v. Chr.,
griechischer Tragödiendichter

„Der vollendete Umgang mit Menschen ist die Fähigkeit,
zugleich ehrlich und liebenswürdig zu sein."
– Jean Paul, 1763-1825, eigentlich Johann Paul Friedrich Richter,
deutscher Dichter, Publizist und Pädagoge

Ja, Sie haben richtig gelesen! Die Überschrift dieses Kapitels ist ganz bewusst so gewählt: Erst müssen Sie richtig mit sich selbst umgehen, dann kommen die anderen Menschen!

Sie sind für sich die wichtigste Person auf dieser Welt. Daher müssen Sie zuerst dafür sorgen, dass Sie, Ihre Persönlichkeit und Ihr Charakter in Ordnung sind, bevor Sie einen positiven Einfluss auf andere Menschen nehmen können. Es gilt folgende einfache Regel:

> *Wenn Sie in Ordnung sind,*
> *dann ist meistens auch Ihr*
> *Umfeld in Ordnung.*
> *Wenn Sie Probleme haben,*
> *dann gibt es meistens auch in*
> *Ihrem Umfeld Probleme.*

Der richtige Umgang mit sich selbst und anderen

Kennen Sie Menschen, Familie und Ehepaare, die nach folgender Maxime zu leben scheinen:
„Kümmere Du Dich um mich, dann kümmere ich mich um Dich!"
Dies ist keine gute Lebenseinstellung! Was ist das für ein Leben, wenn man sich in die totale Abhängigkeit eines anderen Menschen begibt?
„Pass auf mich auf, damit mir nichts passiert. Dann passe ich im Gegenzug auch auf dich auf ..."
Nach diesem Prinzip leben die Menschen, die es ihr ganzes Leben lang nicht schaffen, in den Spiegel zu schauen und die Eigenverantwortung für ihr Leben zu übernehmen.

> *Jeder Mensch ist*
> *selbstbestimmt.*
> *Doch nur die Erfolgreichen*
> *werden das zugeben.*

Korrigieren wir gemeinsam diese Einstellung „Kümmere Du Dich um mich, dann kümmere ich mich um Dich". Ich weiß nicht, wie Ihre Maxime in dieser Angelegenheit lautet, aber für mich gilt folgende Lebensregel:

> *„Ich kümmere mich*
> *um mich für Dich.*
> *Kümmere Du Dich bitte*
> *um Dich für mich!"*

Klingt das nicht logisch? Sie müssen sich zuallererst um sich selbst kümmern und dafür sorgen, dass bei Ihnen alles in Ordnung ist. Denn das ist die Grundlage dafür, dass Sie sich um andere Menschen kümmern und helfen können!

Wenn Sie fit, gesund und vital sind und niemals krank im Bett liegen, weil Sie sich sehr um Ihre Gesundheit kümmern, dann können Sie beruflich und privat Ihrer Familie und anderen Menschen helfen, egal, womit auch immer Sie Ihr Geld verdienen. Wenn Sie aber übergewichtig und ständig krank sind, weil Sie sich Ihr ganzes Leben nur ungesund ernährt haben, dazu noch rauchen und trinken, und sportliche Bewegung für Sie ein Fremdwort ist, dann werden Sie für andere Menschen höchstens zum Ballast, weil Sie auf deren Hilfe angewiesen sind. Aber selbst helfen Sie keinem mehr. Deswegen kümmern Sie sich bitte um sich, damit Sie dann mir helfen können.

Es geht bei uns selbst los

Jeder sollte bei sich selbst anfangen – und das machen die meisten Menschen nicht. Warum?

Weil Sie dabei keiner unterstützt! Denn in Wirklichkeit interessiert sich kein Mensch auf dieser Welt für Sie. Jeder Mensch interessiert sich nur für sich selbst.
Oft werde ich gefragt, was für mich der wichtigste Erfolgsfaktor im Seminar- und Vortragsmetier ist. Meine Antwort:
„Verstehen Sie, dass es nicht um Sie geht! Keiner interessiert sich für Sie. Jeder Teilnehmer interessiert sich nur für sich selbst."

> *„Wer Egoismus ablehnt, lehnt sich ab.*
> *Wer sich ablehnt, wird zum Opferlamm."*
> – Alfred Selacher, *1945, Schweizer Lebenskünstler

Dann fahre ich fort:
„Ich beweise es Ihnen: Wer von Ihnen hat auf seinem Weg zu dieser Veranstaltung auch nur eine Sekunde damit verschwendet, darüber

nachzudenken, ob ich als Vortragsredner auch sicher am Veranstaltungsort ankomme?

Wer von Ihnen hat gehofft, dass ich nicht im Stau stecke, dass ich gesund bin und guter Laune, weil es mir gut geht?

Keiner! Sie haben alle nur darüber nachgedacht, dass die Veranstaltung hoffentlich so gut ist, dass Sie einen adäquaten Gegenwert für Ihr Geld und Ihre Zeit bekommen. Richtig?"

So ist es immer im Leben. Keiner interessiert sich für Sie! Jeder Mensch denkt primär an sich. Das ist die Wahrheit.

Individualität

Von klein auf wurde Ihnen gesagt, Sie sollen nicht egoistisch sein, richtig? Damit hat man Ihnen ein schlechtes Gewissen eingeredet.

Natürlich sollten Sie Ihr Geld, Ihre Fähigkeiten und Ihre Sachen mit anderen teilen – das ist vollkommen klar.

> *In Bezug auf Ihr eigenes Leben sollten Sie vollkommen egoistisch sein!*

Ja: Egoismus ist gut! Wenn Sie so egoistisch sind und Ihr Leben so entwickeln, wie Sie das gerne hätten – Sie entwickeln Ihre Fähigkeiten und Stärken, Sie machen das, worin Sie richtig gut sind und was Ihnen Spaß macht, dann helfen Sie früher oder später auch viel mehr anderen Menschen.

Ein Mensch, der seine Stärken mit Leidenschaft auslebt und darin richtig gut ist, wird mehr Geld verdienen. Mit diesem Mehr an Geld kann er seine Familie besser versorgen, außergewöhnlichere Dinge mit ihr unternehmen und vielen anderen Menschen zum Beispiel durch Spen-

Individualität

den helfen. Hätte diese Person ihren Egoismus ihr ganzes Leben lang hinten angestellt, wäre sie garantiert nicht so weit gekommen.

Sie sind zuallererst sich selbst verpflichtet. Sie können anderen nichts Gutes tun, wenn Sie nicht zuallererst sich selbst Gutes tun. Richtig gelenkter Egoismus wird so zu einer Form von Dienstleistung. Je besser Sie werden, umso mehr Menschen können Sie mit Ihren Fähigkeiten helfen. Je mehr Menschen Sie helfen, desto besser wird Ihr eigenes Leben sein.

„Mein großer Fehler – der Fehler, den ich mir nicht vergeben kann – ist,
dass ich eines Tages aufhörte,
stur meiner eigenen Individualität zu folgen."
– Oscar Wilde, 1854-1900, Schriftsteller

Seien Sie sehr egoistisch bezüglich Ihrer Zeit. Lassen Sie sich nicht von Zeitdieben Ihr kostbarstes Gut stehlen. Diese Diebe sind überall. Lernen Sie, knallhart *nein* zu Dingen zu sagen, die Sie nicht interessieren, damit Sie öfters *ja* zu Dingen sagen können, die Sie wirklich machen wollen. Gehen Sie nicht auf ein sinnloses Kaffeekränzchen, auf dem über Gott und die Welt geklagt wird, wenn Sie das im Leben nicht weiterbringt. Stattdessen sagen Sie *ja* zu den Sachen, die Sie wirklich machen wollen. Widmen Sie diesen Ihre volle Aufmerksamkeit. Sie werden bessere Arbeit abliefern und damit auch anderen mehr helfen.
Seien Sie sehr egoistisch bezüglich Ihrer Hilfsbereitschaft. Ich meine damit nicht, dass Sie anderen Menschen nicht helfen sollen. Wir wissen alle, dass es in unserer Gesellschaft viele Menschen gibt, die Hilfe brauchen.
Doch Fakt ist: Die meisten Menschen wollen sich nicht helfen lassen und wissen Ihre Unterstützung auch überhaupt nicht zu schätzen. Helfen Sie diesen Menschen erst gar nicht. Verschwenden Sie Ihre Zeit nicht mit ihnen, denn Sie werden sich persönlich aufreiben. Stattdessen fragen Sie sich immer: „Was möchte ich am liebsten in meinem Leben machen?" „Wie kann ich anderen damit am besten dienen?"

Eifersucht

Dies ist eine Krankheit, von der wir uns schnell befreien müssen.

> *Eifersucht haben Menschen nur aus zwei Gründen: mangelndes Selbstwertgefühl und/oder mangelndes Vertrauen.*

Eifersucht wirkt immer zerstörerisch – in Ihren Beziehungen und vor allem in Ihrem Verstand.

> *„Gierig sucht der Eifersüchtige nach dem, was er zu finden fürchtet."*
> – Otto Weiss, 1898-1944,
> deutscher Lyriker, wurde 1944 in Auschwitz ermordet

Zu Schulzeiten hatte ich eine Klassenfreundin, die ich vergötterte. Ich himmelte sie an, ich probierte alles, um sie für mich zu gewinnen. Das Problem war damals, dass sie einen festen Freund hatte. Den ganzen Tag, wochenlang, monatelang war ich voller Eifersucht, weil ich wusste, dass es einen anderen Mann in ihrem Leben gab. Ich wollte mit dieser Frau unbedingt zusammen sein. Es gab einige Phasen in unserer „Beziehung", in der sie kurz vor der Trennung von ihrem Partner stand. Doch letztendlich passierte es nicht und wir verloren uns nach der Schulzeit aus den Augen. Diese gemeinsame Zeit war für mich sehr belastend, denn die Eifersucht fraß mich innerlich auf und machte sich negativ in meinen sportlichen Leistungen bemerkbar.

Ich habe unter diese Erfahrung einen Schlussstrich gezogen und mir geschworen, nie mehr im Leben eifersüchtig zu sein. Liebe kann man eh nicht erzwingen: Wenn ein Partner uns liebt, dann wird er von sich aus zu uns kommen. Wenn nicht, kommt er auch nicht. Aber es gibt garantiert einen anderen Menschen auf dieser Welt, der Sie liebt, wenn Sie nur weitersuchen. Geben Sie daher Ihre Eifersucht auf!

> *„Wir halten Eifersucht immer für den Ausbruch des Bewusstseins der eigenen Schwäche oder der eigenen Unliebenswürdigkeit."*
> – Jeremias Gotthelf, 1797-1854,
> eigentlich Albert Bitzius, Schweizer Pfarrer und Erzähler

Seitdem haben mich einige meiner Partnerinnen immer wieder gefragt, warum ich überhaupt nicht eifersüchtig sei. Glauben Sie mir:

Fehlende Eifersucht macht attraktiv!

Freiheit

Sie fühlen sich erst wirklich frei, wenn Sie sich nicht mehr darum kümmern, was andere über Sie denken. Die Meinung anderer muss Ihnen egal sein.
Nörgler und Kritiker gibt es überall, also beschäftigen Sie sich nicht zu viel damit – kein Mensch kann es allen recht machen, auch Sie nicht.

> *„In der Welt ist es einfach, den Meinungen anderer zu folgen; in der Einsamkeit fällt es leicht, sich nach der Meinung anderer zu richten, aber ein großer Mann ist der, welcher inmitten der Menge vollständig gelassen die Unabhängigkeit bewahrt, die er in der Einsamkeit erworben."*
> – Ralph Waldo Emerson, 1803-1882,
> US-amerikanischer Geistlicher, Lehrer, Philosoph und Essayist

Sie sind nur für eins verantwortlich: dass Sie Ihre beste Leistung geben. Als junger Basketballtrainer war es mir immer absolut wichtig, dass alle Spieler eine hohe Meinung von mir und meinem Training hatten. Einziger Grund dafür waren meine eigene Furcht, Angst und Unsicherheit.

Der richtige Umgang mit sich selbst und anderen

Als ich als Redner anfing, habe ich immer gehofft, dass mein Publikum mich mag, und liebt, was ich zu sagen habe.
Das war die vollkommen falsche Einstellung. Sie können nicht dafür verantwortlich sein, dass jeder mag, was Sie zu sagen haben.

Ich habe gelernt, dass es meine Verantwortung ist, auf die Bühne zu gehen, mein Bestes zu geben und das zu sagen, was ich sagen will. Es ist aber nicht mehr meine Verantwortung, dass jedem im Raum gefällt, was ich zu sagen habe.

Dieses Bedürfnis gründet nur auf Furcht und Unsicherheit.
Im Basketball wurde ich in dem Moment ein unabhängiger Trainer, als ich in der Halle das gemacht habe, was ich für richtig hielt. Egal, was mir ranghöhere Manager, Bundestrainer und „kluge" Kollegen alles für Tipps gegeben haben. Habe ich dabei Gegenwind bekommen? Absolut!!

Über keinen Trainer ist im Internet so kontrovers diskutiert worden, keiner ist öfter kritisiert worden, über keinen wurde hinter vorgehaltener Hand so viel gelacht. Doch ich bin ganz ehrlich: Irgendwann war mir das vollkommen egal.

Ich habe gelernt, nach folgender Maxime zu leben:

> *Was andere über mich denken, braucht mich nicht zu interessieren!*

An diesem Punkt kommen wir zu einer ganz interessanten Lebensphilosophie, die für uns alle Gültigkeit hat. Ich möchte sie Ihnen nur sagen und nichts weiter, weil ich glaube, dass jeder Mensch selbst entscheiden muss, wie er damit umgeht. Ich bin ehrlich, ich weiß häufig selbst noch nicht, wie ich mit dieser Weisheit umgehen soll:

270   Machen Sie den positiven Unterschied

> *Kein anderer Mensch kann*
> *Sie glücklich machen.*
> *Das können nur Sie selbst.*
> *Dennoch können Sie ohne*
> *andere Menschen auch*
> *nicht glücklich sein.*

Niemand außer Ihnen selbst kann wirklich für Sie da sein. Sie sind für Ihr eigenes Glück verantwortlich. Niemand sonst wird es für Sie tun! Hören Sie auf, darauf zu hoffen, dass andere Personen sich um Ihr Leben kümmern und lernen Sie, Ihr eigenes Leben in die Hand zu nehmen.

Der richtige Umgang mit anderen

„Es gibt drei Arten von Menschen, mit denen es gut ist zu verkehren: die innerlich Starken, die Aufrichtigen und die, die viel gelernt haben."
– Aus China

„Manches im Leben ist nur Frage der pfleglichen Behandlung. Ein Kaktus, der täglich gegossen wird, geht ebenso ein wie eine Rose, die nie gegossen wird."
– Wolfgang J. Reus, 1959-2006,
deutscher Journalist, Satiriker, Aphoristiker und Lyriker

Der richtige Umgang mit sich selbst und anderen

Führen wir uns die letzte Tatsache noch einmal vor Augen:

> *Kein anderer Mensch kann*
> *Sie glücklich machen.*
> *Das können nur Sie selbst.*
> *Dennoch können Sie ohne*
> *andere Menschen auch*
> *nicht glücklich sein.*

Um glücklich zu sein, müssen wir also auch die Fähigkeit besitzen, mit anderen Menschen gut umgehen zu können. Diese Fähigkeit erfordert viel Geduld und Übung.

An dieser Stelle möchte ich gleich ein Sprichwort widerlegen, das Sie alle sicherlich irgendwo schon einmal gehört oder gelesen haben: „Behandle andere Menschen so, wie Du selbst gerne behandelt werden möchtest." Kennen Sie dieses Sprichwort?
Sorry, aber diese Regel ist nicht richtig! Wirklich! Sie ist falsch!!!
Jeder Mensch ist anders und deswegen muss auch jeder Mensch anders behandelt werden. Umgangsformen, die für eine Person die richtigen sind, sind für eine andere Person vielleicht vollkommen falsch.

Beim Basketball habe ich das ganz schnell gelernt: Der eine Spieler benötigte jedes Training einen leichten Tritt in den Hintern, bevor er in der Lage war, seine Leistung abzurufen. Er nimmt diesen „Tritt" nicht persönlich, sondern braucht ihn, weil er noch nicht in der Lage ist, selbst täglich das Beste von sich zu verlangen. Bei einem anderen Spieler hätte dieser „Tritt in den Hintern" genau den gegenteiligen Effekt: Es wäre für ihn ein persönlicher Angriff, den er nicht nachvollziehen kann. Folglich würde mein Tritt bei diesem Spieler leistungshemmend wirken.

Sie wollen in vielen Situationen sicherlich anders behandelt werden als

272   Machen Sie den positiven Unterschied

ich! Es gibt Menschen, die brauchen klare, deutliche Worte – andere vertragen sie nicht.

Es gibt Menschen, die müssen sich streiten dürfen – andere sind harmoniesüchtig.

Deshalb muss das Sprichwort folgendermaßen korrigiert werden:

Behandle andere Menschen so, wie sie gerne behandelt werden möchten.

Die verschiedenen Persönlichkeitstypen

Wissen Sie, dass es prinzipiell vier reine Persönlichkeitstypen gibt? Taylor Hartman hat in seinem Buch „The Color Code" alle Menschen anhand von Farben in vier Persönlichkeitstypen eingeteilt. Leider ist dieses Buch mittlerweile schwer zu bekommen, da es nicht mehr gedruckt wird. Das liegt wohl daran, dass es im Moment nicht populär ist, Menschen nach Farben einzuteilen. Dennoch ist es in seiner logischen Einfachheit das beste Buch, das ich jemals zu diesem Thema gelesen habe.

Sie kennen alle die täglichen Beschwerden von Ihren Kollegen in der Arbeit:

„Mit dem kann ich nicht."

„Der ist komisch."

„Mit dem kann man nicht zusammenarbeiten."

„Zu diesem Menschen finde ich keinen Draht."

Ich habe eine gute Frage an Sie: Wenn wir selbst solche Sätze sagen, liegt der Fehler dann beim anderen, oder bei uns? Ich bin überzeugt davon, dass Sie in anderen Menschen die Dinge hassen, die Ihre eigenen größten Schwächen sind! Und tief in Ihrem Inneren wissen Sie das und wollen es nur nicht zugeben!

Der richtige Umgang mit sich selbst und anderen

Die überwiegende Mehrheit beruflicher Zusammenarbeiten wird beendet oder gekündigt, weil die beteiligten Personen nicht miteinander können, nicht auf Grund fachlicher Inkompetenz.
Eine Untersuchung hat ergeben, dass Neueinstellungen nach Vorstellungsgesprächen prozentual von folgenden Faktoren abhängig sind:
zu 40 % von den Fähigkeiten des Bewerbers,
zu 60 % vom persönlichen Eindruck – wie er „rüberkommt".

Das bedeutet doch, dass wir unbedingt lernen müssen, wie unsere Mitmenschen ticken, was sie motiviert und wie wir mit dem Einzelnen umgehen müssen. Wir müssen lernen, auf die Persönlichkeit des anderen einzugehen.

Dafür hat Hartman den Farbencode entwickelt und Menschen je nach ihrer Persönlichkeit in vier verschiedene Farben eingeteilt. Zu Grunde liegt dieser Einteilung die Gewissheit, dass jeder Mensch mit einer Persönlichkeit auf die Welt kommt. Was wir im Laufe unseres Lebens entwickeln müssen, ist Charakter, aber jeder kommt mit einer Persönlichkeit auf die Welt.

Die vier Farben sind: Rot, Blau, Gelb und Weiß.
Rote Menschen stehen laut Hartman für Macht und Führung.
Blaue für Intimität, Weiße für Frieden und Gelbe für Spaß.
Mit einem einfachen Persönlichkeitstest in dem Hartman-Buch können Sie bestimmen, welche Farbe Sie ursprünglich sind. Ich sage ursprünglich, weil wir im Laufe unseres Lebens auf Grund unserer sozialen Einflüsse oft unsere wahre Persönlichkeit nicht mehr ausleben, sondern uns in ein Schema pressen lassen.
Mit diesem Test können Sie auch die Persönlichkeit all Ihrer Mitmenschen bestimmen. Jede Farbe zeigt bestimmte Eigenschaften. Die wichtigsten möchte ich Ihnen kurz darstellen:

Rote Menschen:

* sind hungrig nach Macht.
* wollen produktiv sein.
* wollen in den Augen anderer gut aussehen und dastehen.
* suchen Führungspositionen, Verantwortung und Leitung.

274   Machen Sie den positiven Unterschied

Die verschiedenen Persönlichkeitstypen

- sollte man nicht zu ernst nehmen. (Oft fürchten wir uns vor roten Persönlichkeiten. Diese sitzen meist in Führungspositionen.)

Blaue Menschen:

- werden von Altruismus gesteuert.
- suchen Vertrautheit und intime Beziehungen.
- sehnen sich danach, verstanden zu werden.
- müssen in Erinnerung bleiben und gelobt werden.
- werden von einem starken moralischen Bewusstsein gelenkt.

Weiße Menschen:

- werden von Frieden motiviert.
- brauchen Freundlichkeit.
- bevorzugen ruhige und heimliche Stärke.
- wollen nach ihrer Meinung gefragt werden.
- sind unabhängig.
- werden von den Wünschen anderer Menschen motiviert.
- mögen Vorschläge, keine Befehle.

Gelbe Menschen:

- lieben alles, was Spaß macht.
- brauchen Lob.
- brauchen emotionale Bindungen.
- möchten beliebt sein.
- lieben Aktion.
- sind heute hier, morgen dort – je nachdem, wo der Spaß ist.

Jede Farbe hat bestimmte Persönlichkeitsstärken und natürlich auch -schwächen. Der Erfolg im Umgang mit anderen Menschen liegt darin, dass Sie lernen:

Machen Sie den positiven Unterschied

Der richtige Umgang mit sich selbst und anderen

1. Welche Farbe bin ich?
2. Welche natürlichen Stärken und Schwächen hat meine Farbe? Welche davon habe ich?
3. Welche Persönlichkeit haben meine Mitmenschen?
4. Was muss ich tun, um eine erfolgreiche Beziehung zu den verschiedenen Farben aufzubauen?
5. Was darf ich tun, was sollte ich auf jeden Fall unterlassen?

> *Egal, in welchem Beruf wir sind, wir sind erfolgreicher, wenn wir gut mit Menschen umgehen können.*

Daher besteht eine zentrale Fähigkeit darin zu erkennen, was für eine Persönlichkeit uns gegenübersteht.

In meinem letzten Jahr als Trainer in Bamberg habe ich eng mit Rick Stafford zusammengearbeitet. Rick ist ein hervorragender Spieler gewesen, aber ein noch viel besserer Trainer und Mensch. Ich habe bisher in meinem Leben keinen Menschen kennen gelernt, der besser die Persönlichkeit seines Gegenübers einschätzen konnte als Rick.

Zu Beginn der Saison haben wir uns zusammengesetzt und die Persönlichkeit aller unserer Spieler bestimmt. Anschließend haben wir eine Strategie entwickelt, wie wir als Trainer mit dem jeweiligen Spieler und seiner Persönlichkeitsstruktur am besten umgehen sollten, damit er das Maximum aus seinem sportlichen Talent herausholen kann. Diese Saison war eine faszinierende Reise. Ich bin ehrlich: Ich habe von Rick Stafford in diesem Jahr mehr über den richtigen Umgang mit Menschen gelernt als jemals zuvor in meinem Leben. Rick ist perfekt darin, jeden Menschen so zu behandeln, wie dieser Mensch gerne behandelt werden möchte. Kein Mensch ist genauso wie der andere! Kennen Sie eine Person, über die Sie oder andere sagen:

276   Machen Sie den positiven Unterschied

Die verschiedenen Persönlichkeitstypen

„Der kann wirklich mit jedem!"
Bewundern wir solche Menschen nicht?
Wie wäre es, wenn Sie sich zu so einem Menschen entwickeln würden?
Natürlich ist dieses Thema zu umfangreich, um es in diesem Buch abzuhandeln. Lesen Sie daher das Buch von Taylor Hartman.

Eine Sache zum Abschluss: Charakter ist nicht das Gleiche wie Persönlichkeit. Charakter zu entwickeln, bedeutet:

1. Alle Stärken Ihrer Persönlichkeitsfarbe zu leben
   und an den Schwächen zu arbeiten.

2. Im Laufe des Lebens zu lernen, möglichst viele Stärken der
   anderen Farben bei sich selbst zu entwickeln.

Wir machen mal einen ganz kurzen Persönlichkeitstest:
Wer von Ihnen hatte eine Kindergärtnerin, die manchmal böse und gemein war?

Wenn Sie jetzt *ja* gesagt haben, dann sind Sie eine blaue Persönlichkeit.
Denn Blaue vergessen böse Dinge, die man ihnen angetan hat, nicht
und sind ewig nachtragend (da sie sehr auf Menschen fixiert sind).

Rote Persönlichkeiten werden in solchen Situationen zwar auch böse,
haben sich aber wahrscheinlich sofort gerächt und der Kindergärtnerin
Reißnägel auf den Stuhl gelegt.

Weiße Menschen sind sich gar nicht mehr sicher, ob sie im Kindergarten waren, also warum daran erinnern.

Und gelbe Persönlichkeiten wissen nicht mehr, ob die Kindergärtnerin
freundlich oder böse war, weil sie es einfach nur genossen haben, im
Mittelpunkt zu stehen.

Sie sehen: Jeder Mensch ist anders.
Anbei eine kurze Übersicht über die vier Persönlichkeiten. Vielleicht
können Sie Ihre Farbe auf Anhieb identifizieren. Ich hoffe, dass ich Sie
damit motivieren kann, das Buch von Taylor Hartman zu lesen!

Der richtige Umgang mit sich selbst und anderen

	ROT	**BLAU**	**WEISS**	**GELB**
Motiv	Macht	Vertrautheit	Frieden	Spaß
Bedürfnisse	Fachlich gut aussehen, als kompetent gelten	Gut zu sein (moralisch)	Sich selbst gut fühlen	In der Gesellschaft/ Gruppe gut aussehen
	Recht haben	Verstanden werden	Den eigenen Freiraum bekommen	Beachtet werden
	Respektiert werden	Geschätzt und gewürdigt werden	Respektiert werden	Gelobt werden
	Anerkennung von wenigen selbst gewählten Personen	Akzeptanz	Toleranz	Anerkennung der Massen
Wünsche	Unsicherheit verbergen (ganz fest)	Unsicherheit zeigen	Unsicherheit zurückhalten	Unsicherheit verbergen (locker)
	Produktivität	Qualität	Freundlichkeit	Glück
	Führung, Leitung	Autonomie	Unabhängigkeit	Freiheit
	Herausfordernde Aufgaben und Abenteuer	Sicherheit	Zufriedenheit	Verspielte Abenteuer

Während Sie Ihre Stärken identifizieren, können Sie gleichzeitig Ihre Schwächen kennen lernen. Vor den eigenen Schwächen braucht man keine Angst zu haben.

Jede Farbe muss viel von den anderen Farben lernen. Aber wir können andere Menschen besser verstehen und mit ihnen umgehen, wenn wir sie als ganze Persönlichkeit betrachten. Behandeln wir jeden Menschen als ganze Persönlichkeit und fokussieren wir nicht nur auf seine Stärken oder Schwächen.

Unsere drei Grundbedürfnisse

Jeder Mensch auf dieser Welt hat im Umgang mit seinen Mitmenschen drei Grundbedürfnisse, die er gerne immer befriedigt sehen möchte:

1. Jeder Mensch möchte respektiert werden.

„Eine Handvoll Achtung ist besser als eine Handvoll Gold."
– Alter Spruch

2. Jeder Mensch braucht ein Gefühl der Wichtigkeit.

„Ich will nichts Besonderes sein, ich möchte nur etwas bedeuten."
– Sven Walter, *1988

3. Jeder Mensch lechzt nach Lob und Anerkennung.

„Menschen suchen Anerkennung, selbst für die kleinsten Dinge, weil sie ein Stückchen Antwort brauchen auf die Frage nach dem Sinn."
– Philipp Laage, *1987, Musiker

Bitte sagen Sie mir nicht, dass das bei Ihnen nicht stimmt. Wenn Sie das wirklich ernsthaft behaupten, dann ist in Ihrem Leben etwas richtig schiefgelaufen.

Ich hatte einmal einen Vortrag an einem Gymnasium vor dem gesamten Lehrerkollegium. Aus Scherz stellte ich die Frage:
„Gibt es irgendjemanden in diesem Raum, der in seinem Leben kein Lob und keine Anerkennung braucht?"
Es gab doch tatsächlich einen Lehrer, der sich meldete. Darauf sagte ich süffisant: „Sorry, ich möchte nicht wissen, was in Ihrem Leben falsch gelaufen ist!" Daraufhin wollte dieser Lehrer allen Ernstes anfangen, mit mir darüber zu diskutieren, dass er kein Lob und keine Anerkennung braucht …
Heute weiß ich, dass das größte Problem bei den Lehrern in unserem deutschen Schulsystem die mangelnde Anerkennung und das fehlende Lob ist. Lehrer werden jahrzehntelang immer nur von allen Seiten kritisiert – sei es der Chef, das Kultusministerium, die faulen Schüler oder die ewig nervigen Eltern. Wenn man sich daran gewöhnt, dann verliert man wirklich eines Tages den Bezug zu den menschlichen Grundbedürfnissen!

Ihr Eimer voller Selbstbewusstsein

Tom Rath hat eine faszinierende bildliche Erklärung für diese drei menschlichen Bedürfnisse entwickelt.
Jeder von uns besitzt einen unsichtbaren Eimer. Abhängig davon, was andere zu uns sagen oder tun, wird dieser Eimer ständig gefüllt oder geleert. Wenn unser Eimer voll ist, fühlen wir uns großartig und voller Energie. Wenn er leer ist, fühlen wir uns schlecht und ohne Selbstvertrauen.
Jeder von uns besitzt gleichzeitig einen unsichtbaren Schöpflöffel. Wenn wir diesen Schöpflöffel benutzen, um die Eimer anderer Menschen zu füllen – indem wir Dinge sagen oder tun, die ihre positiven Emotionen unterstützen – dann füllen wir gleichzeitig unseren eigenen Eimer. Wenn wir aber diesen Schöpflöffel benutzen, um die Eimer anderer zu leeren – indem wir Dinge sagen oder tun, die ihnen positive Emotionen rauben – setzen wir auch uns selbst herab.
Wie ein Glas, das überläuft, gibt uns ein voller Eimer Zuversicht, Optimismus, Energie und das Selbstvertrauen, das wir brauchen, um neue Herausforderungen bewältigen zu können. Jeder Tropfen in unseren Eimer macht uns stärker und optimistischer.

Ein leerer Eimer sorgt dafür, dass wir negativ in die Zukunft blicken, uns Energie geraubt wird und unser Wille geschwächt ist. Darum tut es uns jedes Mal weh, wenn jemand unseren Eimer leert.

Deshalb müssen wir jeden Moment an jedem Tag eine Entscheidung treffen: Wir können unsere Eimer gegenseitig füllen oder leeren. Dies ist eine wichtige Entscheidung – sie beeinflusst aufs Intensivste unsere Beziehungen, unsere Produktivität, die eigene Gesundheit und das eigene Glück.

Was machen Sie? Füllen Sie Eimer oder leeren Sie diese?

Die drei Fragen des Sokrates

> *„Ich habe mich stets bemüht, die,*
> *mit denen ich verkehrte, besser zu machen."*
> – Sokrates, 470-399 v. Chr., griechischer Philosoph

Füllen Sie Eimer und leben Sie nach der Maxime, die uns Sokrates mitgegeben hat. Immer wenn ein Mensch zu Sokrates kam, um mit ihm über Dritte zu reden, stellte Sokrates seinem Gesprächspartner zuerst drei Fragen, bevor er sich auf ein Gespräch mit ihm einließ:

1. Ist das, was Du über den anderen sagst, von Liebe getragen?
2. Ist das, was Du über den anderen sagst, der Wahrheit entsprechend?
3. Ist das, was Du über den anderen sagst, für mich und für Dich von Nutzen?

Anschließend soll Sokrates gesagt haben:
„Wenn Du eine der drei Fragen mit nein beantwortet hast, dann will ich nicht wissen, was Du mir erzählen möchtest."
Das ist ein hoch interessanter Ansatz! Sollten wir nicht alle aufhören, schlecht über andere zu reden, und uns mehr nach Sokrates' Ehrenkodex verhalten?

Die wichtigste Frage, die Sie anderen Menschen stellen können

Anstatt schlecht über Dritte zu reden, nutzen Sie Ihre Zeit doch sinnvoller, um besser zu werden. Ich verrate Ihnen jetzt die beste Frage, die ich jemals auf dieser Welt gehört habe, um persönlich zu wachsen und besser zu werden. Wenn Sie aus diesem Buch nur diese eine Frage mitnehmen und sie konstant anwenden, werden Sie für das Geld und die Zeit, die Sie in dieses Buch investiert haben, um ein Vielfaches entlohnt.

Wie lautet diese Frage, die jede Beziehung verbessern kann, jedes Produkt wertvoller erscheinen lässt, jeden Service verbessert, jedes Meeting optimiert, jeden Ihrer Vorträge perfektioniert und Ihnen die Fähigkeit verleiht, besser mit Ihren Mitmenschen umzugehen?

Hier ist die Frage:

Auf einer Skala von 1-10, welche Note würden Sie der Qualität unserer Beziehung (Produkt/Dienstleistung) in der letzten Woche (Monat/Halbjahr/Jahr) geben?

Alternativ:

Auf einer Skala von 1-10, wie beurteilen Sie das Treffen, das wir gerade hatten? Mich als Chef? Mich als Freund? Mich als Kollegen? Das Essen? Dieses Buch? Unseren Deal?

Jedesmal, wenn die Bewertung unter 10 liegt, stellen Sie sofort die Frage:

Was braucht es, damit es eine 10 wird?

Erst jetzt kommen die wertvollen Informationen! Es reicht nicht zu wissen, dass jemand unzufrieden ist. Detailliert zu wissen, was ihn zufriedenstellt, gibt Ihnen die Informationen, um das zu machen, was es für wertvolle Beziehungen/Dienstleistungen/Produkte braucht! Machen Sie es sich zur Gewohnheit, jedes Projekt, jede Besprechung, jedes Seminar, jedes Mitarbeitergespräch mit diesen beiden Fragen zu beenden.

Sie zögern jetzt innerlich, diese Frage anzuwenden. Als ich diese Frage zum ersten Mal einem anderen Menschen stellte, pochte mir das Herz fast aus meinem Mund heraus! Warum? Weil ich Angst vor der Reaktion meines Gegenübers hatte. Diese Angst ist auch der Grund, warum so viele Menschen diese Frage wahrscheinlich nie in ihrem Leben benutzen werden. Dabei ist diese Angst vollkommen unbegründet. Ich hatte es mir zum Beispiel zur Gewohnheit gemacht, meinen beiden Assistenz-Trainern diese Frage mindestens jedes Halbjahr zu stellen. Ich kann Ihnen eins aus eigener Erfahrung sagen: Sie bekommen fast nie eine 10 als Antwort (und das ist gut so!). Die Informationen, die Sie aber auf die Frage: „Was braucht es, damit es eine 10 wird?" erhalten, sind das Wertvollste, was Sie das ganze Jahr über hören werden.

Ich habe in den wenigen Minuten des Feedbacks auf diese Frage häufig mehr für und über mich persönlich gelernt, als in allen anderen Gesprächen mit allen anderen Menschen, die ich den Rest des Jahres geführt habe. Ehrliche und aufrichtige Antworten auf diese Frage haben das Potenzial, aus Ihnen einen anderen Menschen zu machen, wenn Sie sich die Inhalte zu Herzen nehmen.

> *Entfernen Sie sich von Menschen, mit denen Sie nichts zu tun haben wollen.*

„Dem Pöbel muss man weichen,
will man ihm nicht gleichen."
– Deutsches Sprichwort

Dies ist besonders wichtig im Beruf. Es ist immer wieder faszinierend zu sehen, wie schnell wir im Leben Kompromisse eingehen, wenn es ums Geld geht.

Der richtige Umgang mit sich selbst und anderen

Als ich jung war, habe ich als Barkeeper gearbeitet. Der Barbesitzer hatte etliche Anforderungen an mich: Du musst ein faltenfreies, gebügeltes weißes Hemd tragen, deine Haare müssen immer sauber geschnitten sein, du musst dezent gut riechen, aber nicht zu einparfümiert ... und so weiter ... blablabla. Aber ich war jung und brauchte das Geld und habe mich auf all diese Kompromisse eingelassen. Obwohl ich seitdem nie mehr in meinem Leben ein faltenfreies, gebügeltes weißes Hemd getragen habe. Ich hasse diese Hemden, vor allem weil man jeden kleinen Fleck auf ihnen sieht und ich bis heute nicht in der Lage bin, zu essen ohne zu kleckern.

Halten Sie sich aus Situationen heraus oder von Menschen fern, die Sie nicht mögen. Ganz im Ernst! Seien Sie so clever und setzen Sie niemanden herab, nur weil Sie ihn nicht mögen. Beurteilen Sie Menschen nicht nach ihrem Aussehen, ihrer Kleidung oder ihrem Auftreten. Aber ziehen Sie sich schnellstmöglich aus solchen Situationen zurück und entfernen Sie sich von Menschen, mit denen Sie nicht involviert sein wollen. Lassen Sie gleichzeitig diese Menschen in Ruhe. Wenn jemand Sie nicht persönlich angreift, dann kümmern Sie sich um Ihre eigenen Angelegenheiten. Wenn Sie einen Menschen nicht mögen, machen Sie keine Geschäfte mit ihm und verbringen Sie keine Zeit mit ihm. Aber seien Sie auch so clever und verurteilen Sie ihn nicht. Wenn jemand etwas macht, das Sie nicht mögen, aber es beeinflusst nicht Ihr Leben, kümmern Sie sich nicht darum! Lassen Sie den Menschen leben, wie er leben möchte. Er macht das, was er für richtig hält, und Sie entfernen sich und machen das, was Sie für richtig halten. Ist das nicht ein fairer Kompromiss?

„Welcher Umgang dich kräftigt, dich zur Fortsetzung der Lebensarbeit tüchtiger macht, den suche; welcher in dir eine Leere und Schwäche zurücklässt, vor dem fliehe wie vor einer ansteckenden Krankheit."
– Ernst Freiherr von Feuchtersleben, 1806-1849,
österreichischer Philosoph, Arzt, Lyriker und Essayist

Ich habe die Erfahrung gemacht, dass das, was Sie über andere Menschen sagen, mehr über Sie sagt, als über die anderen. Denn Sie kritisieren meistens Dinge, die Sie ebenfalls in sich tragen und an sich nicht mögen. Überlegen Sie mal, was Ihnen an anderen nicht gefällt. Ich wette, dass Sie diese Dinge nicht ausstehen können, weil Sie auch in Ihnen sind.

Deswegen gilt: Wenn Sie mit jemanden nichts zu tun haben wollen, verabschieden Sie sich freundlich, gehen Sie Ihren eigenen Weg, aber lassen Sie die andere Person in Ruhe. Denn folgendes Sprichwort gilt wirklich:

> ## Man trifft sich immer zweimal im Leben!

Der richtige Umgang mit Kritik

> *„Das Umgehen mit schlechten Menschen und Kritikern*
> *ist wie Wohnen auf dem Fischmarkt*
> *– man gewöhnt sich an den Gestank."*
> – Unbekannt

Es ist eine Herausforderung, den richtigen Umgang mit Kritik zu lernen. Vor allem im Zeitalter des Internets ist nichts einfacher, als aus der Anonymität heraus andere zu kritisieren, Unwahrheiten zu verbreiten und Gerüchte zu streuen. Wie gehe ich damit um?

> ## Lassen Sie sich von Kritik und Ablehnung nicht entmutigen!

Der Junge war einer von vielen, die dem Redner begeistert zuhörten und mit ihm arbeiteten. Doch er bemerkte auch, dass einige den Redner kritisierten und ein anderer Teil ihn weder besonders gut noch besonders schlecht fand. Die meisten aber empfanden so wie der Junge: Sie waren begeistert und hatten Spaß, und brannten darauf, die gelernten Dinge umzusetzen.

Eines Tages fragte der Junge den Trainer, warum die Menschen auf die gleiche Sache so unterschiedlich reagieren. Er antwortete: „Diese drei Gruppen von Menschen findet jeder von uns vor. Die Prozente verschieben sich, aber in jeder größeren Menge finden sich immer Menschen, die spotten und kritisieren, andere, die sich neutral verhalten, und welche, die begeistert sind. Anfangs wollte ich, dass alle begeistert sind. Aber das ist unmöglich, denn manche haben es sich zur Lebensaufgabe gemacht, kritisch und negativ zu sein. Auch erfordert es Mut, sich für Neues zu öffnen. Und den hat nicht jeder.

Ich habe gelernt, dass es leichter ist, wenn man sich mit den drei Gruppen abfindet. Ich konzentriere mich nur noch auf die Gruppe, die meine Botschaften positiv aufnimmt. Seither geht es mir viel besser."

Jeder erfolgreiche Mensch hat gelernt, mit Ablehnung umzugehen.
Er weiß, dass es immer drei Gruppen gibt:

*   Eine Gruppe, die ihn ablehnt.

*   Die zweite Gruppe, die unentschlossen ist und gar nichts tut.

*   Und die dritte Gruppe, die ihn, sein Projekt oder seine Idee begeistert aufnimmt.

Dies liegt einfach in der Natur des Menschen und wird immer so sein. Aus diesen drei Gruppen werden Sie Anerkennung oder Kritik erhalten. Für diese drei Gruppen gibt es keine Ausnahme im Leben. Das Entscheidende ist, wie Sie mit diesen Gruppen umgehen. Es gibt zwei Extreme: Zum einen gibt es Menschen, die sich der Kritik vollkommen verschließen und damit keine Chance haben, zu wachsen und besser zu werden. Zum anderen gibt es welche, die sich von allem beeinflussen lassen, es jedem recht machen wollen und damit sich selbst untreu werden.

Die Kunst ist, den goldenen Mittelweg zu finden. Wir sollten hinterfragen, ob die Kritik konstruktiv und berechtigt oder destruktiv ist.

Der richtige Umgang mit Kritik

Erfolgreiche Menschen haben die Fähigkeit ausgebildet, destruktive Kritik nicht persönlich zu nehmen. Sie erkennen, dass das Problem eher bei dem Kritisierenden selbst liegt. Ebenso wissen sie, dass es immer einen gewissen Prozentsatz gibt, der spottet, lacht und ablehnt. Es gibt zwei Dinge, die niemals im Leben miteinander vereinbar sind: Erfolg und „Es-jedem-recht-machen-wollen".

Es gibt Menschen, die versuchen werden, Sie zu verletzen. Manche tun dies aus Neid, andere, weil sie selbst unzufrieden sind. Natürlich sagen sie nicht: „Ich beneide diesen Menschen, darum nörgele ich an ihm herum."

Neider kleiden ihre Worte in scheinbar ernst zu nehmende Kritik.

Wieder andere haben es sich zur Lebensaufgabe gemacht, negativ zu sein. Das darf uns nicht stören. Es ist ja die Aufgabe des Miesepeters, alles mies zu machen. Vielleicht haben Sie sich auch schon mal gefragt, warum ein bestimmter Mensch immer lügt. Antwort: Weil er ein Lügner ist! Der Lügner lügt, der Spötter spottet, der Dieb stiehlt und der Negativling kritisiert ständig.

Es gibt nur einen Weg, Kritik zu vermeiden: Tue nichts! Das hilft! Wir sollten unser Leben aber nicht nach Nörglern ausrichten, die versuchen, ihr eigenes Unglücklichsein besser zu ertragen, indem sie andere ebenfalls unglücklich machen.

Entscheidend ist allein, wie wir mit Kritik umgehen. Wenn das Gefühl für die eigene Sache zu schwach ist, dann wird man anfällig für Kritik. Bei begeisterten, erfolgreichen Menschen ist die Begeisterung für die eigene Sache einfach stärker. Sie sind hungriger, lernwilliger, eifriger. Sie sind bereit, alles zu tun, was nötig ist, um ihr Ziel zu erreichen. Wer ein derartiges Gefühl für seine Aufgabe entwickelt, der lässt sich nicht so leicht beirren.

„Solange die Welt steht, wird es Kritiker geben, die das Große anbellen und dem Kleinen entgegenwedeln."
– Peter Sirius, 1858-1913, eigentlich Otto Kimmig,
deutscher Gymnasialprofessor

Ein weiser Mensch sagte einmal:

> *„Nimm Dir niemals die Kritik eines Menschen zu Herzen, dessen Rat Du nicht schätzt oder der nicht da ist, wo Du selbst einmal sein möchtest."*

Wenn Sie sich in Zukunft das Leben kreieren werden, das Sie schon immer führen wollten, dann müssen Sie mit Kritik rechnen!

„Ein Großer" sind Sie, wenn Sie Ihr Leben selbstbestimmt in die Hand nehmen. Sie glauben an Ihre Träume und Wünsche, sind bereit, sie zu verfolgen und Realität werden zu lassen. Sie setzen sich somit automatisch vom größten Teil unserer Bevölkerung ab, den Kleinen, die ein Leben im persönlichen Mittelmaß gewählt haben.

*„Leiste guten Menschen Gesellschaft,
und Du wirst einer von ihnen werden."*
– Miguel de Cervantes-Saavedra, 1547-1616,
spanischer Schriftsteller und Staatsdiener, zeitweilig algerischer Sklave

Diese „kleinen" Menschen werden auf Ihren Erfolg neidisch und eifersüchtig blicken und Sie deshalb kritisieren. Der Neid kommt daher, dass solche Menschen in einer Welt der Angst und Furcht leben und glauben, dass Sie ihnen etwas von dem Erfolg geklaut haben, der eigentlich für sie reserviert war. Sie fühlen sich bestohlen, denn sie sind überzeugt davon, dass es nur eine bestimmte Menge von Erfolg gibt. Solche Menschen haben keine Ahnung davon, dass genügend Erfolgsmöglichkeiten für alle vorhanden sind, die danach streben und bereit sind, dafür auch Opfer zu bringen.

Der richtige Umgang mit Kritik

*„Ich halte nicht viel von jemandem,
der heute nicht weiser als gestern ist."*
– Abraham Lincoln, 1809-1865 [ermordet],
16. Präsident der Vereinigten Staaten von Amerika

Zudem haben diese „kleinen" Menschen die Furcht, dass sie selbst nicht so erfolgreich werden wie Sie. Statt Ihnen als Vorbild zu folgen, versuchen diese Menschen, Sie nach unten auf ihr altes, bequemes Level zu ziehen. Solche Menschen sind nämlich nicht bereit, Verantwortung für ihr eigenes Leben zu übernehmen.

Und sie werden noch von einer anderen Angst getrieben: der Angst, dass sie Sie verlieren könnten. Der Angst, dass Sie, wenn Sie erfolgreich sind, nicht mehr so viel Zeit für sinnlose Gespräche, dumme Albereien und zeitverschwendende Aktivitäten haben werden.

Wissen Sie was?

Diese Angst ist vollkommen berechtigt! Wenn Sie erfolgreich werden, werden Sie sich ganz schnell und ganz genau überlegen, mit wem Sie wie viel Zeit verbringen. Wenn Sie eines Tages laut Peter Sirius ein „Großer" sind, dann werden Sie nicht mehr viel Zeit für „Kleine" haben.

Entfernen Sie sich von solchen Kritikern. Solange Sie sich von diesen beeinflussen lassen und über deren Ratschläge nachdenken, werden Sie von ihnen vereinnahmt.

Sagen Sie freundlich „Auf Wiedersehen" und gehen Sie Ihren eigenen Weg.

Einer meiner Onkel hatte mich einmal angerufen und mir dringend davon abgeraten, Redner zu werden: Das sei kein richtiger Beruf, er könne sich gar nicht vorstellen, wie man damit Geld verdient … und so weiter und so fort.

Ich mag meinen Onkel sehr, aber sorry: In dem Moment konnte ich ihm wirklich nicht zuhören. Kaum war das Telefonat beendet, waren seine Worte aus meinem Kopf verbannt!

Rechtfertigen Sie sich auch nicht für Ihren Erfolg. Sie haben sich Ihren Erfolg hart erarbeitet. Sie haben einen Preis dafür bezahlt. Sie haben Ihre Talente und Fähigkeiten zu Ihrem Vorteil eingesetzt und bringen eine wertvolle Dienstleistung für andere Menschen.

Genießen Sie Ihren Erfolg. Gehen Sie damit nicht hausieren, prahlen Sie nicht sinnlos herum, aber er muss Ihnen auch nicht peinlich sein. Lächeln Sie Ihren Kritikern freundlich ins Gesicht und gehen Sie weiter Ihren Weg.

„Wenn Sie ohne jeden Zweifel wissen, dass das, was Sie tun, mit Ihrem eigenen Ziel und Zweck übereinstimmt, und dass Sie dabei sind, etwas Großes zu erreichen, dann sind Sie im Frieden mit sich selbst und befinden sich in Harmonie mit Ihrer eigenen heroischen Mission."
– Dr. Wayne Dyer, *1940, amerikanischer Schriftsteller

Eine verlorene zwischenmenschliche Kunst: Zuhören

Eine der wichtigsten zwischenmenschlichen Fähigkeiten ist das Zuhören. Dies ist die wahre Kunst der Kommunikation. Nur dann lernen wir und verstehen wirklich, was im anderen vorgeht.

> *Mutter Natur hat uns zwei Ohren und einen Mund gegeben. Heißt das nicht im Umkehrschluss, dass wir doppelt so viel zuhören sollten, wie selber reden?*

Die Kunst des Zuhörens ist vollkommen verloren gegangen. Ich erlebe es jeden Tag: Unternehmenschefs und Entscheider rufen bei mir an, wenn sie sich mit dem Gedanken tragen, mich als Redner zu engagieren.

Eine verlorene zwischenmenschliche Kunst: Zuhören

Sie haben sich meistens drei bis fünf detaillierte Fragen aufgeschrieben, die sie von mir beantwortet haben wollen. So weit, so gut. Doch was glauben Sie, wie lange solche Telefonate manchmal dauern? Bis zu einer Stunde! Weil mir die Person am anderen Ende der Leitung ständig ins Wort fällt, mir auf jeden Satz ihre Sicht der Dinge mitteilen möchte und am Ende eigentlich nur erzählen will, wie toll sie ist. Vor kurzem ist mir in einem Gespräch nach 45 Minuten der Kragen geplatzt und ich habe meinen Gesprächspartner gefragt: „Herr ..., darf ich Sie etwas fragen?"

„Natürlich, Herr Bischoff."

„Warum haben Sie mich eigentlich angerufen?"

Schweigen ...

„Weil ich von Ihnen Antworten zu ein paar entscheidenden Fragen brauche."

„Das ist sehr nett von Ihnen. Bitte erklären Sie mir, warum Sie dann seit 45 Minuten selbst reden!"

Dieser Satz zeigte Wirkung ...

Ach, übrigens: Den Auftrag habe ich bekommen.

Jeder Mensch interessiert sich zunächst am meisten für sich und möchte über sich selbst reden. Die Leute, die dieses Bedürfnis durch Zuhören befriedigen können, tragen andere auf ihren Händen.

Es gibt prinzipiell fünf Ebenen des Zuhörens:

1. **Ignorieren**   Wir hören nicht zu.

2. **So tun, als ob**   Wir täuschen das Zuhören vor.

3. **Selektiv**   Wir hören nur das, was wir hören wollen, bzw. warten nur auf eine Möglichkeit zu unterbrechen (sehr verbreitet bei Führungsrungskräften und auf Dauer ein Kündigungsgrund für Angestellte, weil sie nie wirklich Gehör finden).

4. **Aufmerksam**   Wir sind voll bei der Sache und versuchen zu verstehen.

5. Empathisch   Wir hören zu, um die Dinge aus der Sicht des Redners zu verstehen (mit Gefühlen).

Lernen Sie zuzuhören! Wenn Sie ständig selbst reden, lernen Sie nichts Neues! Wenn Sie zuhören, werden Sie besser.

Anderen Menschen aufrichtig helfen

Wer von Ihnen möchte anderen Menschen aufrichtig helfen?
Wenn Sie anderen Menschen wirklich helfen möchten, fragen Sie sich:
„Was können diese Menschen tun, um besser zu werden?"

Und nicht: „Was stimmt nicht, was machen sie falsch?"

Warum?

> *„Um einen Menschen zu ändern,*
> *muss er seine Selbstwahrnehmung verändern!"*
> – Abraham Maslow, 1908-1970, amerikanischer Psychologe

> *„Jeder Mensch ist ein Kritiker,*
> *kein Mensch mag Kritik!"*
> – Dale Carnegie, 1888-1955, Schriftsteller

Ich habe einen Mentor, Thor Olafsson aus Island. Seit ich Thor kenne, hat er mich noch nie kritisiert. Dafür habe ich schon unendlich viel von ihm gelernt. Raten Sie mal, wer einer der Menschen auf dieser Welt ist, denen ich am aufmerksamsten zuhöre, wenn sie mir etwas zu sagen haben?

Lernen Sie, Danke zu sagen

„Menschen kann man gar nicht oft genug DANKE sagen."
– Mein Freund und Mentor Dr. Ron Slaymaker

In meinen Vorträgen sage ich oft: „Seien Sie positiv anders als alle anderen."

Ich weiß nicht, ob mir das selbst immer gelingt (es ist auch für mich viel einfacher, etwas zu sagen, als es in die Tat umzusetzen), doch ich bin mir ziemlich sicher, dass ich zumindest einige ungewöhnliche Wege entwickelt habe, anderen Menschen *Danke* zu sagen.

Immer, wenn mich ein Auftraggeber mit einem Vortrag oder Seminar beauftragt, bekommt er nach der Veranstaltung eine persönliche Dankeskarte von mir. Diese Karte ist natürlich mit der Hand geschrieben. Was bedeutet denn heutzutage noch eine tausendfach verschickte Dankes-Datei aus dem Computer?

Wissen Sie, welche Art von Post bei mir sofort im Mülleimer landet? Die standardisierten Weihnachtskarten, die jedes Jahr im Dezember von Firmen, Verkäufern oder Menschen, die mit Ihnen Geld verdienen wollen, in Ihrem Briefkasten landen. Wer mir so eine Weihnachtskarte schickt, sammelt Minuspunkte – nicht Pluspunkte. Warum? Weil die Worte in dieser Karte nicht ehrlich gemeint sind, sondern nur Marktingzwecken dienen. Wenn Sie etwas aufrichtig und ehrlich meinen, dann setzen Sie sich bitte für ein paar Minuten an Ihren Schreibtisch und schreiben Sie mir eine Karte mit Ihrer Handschrift! Deswegen bedanke ich mich bei meinen Kunden immer persönlich – weil ich es meine! An dem Tag, an dem Sie als mein Kunde keine persönliche Dankeskarte bekommen, werde ich aufhören! Sie haben mein Wort!

Jedes Jahr führen wir in Bamberg unsere Basketball-Sommercamps mit ca. 400 Jugendlichen aus ganz Deutschland und dem angrenzenden Ausland durch. Dieses Camp ist für viele Jugendliche, etliche involvierte Trainer aus der ganzen Bundesrepublik und für viele Betreuer das Highlight des Jahres.

Vor einigen Jahren bekam jeder Trainer am Campabschlussabend einen Scheck von mir. Allerdings war es kein Geldscheck, sondern ein Scheck über 1.000.000 Dankeschöns. Auf dem Scheck stand:

„Für (Name), herzlichen Dank für Deinen unermüdlichen Einsatz beim Camp. Danke, dass Du diese Woche zu etwas Besonderem gemacht hast."

Darunter hatte ich unterschrieben. Am Ende stand der Satz:

> *„Freunde sind die wunderbaren Menschen, die alles über Dich wissen und Dich dennoch mögen."*

Diese Schecks haben bei den involvierten Trainern sehr viel Eindruck gemacht. Noch besser kam jedoch das „Dankeschön" im folgenden Jahr an: Ich besorgte für jeden Trainer ein kleines Buchsbäumchen. Im Topf des Buchsbäumchens hing ein kleiner goldener Zettel, auf dem stand:

„Vielen Dank für Deinen Einsatz und Dein Engagement bei unserem Camp. Pflanze diesen Buchsbaum in Deinen Garten und er wird Dich jahrelang an unsere schöne gemeinsame Zeit erinnern."

Danke zu sagen, ist gut. Auf außergewöhnliche Art Danke zu sagen, ist eine Kunst, die der Empfänger sehr lange in positiver Erinnerung behalten wird.

Sie brauchen sich nicht alles gefallen zu lassen

Gut mit Menschen umgehen zu können, ist eine Kunst. Doch es gibt Grenzen. Wer eine dumme, provokative Frage stellt, der hat auch eine dumme und provokative Antwort verdient.

Auf einer Trainerfortbildung hat mich mal ein Trainer sinngemäß gefragt: „Ich höre immer, dass Du Deine Spieler kaputt trainierst."

Warum machst Du das?"

Ich habe ihn angeschaut und gesagt: „Das stimmt, das ist jedes Jahr mein Saisonziel. Leider habe ich es dieses Jahr noch nicht erreicht – es ist noch keiner tot in der Halle umgefallen. Aber ich gebe weiterhin mein Bestes."

Ohne ein weiteres Wort zu sagen, bin ich gegangen.

Wer eine dumme Frage stellt, verdient eine dumme Antwort.

Ein Buch, das schon Millionen von Menschen stark beeinflusst hat

Wenn Sie sich sicher sind, dass Sie im zwischenmenschlichen Umgang noch eine Menge Optimierungspotenzial besitzen, dann müssen Sie eigentlich nur ein einziges Buch lesen: „Wie man Freunde gewinnt" von Dale Carnegie.

Es ist ein zeitloser Klassiker, der schon Millionen von Menschen geholfen und mich selbst viel weitergebracht hat, und der sicherlich auch Sie weiterbringen wird. Dieses hochinteressante und informative Buch können Sie gar nicht oft genug lesen.

Eine kleine hochinteressante Notiz am Rande:

In allen Ländern der Welt, wo es veröffentlicht wurde, ist es dieses Buch von Dale Carnegie, das in den Bestseller-Listen steht. Nur in Deutschland ist es ein anderes Buch von ihm: „Sorge dich nicht, lebe!"

Können Sie sich vorstellen, warum dem so ist ☺?)

Christian Bischoffs Schlüsselpunkte zum Thema „Der richtige Umgang mit Mitmenschen"

- Erst müssen Sie richtig mit sich selbst umgehen, dann kommen die anderen Menschen! Denn wenn Sie in Ordnung sind, dann ist meistens auch Ihr Umfeld in Ordnung. Wenn Sie Probleme haben, dann gibt es meistens auch in Ihrem Umfeld Probleme.

- „Ich kümmere mich um mich für Dich. Kümmere Du Dich bitte um Dich für mich!"

- Seien Sie vollkommen egoistisch in Bezug auf Ihr eigenes Leben!

- Unabhängigkeit macht attraktiv!

- Was andere über mich denken, geht mich nichts an!

- Sie brauchen keine anderen Menschen, um glücklich zu sein. Dennoch können Sie ohne andere auch nicht glücklich sein.

- Behandeln Sie Menschen so, wie sie behandelt werden möchten.

- Lernen Sie, mit den verschiedenen menschlichen Persönlichkeiten unterschiedlich umzugehen.

- Beachten Sie den Verhaltenskodex des Sokrates!

Christian Bischoffs Schlüsselpunkte

- Die wichtigste Frage, die Sie anderen Menschen stellen können: „Auf einer Skala von 1-10, welche Note würden Sie der Qualität unserer Beziehung (Produkt/Dienstleistung) in der letzten Woche (Monat/Halbjahr/Jahr) geben?" Jedes Mal, wenn die Bewertung unter 10 liegt, stellen Sie sofort die Frage: „Was braucht es, damit es eine 10 wird?"

- Zwingen Sie sich dazu, sich von Menschen zu entfernen, mit denen Sie nichts zu tun haben wollen.

- Nehmen Sie sich niemals die Kritik eines Menschen zu Herzen, dessen Rat Sie nicht schätzen oder der nicht da ist, wo Sie selbst einmal sein möchten."

- Lernen Sie zuzuhören! Wenn Sie ständig selbst reden, lernen Sie nichts Neues! Wenn Sie zuhören, werden Sie besser.

13. Lebenseinstellung

PFLEGEN SIE IHRE GESUNDHEIT

*„Der Mensch hat die Pflicht, gesund zu sein. Nur so kann er den
anderen helfen und wird ihnen nicht zur Last fallen."*
– Thomas Garrigue Masaryk, 1850-1937,
tschechischer Staatsmann und Schriftsteller

Jetzt sind wir bei einem meiner Lieblingsthemen: dem eigenen Körper und der eigenen Gesundheit.

> *Die eigene Gesundheit ist
> das wichtigste Gut, das Sie in
> Ihrem Leben besitzen.*

Wenn es Ihnen nicht gut geht, dann geht gar nichts mehr gut im Leben. In der Schule wurde ich früh mit diesem Thema konfrontiert, was mich bis heute geprägt hat.

Die sechs wichtigsten Dinge im Leben

*„Der durchschnittliche Lehrer erzählt. Der gute Lehrer erklärt.
Der überdurchschnittliche Lehrer demonstriert.
Der außergewöhnliche Lehrer inspiriert."*
– William Arthur Ward, 1921-1994, Schriftsteller

In der elften Klasse im Gymnasium hatten wir diesen positiv verrückten Erdkundelehrer. Seinen Namen weiß ich leider gar nicht mehr.

Er war anders als alle anderen Lehrer, auch sein äußeres Erscheinungsbild unterschied sich von dem der anderen. Er hatte immer alte und zerzauste Kleider an und sein Haar stand in alle Richtungen ab. Dennoch, oder vielleicht auch gerade deshalb, übte dieser Lehrer eine magische Anziehungskraft auf mich aus. Fast jede Stunde hatte er eine nette Geschichte aus seinem Leben oder eine kleine Weisheit für uns parat. Oft saß er die ganze Unterrichtsstunde an seinem Pult und erzählte uns aus seinem Erfahrungs- und Erlebnisschatz. Die meisten aus unserer Klasse konnten jedoch in dieser pubertären Zeit mit seinen lebhaften Berichten nicht mehr anfangen, als sie ins Lächerliche zu ziehen.

Eines Tages hatten wir eine Stunde, die ich bis heute nicht vergessen habe. Er kam in die Klasse und setzte sich gelangweilt an seinen Tisch, kramte minutenlang in seinen Unterlagen herum, ohne uns auch nur eines Blickes zu würdigen. Der Lärmpegel im Klassenraum wurde immer höher. Uns war klar, dass heute nicht viel gelernt und gearbeitet würde – die Stunde war innerlich schon vorbei.

Plötzlich durchbrach seine Stimme die Unruhe: „Meine Damen und Herren, bitte nehmt einen leeren Zettel und einen Stift zur Hand und beantwortet mir folgende Frage: *Was sind für euch die sechs wichtigsten Dinge im Leben?*"

Das Gelächter in der Klasse war groß, doch wurde uns schnell bewusst, dass diese Frage ernst gemeint war.

„Ihr könnt die Dinge aufschreiben, die euch im Moment am wichtigsten sind«, erklärte er uns. »Ihr könnt aber auch Dinge aufschreiben, die ihr mal erreichen wollt. Lebensziele. Dinge, die ihr gerne einmal besitzen möchtet. Und Dinge, die euch für den Rest eures Lebens am wichtigsten sind."

Ich hatte keine besondere Lust auf dieses Spielchen, gab mir deshalb nicht besonders viel Mühe und kritzelte ohne viel nachzudenken einfach ein paar Punkte auf mein Papier. Aus den Augenwinkeln heraus sah ich, dass einige meiner Mitschüler diese Aufgabe ernster nahmen.

Während wir unsere Gedanken niederschrieben, ging der Lehrer hinter den rechten Tafelflügel und schrieb etwas auf die Rückseite.

Nach ein paar Minuten konnte jeder freiwillig seine gesammelten Punkte vorlesen und der Lehrer notierte sie an der Tafel. Ich meldete mich natürlich nicht, um mich nicht vor der Klasse zu blamieren. Ungefähr die Hälfte meiner Mitschüler gab ihre Antworten preis und am Ende hatten die folgenden Punkte die meisten Stimmen:

1. Schuljahr bestehen

2. Abitur schaffen

3. einmal viel Geld haben, reich sein

4. berufliche Ziele erreichen

5. Familie haben

Unser Lehrer setzte sich wieder an sein Pult, blickte auf die Vorschläge an der Tafel und sagte: „Das sind gute Punkte, meine Lieben. Und sicherlich erstrebenswert. In eurem Alter habe ich genauso gedacht. Geld war mir das Allerwichtigste. Aber lasst euch Folgendes sagen: Mein bester Freund hatte vor einem Jahr einen schweren Autounfall und sitzt seitdem gelähmt im Rollstuhl. Er kann nichts mehr alleine machen und ist 24 Stunden am Tag auf fremde Hilfe angewiesen. Vor seinem Unfall war er ein erfolgreicher Manager, der alles hatte, was er wollte – Geld im Überfluss, drei Autos, zwei Häuser – die Bewunderung der Frauen war ihm sicher. Seit dem Unfall hat sich sein Leben radikal verändert. Letzte Woche hat er mir eine Liste mit seinen sechs wichtigsten Dingen im Leben gegeben und mich gebeten, sie an alle meine Schüler weiterzugeben. Ich habe sie für euch aufgeschrieben."

Der Lehrer klappte den rechten Tafelflügel auf.
Dort stand geschrieben:

Die sechs wichtigsten Dinge in meinem Leben sind:

1. Mit beiden Händen und zehn gesunden Fingern greifen und fühlen zu können

2. Mit der Zunge Dinge schmecken zu können

3. Mit beiden Augen sehen zu können

4. Mit beiden Ohren hören zu können

5. Mit einem gesunden Kopf klar denken zu können

6. Auf zwei gesunden Beinen durchs Leben laufen zu können

In unserer sonst so undisziplinierten Klasse herrschte eine nachdenkliche Stille, wie ich sie nie mehr erlebt habe.
»Schreibt euch diese Punkte auf«, empfahl uns unser Lehrer. „Dann habt ihr etwas gelernt, das ihr für den Rest eures Lebens behalten werdet. Die wichtigsten Dinge im Leben sind die Geschenke, die euch Mutter Natur bei eurer Geburt gegeben hat: eure eigene Gesundheit!"

Ich saß damals in unserer Klasse und sagte zu mir: „Oh mein Gott, was für ein Scheiß!" Erst Jahre später wurde mir klar, wie sehr unser Lehrer Recht hatte: Das Allerwichtigste in unserem Leben ist unsere Gesundheit!

MIT UNSEREM WICHTIGSTEN GUT GEHEN WIR OFT AM DÜMMSTEN UM!!!

Dieses Gut müssen wir hegen und pflegen, denn damit steht und fällt die Qualität unseres Lebens. Das Problem: Beim allerwichtigsten Lebensgut sind wir in Deutschland häufig am allerdümmsten!
Mittlerweile besteht unsere deutsche Gesellschaft aus den dicksten Menschen in ganz Europa. Laut aktueller Untersuchungen sind drei Viertel

der erwachsenen Männer und mehr als die Hälfte der erwachsenen Frauen in Deutschland übergewichtig oder fettleibig.

Glauben Sie mir nicht?
Schauen Sie sich doch nur mal auf unseren Straßen oder auf öffentlichen Plätzen um!
Halt! Vielleicht reicht es ja schon, wenn Sie nur mal kurz nach unten schauen! ☺

> *„Oft ist man erstaunt, dass der gesunde Menschenverstand so wenig vom gesunden Leben versteht."*
> – Prof. Dr. med. Gerhard Uhlenbruck,
> *1929, deutscher Immunbiologe

Wir essen häufig gedankenlos alles in uns hinein und fragen uns nicht mehr, welche langfristigen Konsequenzen das für uns hat. Selbstmord wird in unserer Gesellschaft verachtet. Jeden verzweifelten Menschen versuchen Psychologen davon abzuhalten und ihm alternative Lebenswege aufzuzeigen. Dabei lassen wir außer Acht, dass sich täglich Millionen von Menschen in den Selbstmord FRESSEN.
Ein zugegebenermaßen schleichender Prozess, der häufig erst über 20, 30 oder 40 Jahre den eigenen Körper zerstört, bis der sich eines Tages nicht mehr bewegen kann, die eigene Gesundheit belastet, damit die eigene Leistungsfähigkeit minimiert und unser Gesundheitssystem überstrapaziert.

> *Eine goldene Regel:*
> *genug Nahrung zu sich*
> *nehmen, um täglich*
> *leistungsfähig zu sein –*
> *aber nicht mehr!*

Vor kurzem hatte ich ein Erlebnis, bei dem ich nur den Kopf schütteln konnte über die deutsche Gedankenlosigkeit bezüglich Ernährung: Es war Freitagabend, wir hatten uns zum Bowlen in einem großen Münchner Bowlingcenter verabredet. Als ich ankam, warteten die anderen schon auf mich und sagten, dass keine Bahn mehr für uns frei sei. In einem Nebensatz hörte ich, dass an diesem Abend gleichzeitig ein „All-you-can-eat"-Buffet auf besagter Kegelbahn angeboten wurde. Das weckte meine Neugier – ich wollte die Menschen beim Bowlen beobachten. Ich ging die Treppen hinunter in den Bowlingbereich und es dauerte nur wenige Sekunden, bis ich mir vorkam, als wäre ich im Schweinestall eines Bauernhofs.

Der Raum war völlig überfüllt mit übergewichtigen Menschen, die sich auf ein mittelmäßiges Buffet stürzten, als hätten sie seit Monaten nichts mehr zu essen bekommen. Die Teller waren voll, alle Tische belegt, ein Übergewichtiger saß neben dem anderen und schlang Essen in sich rein. Wieder andere nahmen ihre übervollen Teller mit zur Bowlingbahn, aßen ein paar Minuten ohne zu kauen, um dann zur Abwechslung und zur Gewissensberuhigung aufzustehen, sich eine Bowlingkugel zu nehmen und mit unkoordiniertem Griff diese Kugel an allen Pins vorbei in eine der beiden Seitenrinnen am Bahnrand zu hieven. Das störte natürlich keinen … Hauptsache, es ging schnell genug zurück zum Teller und zum großen Buffet! Schätzungsweise 80 Prozent der Anwesenden waren für mich erkenntlich NICHT primär zum Bowlen hier, sondern zum Essen. Was diese Leute wohl ihren Freunden am nächsten Tag erzählt haben, was sie Freitagabend gemacht haben?

Ich weiß die Antwort: „Ich war beim Bowlen." Mit Sicherheit hat keiner gesagt: „Ich war beim All-you-can-eat-Essen und bin meinem Selbstmord einen Schritt nähergekommen."

Wir Deutsche lieben Befehle! Dem Befehl „All-you-can-eat!" kommen die meisten von uns nur zu gerne nach! Hallo, das ist kein Befehl, Du Vollidiot, das ist ein Angebot! Aber ich weiß: (Fress-)Gier frisst Hirn!

In diesem Sinne: Mahlzeit!

„Ohne Essen stirbst du, aber das viele Essen verkürzt das Leben."
– Aus Malta

Verstehen Sie mich bitte nicht falsch: Jeder von uns ist mal „dumm".
Wir essen alle mal zu viel, bekommen Heißhungerattacken und schlagen über die Stränge. Das ist gut so! Sie leben nur einmal, also genießen Sie das Leben auch. Jedoch in Maßen und in den richtigen Relationen.
Seien Sie nicht so dumm und „erfressen" Sie Ihren Körper. Mit „dumm" meine ich, dass Sie eigentlich wissen, was richtig ist, aber dennoch ständig das Falsche machen.

Die einzigen zwei Variablen gegen Übergewicht

Damit sind wir beim Kernthema:
Es gibt nur zwei Schrauben, an denen Sie drehen können, um abzunehmen:

1. gesünder essen und/oder

2. mehr bewegen!

Andere Möglichkeiten gibt es nicht! Das wissen wir alle.
Problem: Wir machen es nicht!
Jeder Ratgeber, jedes Buch und jede Firma (z. B. Weight Watchers) arbeitet nur mit diesen beiden Stellschrauben (auch wenn es geschickt immer wieder anders verpackt wird), weil es keine Alternativen gibt.

Ich habe eine gute Frage an Sie:
Warum essen wir eigentlich?

Antwort:
Um unseren Körper mit Energie zu versorgen!
Das ist der einzige Grund! Wir sollten nicht essen, um Spaß im Leben zu haben.

Die Gründe für Übergewicht

„Wir leben nicht, um zu essen, sondern wir essen, um zu leben."
— Aus Ungarn

Menschen, die nicht zufrieden mit sich und ihrem Leben sind, die mentale und emotionale Probleme haben, sieht man das meiner Erfahrung nach häufig an ihrem Körpergewicht an. Wenn ich mit mir selbst zufrieden bin, geht es mir rundum besser, ich fühle mich besser, ich schlafe besser und esse nicht so zügellos. Essen ist wie viele andere Dinge im Leben eine Ersatzdroge. Viele Menschen kompensieren damit mangelnde Zuneigung, mangelndes Selbstbewusstsein, mangelnden Lebenssinn oder fehlenden Spaß im Leben. Der größte Spaß ist für sie das tägliche Essen.

Überlegen Sie einmal, wie viel Zeit einige Menschen damit verbringen zu planen, was sie heute wann, wo und wie essen werden. Mahlzeiten werden für solche Menschen zum Highlight des Tages. Dabei gilt meistens die Regel: Je billiger es ist und je mehr es gibt, desto besser.

Ein weiterer Grund für Übergewicht: mangelnder Selbstrespekt. Ich werde niemals in meinem Leben dick werden. Ich verspreche es Ihnen hiermit! Mein Selbstrespekt würde das nicht zulassen. Einer der Gründe, warum Menschen fettleibig werden, ist der mangelnde Respekt vor sich selbst. Gedankenlosigkeit und Faulheit: Beides führt zu Übergewicht. Das muss nicht sein, denn beide Eigenschaften sind Ihre eigene Wahl. Es ist Ihre eigene Einstellung. Sie entscheiden, ob Sie ohne nachzudenken den fünften Donut in Ihren Mund schieben oder ob Sie es nicht machen. Sind Sie übergewichtig? Dann haben Sie schlechte Essgewohnheiten und/oder bewegen sich zu wenig! Punkt! Keine weitere Diskussion.

Aus diesem Kreislauf können Sie ganz einfach ausbrechen: durch eine bessere Ernährung und/oder durch Sport. Doch dafür sind die meisten zu träge und zu faul. Sie begehen durch ihre Gedankenlosigkeit lieber weiterhin schleichend Selbstmord.

Vier tödliche Gedankenlosigkeiten

Gedankenlosigkeit Nummer 1: Essen

„Essen macht antriebslos."
– Babylonischer Talmud

Wir ernähren uns von Dingen, von denen wir wissen, dass sie nicht gut für uns sind: Fastfood, Süßigkeiten, Backwaren aus Weißmehl, zuckerhaltige Getränke. Alles Sachen, die dick machen, unseren Cholesterinspiegel erhöhen, die Arterien verkalken und weißen Zucker in sich haben, der unseren Körper täglich in eine Art „Drogenzustand" versetzt. Versuchen Sie nur mal ein paar Tage ohne weißen Zucker zu leben: Ihr Körper wird wahrscheinlich spätestens ab dem zweiten Tag rebellieren, weil er seine „Drogen" nicht bekommt. Gleiches gilt für Koffein. Wir kennen alle Menschen, die täglich ihre drei Tassen Kaffee brauchen oder ihren Cappuccino.

Die schlechte Qualität unserer Esskultur erkennen wir schön an der Anzahl der gelben „M"s und der roten „B"s. Fast überall in unserem Land hat man innerhalb kürzester Anreisezeit die Möglichkeit, in einen McDonalds oder Burger King zum Essen zu gehen. Wenn Sie das hin und wieder mal machen oder maximal einmal im Monat, und sich ansonsten gesund ernähren, ist das okay. Aber doch nicht regelmäßig! Dieses Essen ist das ungesündeste von allen: Alle Produkte voll von Geschmacksverstärkern und Zucker. Selbst die Brötchen sind gezuckert.

Haben Sie den Film „Supersize me" mit Morgan Spurlock gesehen? Den müssen Sie sich anschauen! Ich habe schon an früherer Stelle in diesem Buch darüber geredet: Spurlock unternimmt für einen Monat einen Selbstversuch, bei dem er die Auswirkungen von Fast Food auf den menschlichen Körper testet. Unter zugegebenermaßen extremen Bedingungen (er muss alle drei Mahlzeiten täglich bei McDonalds einnehmen und darf sich von nichts anderem ernähren), zeigt er uns im Zeitraffer, welche Auswirkungen dieses Essen auf den Körper hat.

Nach guten zwanzig Tagen empfahlen ihm alle drei betreuenden Ärzte, den Versuch sofort abzubrechen, da gesundheitliche Dauerschäden nicht mehr auszuschließen wären. Jetzt sagen Sie bestimmt:

„Kein vernünftiger Mensch isst täglich dreimal bei McDonalds."

Richtig. Aber viele machen es dafür regelmäßig. Dann dauert es eben keine drei Wochen, bis Ihr Arzt Ihnen ein Warnsignal gibt, sondern drei Jahre oder etwas länger. Fakt ist: Sie sind auf dem falschen Weg.

Gedankenlosigkeit Nummer 2: Bewegungsmangel

Wir bewegen uns nicht mehr genug! Praktisch alle Wege bringen wir im Auto hinter uns. Sport ist immer mehr out. Wir benutzen den Lift, um auf die Spitze des Berges zu kommen, anstatt zu Fuß zu gehen. Wir fahren mit dem Auto zum Einkaufen, anstatt das Fahrrad zu benutzen. Selbst für die Sonntagmorgen-Brötchen machen wir keinen Spaziergang. Und Sport? Wie bitte, Sport ist Mord! Solche Einstellungen werden uns zum Verhängnis: Unser Herz ist ein Muskel, den wir beanspruchen müssen, indem wir ihn belasten.

Bringen Sie Ihren Puls nach oben, nur für zwanzig Minuten am Tag! Wenn Sie fit sind, gehen Sie joggen. Wenn Sie seit Jahren keinen Sport gemacht haben, dann gehen Sie spazieren, walken Sie, steigen Sie ein paar Treppen. Fangen Sie klein an – aber fangen Sie bitte an. Fünfmal die Woche für zwanzig Minuten. Das ist nicht schwer.

Trainieren Sie Ihre Muskeln. Muskeln verbrennen Fett. Lassen Sie sich auf den Boden fallen und machen Sie Liegestütze, Sit-ups, Übungen für Ihre Rückenmuskulatur. Sie brauchen gar kein teures Geld für ein Fitness-Studio auszugeben. Nutzen Sie Ihre Fernsehzeit. Anstatt beim Fernsehen im Sofa zu versinken, schauen Sie fern und trainieren Sie nebenbei etwas auf dem Boden. Es ist so einfach!!

Gedankenlosigkeit Nummer 3: Alkohol

Jeder Rausch tötet erwiesenermaßen Millionen von Gehirnzellen ab. Wenn Sie zu viel trinken und regelmäßig betrunken sind, dann sind Sie gedankenlos! Sie sind gedankenlos, weil Sie schleichend Ihren Körper, Ihren Geist, Ihr Urteilsvermögen und Ihre Lebenskraft ertränken. Wessen Entscheidung ist es, in ein Geschäft zu gehen, sich Alkohol zu kaufen und die Kehle hinunterzuschütten?

Ihre eigene! Jeder Mensch weiß, dass ein Zuviel an Alkohol ungesund ist. Wir machen es trotzdem.

Häufig lügen wir uns über die Konsequenzen selbst an.

Bei einer F.X.-Mayr-Kur (mehr dazu später) habe ich gehört, dass es mal eine Kurpatientin gab, die jahrelang jeden Abend vor dem Zubettgehen einen kleinen Cognac trank. Laut eigener Aussage brauchte sie diesen doch nur kleinen Cognac, um schlafen zu können. Während der Kur durfte sie keinerlei Alkohol trinken. Die ersten Tage rebellierte ihr Körper und verlangte nach seiner täglichen Portion Cognac. Doch kaum hatte sie ihn entwöhnt, war die Dame völlig überrascht darüber, wie viel tiefer, besser und länger sie ohne Cognac schlafen konnte. Sie wusste nun, dass sie sich jahrelang selbst angelogen hatte mit der Aussage: „Ich brauche einen kleinen Cognac, um gut schlafen zu können." Das Gegenteil war der Fall! In kleinen Schritten hatte sie Tag für Tag ihren Körper, ihr Wohlbefinden und ihre Gesundheit zerstört.

Am Ende der Kur schwor sie sich: „Niemals mehr werde ich Cognac trinken!", warf die letzte Flasche in den Müll und lebte ab diesem Tag deutlich gesünder.

Gedankenlosigkeit Nummer 4: Rauchen

Auf jeder Zigarettenpackung steht ein Spruch. Alle Sprüche haben die gleiche Botschaft: „Rauchen schadet Ihrer Gesundheit."

Jeder Mensch weiß, dass Zigaretten krebserregende Stoffe enthalten, die die Lunge und die eigene Gesundheit zerstören. Trotzdem stecken sich Millionen von Menschen täglich Glimmstengel in den Mund und atmen bereitwillig diese Giftstoffe ein. Wie nennen wir ein solches Verhalten? Dummheit.

In den USA besaßen einige Raucher in der Vergangenheit sogar die Frechheit, die Tabakindustrie für ihr Krebsleiden verantwortlich zu machen. Ist das nicht unglaublich?!

Wer geht denn aus eigenem Antrieb an den Zigarettenautomaten, wirft bereitwillig sein eigenes Geld in den Schlitz, zieht fest entschlossen an der Zigarettenmarke seiner Wahl, holt die Glimmstengel aus der Packung und zündet sich genüsslich einen Sargnagel nach dem anderen an?!

Der Staat hilft uns mit etlichen Reglementierungen (Warnhinweise auf jeder Packung, Rauchverbot in Kneipen und Restaurants). Dennoch lassen Sie sich nicht davon abhalten.

Also sagen Sie eigentlich: „Ich will rauchen und ich akzeptiere dafür das Risiko, dass ich an Krebs erkranken werde."

Diese Entscheidung ist in Ordnung; jeder Mensch hat das Recht, so zu leben, wie er leben möchte. Doch übernehmen Sie dann bitte auch für sämtliche Konsequenzen die volle Verantwortung.

Mein Opa war ein Kettenraucher – bis eines Tages Krebs diagnostiziert wurde. Er überlebte die Operation und stellte von einem Tag auf den anderen das Rauchen ein. So verlebte er noch einige schöne Lebensjahre, bis ihn die Konsequenzen seines jahrzehntelangen Fehlverhaltens schließlich doch eines Tages einholten ...

Wir Menschen sind dumm!
Richtig dumm!
Ich beweise es Ihnen:
Wir sind das einzige Lebewesen auf dieser Welt, das wissentlich alles kaputt macht. Wir zerstören Schritt für Schritt den Planeten, auf dem wir leben – obwohl wir es wissen. Wir zerstören Schritt für Schritt unseren eigenen Körper – obwohl wir es wissen. Sei es durch Essen, Trinken, Rauchen, Drogen und Ähnliches. Das nenne ich Dummheit!

Ich gebe mich keinen Illusionen hin und weiß auch, dass sich durch meine Worte kaum etwas ändern wird. Meine Vermutung ist, dass von 100 Menschen, die dieses Buch lesen, maximal einer nachhaltig etwas in seinem Leben ändern wird.

Viele Menschen sind dumm, was ihr eigenes Leben angeht, und sie werden es auch bleiben. Das ist nicht böse gemeint, sondern einfach nur Fakt.

Vieles im Leben verläuft schleichend

Das Gefährliche im eigenen Leben ist, dass vieles ein schleichender Prozess ist und Konsequenzen nicht von heute auf morgen sichtbar werden. Wenn Sie nach nur einer Zigarette einen Herzinfarkt bekämen, dann würden Sie mit Sicherheit nicht rauchen. Doch der Herzinfarkt entwickelt sich langsam.

Manch einer mag sagen: „Herr Bischoff, ich gehe seit einem Monat regelmäßig zu Burger King und schauen Sie sich an, wie gesund ich bin!"

Vorsicht! Sie dürfen sich nicht täuschen lassen. Nach einem Monat hat Fast Food natürlich noch keine sichtbaren negativen Auswirkungen auf

Vieles im Leben verläuft schleichend

Ihre Gesundheit. Wie sieht es aber aus, wenn Sie diese Angewohnheit die nächsten fünf bis zehn oder gar zwanzig Jahre beibehalten?
Dann würden wir alle die Konsequenzen bei Ihnen deutlich sehen können.
Vieles im Leben ist ein schleichender Prozess. Da wir die Konsequenzen heute nicht ertragen müssen, wähnen wir uns in einer trügerischen Sicherheit. Stellen Sie sich vor, Sie nehmen dieses Jahr ein Kilo zu.
„Das ist nicht schlimm!" werden Sie antworten. Und Sie haben Recht damit! Wenn Sie dieses Jahr ein Kilogramm zunehmen, dann ist das wirklich nichts Weltbewegendes!
Doch was passiert, wenn Sie dieses Kilo jedes Jahr für die nächsten zwanzig Jahre zunehmen? In zwanzig Jahren hätten Sie zwanzig Kilogramm Übergewicht, die Ihre Gesundheit dann massiv negativ beeinflussen würden.

> „Alle Menschen schieben auf und bereuen den Aufschub."
> – Georg Christoph Lichtenberg, 1742-1799, deutscher Physiker

Nehmen wir an, Sie sind vollkommen gesund. Sie können Ihren heutigen Gesundheitszustand auch als kleinen Punkt malen:

●

In zwanzig Jahren werden Sie garantiert an einem anderen Gesundheitspunkt ankommen. Die entscheidende Frage ist, an welchem?

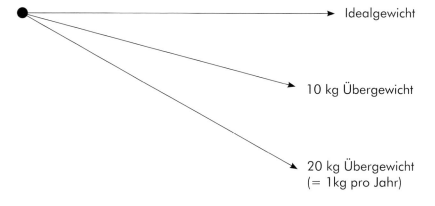

Pflegen Sie ihre Gesundheit

Die drei Eigenlügen

Eigenlüge Nummer 1: „Es ist doch alles in Ordnung."

Es gibt Menschen, die leben in Saus und Braus und erzählen allen: „Ich war die letzten Jahre nie krank. Bei mir ist alles in Ordnung."
Ich wäre mir da nicht so sicher. Überprüfen Sie das besser mal ganz genau.
Stellen Sie sich folgende gute Frage: Sind Sie heute noch so fit wie vor 10 Jahren? Wenn Ihre Antwort *nein* ist, dann habe ich die nächste Frage:
Warum nicht???

Eine alte Regel besagt, dass Menschen, die ihren ersten Herzinfarkt überleben, eine gute Chance besitzen, sehr alt zu werden. Dieser Herzinfarkt ist ein Warnsignal für sie. Sie wissen dann: Ich muss sofort etwas ändern, sonst geht es in die Kiste und mein Name erscheint nur noch im Ahnenbuch. Sie stellen alle schlechten Angewohnheiten sofort ein und ernähren sich nur noch von Produkten aus dem Bioladen!
Wir sollten frühzeitig die Weisheit entwickeln, es gar nicht so weit kommen zu lassen. Nehmen Sie diesen Fall als warnendes Beispiel und sagen Sie zu sich: „Ich lasse es nicht so weit kommen!"

Eigenlüge Nummer 2: „Ich bin doch gar nicht so dick."

Manche Menschen entwickeln einen unglaublichen Erfindungsreichtum, um ihr Übergewicht zu kaschieren. Sie kaufen sich zum Beispiel extra große und weite Kleidung, stellen sich damit vor den Spiegel und sagen: „Eigentlich ist es gar nicht so schlimm. Ich bin nicht so dick, wie alle sagen." Was für eine Eigenlüge. Hier hilft nur eins: Ziehen Sie alles aus, stellen Sie sich nackt vor den Spiegel, betrachten Sie sich so lange und so genau, bis Sie genug von dem Anblick haben, und dann sagen Sie einmal laut: „Ich bin eine fette Sau! Jetzt ist Schluss damit!"

312   Machen Sie den positiven Unterschied

Eigenlüge Nummer 3: „Ich kann nichts für mein Übergewicht. Das ist genetisch bedingt."

Mittlerweile ist Übergewicht in unserer Gesellschaft akzeptiert. Es ist sogar verpönt, andere Menschen darauf anzusprechen. Es könnte ja eine Krankheit sein. Ist es eine Krankheit oder ist es genetisch bedingt? Meistens keins von beidem! Sie haben es gewählt! Es ist Ihre Wahl! Sie entscheiden sich täglich dafür, zu viel zu futtern. Hören Sie mir auf mit Schilddrüsen-Argumenten und Ähnlichem. Solche Fälle betreffen vielleicht ein Prozent der übergewichtigen Menschen. Sie sind dick, weil Sie sich durch Ihre täglichen Entscheidungen dafür entschieden haben!

Ein intelligenter Weg

„‚Über den eigenen Schatten springen', ist die einzige Sportart, um dem Problem Übergewicht dauerhaft zu begegnen."
– Frank Dommenz, *1961, Malermeister und Illustrator

Genug der Feststellungen. Es wird Zeit, etwas zu ändern. Doch wie? Es gibt tausende von Möglichkeiten. Ich möchte Ihnen nur meinen Weg darlegen, wie ich mein Idealgewicht halte:
Machen Sie einmal pro Jahr eine F. X.-Mayr-Kur. Diese Kur ist prinzipiell keine Diät, sondern eine Darmreinigungs-Kur. Unser Darm ist das Gesundheitszentrum unseres Körpers. Die meisten Krankheiten entstehen, weil der Darm nicht gesund ist. Während dieser Kur wird jedoch nicht nur Ihr Gesundheitszentrum auf Vordermann gebracht, sondern Sie lernen auch, genial einfach Ihre Essgewohnheiten zu ändern und auf gesündere Nahrung umzustellen. Zusätzlich verlieren Sie jede Menge Gewicht. Am Ende der Kur haben Sie Ihre Essgewohnheiten so weit geändert, dass Sie in der Lage sind, Ihr Gewicht zu halten.
Ich möchte Ihnen erzählen, wie ich auf diese Kur gestoßen bin. Bis zu meinem 19. Lebensjahr war ich als Leistungssportler aktiv und musste nie auf meine Figur achten. Anschließend stieg ich ins Trainergeschäft ein. Ich trieb weiterhin viel Sport, doch im Laufe der Zeit hat der oben beschriebene schleichende Prozess auch bei mir eingesetzt.

Pflegen Sie ihre Gesundheit

In einem Jahr 95 kg, im nächsten 96, dann 97, eines Tages waren es 102.

Schritt für Schritt habe ich gemerkt, dass ich lange nicht mehr so fit war wie zu Profisportzeiten. Eines Tages hatten wir eine Familienfeier und ich habe mit meinem Bruder im selben Hotelzimmer übernachtet. Mein Bruder war zu dieser Zeit für exzessive Parties und schlechte Ernährung bekannt. Als ich am nächsten Morgen aufstand und ins Bad ging, stand mein Bruder vor dem Spiegel – nur mit Unterhose bekleidet. Ich konnte nicht glauben, was ich im Spiegel sah: einen vollkommen austrainierten Körper, die Bauchmuskeln deutlich zu erkennen, minimaler Fettgehalt.

Ich rieb mir verwundert die Augen und stellte meinen Bruder zur Rede: „Du isst und trinkst doch, was Du willst. Wie kommst Du zu so einem Körper?"

Seine Antwort: „Ich habe gerade eine F. X.-Mayr-Kur gemacht. Die mache ich seit vier Jahren regelmäßig."

Dieses simple Erlebnis weckte meine Neugierde. Kaum zu Hause angekommen, bestellte ich mir das Buch „Die neue F. X.-Mayr-Kur", las mir die Kurbeschreibung durch und startete die Kur am nächsten Tag. Es ist ganz einfach: Sie brauchen etwas Selbstdisziplin, nicht zu viel Stress, und machen das, was in dem Buch steht. Jeder Tagesablauf der drei Wochen ist genau beschrieben.

Diese Kur mache ich jetzt seit fünf Jahren. In diesen fünf Jahren habe ich eine interessante Erfahrung gemacht: Es ist wie bei allen Dingen im Leben: Wenn Sie etwas Neues zum ersten Mal machen, ist es schwierig, doch je öfter Sie etwas machen, desto einfacher wird es.

Das erste Jahr war nicht einfach.

Im zweiten Jahr ging die Kur schon deutlich leichter.

Ab dem dritten Jahr arbeitete ich die kompletten drei Wochen voll durch, fast ohne körperliche Einschränkungen.

Ab dem vierten Jahr entwickelte ich mir einen Krafttrainingsplan, den ich während der Kur vom ersten bis zum letzten Tag durchzog. Die Zeit, die gewöhnlich fürs Essen eingeplant werden muss, können Sie während der Kur gut für Krafttraining nutzen.

Ich nenne diese Kur „Meine Energie-, Power- und Motivationskur". Denn obwohl Sie kaum etwas essen, fühlen Sie sich besser, Sie sind leistungsfähiger, brauchen weniger Schlaf und haben mehr Energie (ab dem vierten Tag, wenn Ihr Körper auf innere Ernährung umgestellt hat).

Warum erzähle ich Ihnen das?

Wir leben nur einmal. Jeder hat das Recht, das Leben auch zu genießen. Es gibt so viele gute und schmackhafte Dinge auf der Welt. Finden Sie Ihren optimalen Weg.

Kaufen Sie sich das Buch und lesen Sie es durch. Bilden Sie sich Ihre eigene Meinung und entscheiden Sie dann, ob dieser Weg der richtige für Sie ist. Es gibt sicherlich tausend andere Methoden.

Wenn ich Mitmenschen von der Kur erzähle, dann sagen die meisten: „Das könnte ich nicht."

Meine Gegenfrage: „Woher wissen Sie das? Haben Sie es schon einmal ausprobiert?"

Die meisten Menschen wollen es doch gar nicht können. Weil sie sich dafür für drei Wochen einmal selbst disziplinieren müssten. Davor haben viele Leute Angst.

Denken Sie immer daran: Selbstdisziplin ist alles! Die F. X.-Mayr-Kur ist ein perfektes Beispiel dafür. Wenn Sie diese Kur diszipliniert durchstehen, werden Sie bemerken, dass Sie diese neu gewonnene Selbstdisziplin auch auf viele andere Lebensbereiche übertragen können. Die faszinierendste Erfahrung für Sie ist: Mit jedem Mal wird es einfacher …

Krank sein?

Mein Freund und Mentor Dr. Ron Slaymaker arbeitete 44 Jahre lang als Basketballtrainer und Lehrer an der Emporia State University in Kansas/USA. In diesen 44 Jahren versäumte er nur einen einzigen Tag auf Grund von Krankheit. Jedes Jahr erzählt er den Campteilnehmern in unserem Basketball-Sommercamp in Bamberg sein einfaches Erfolgsgeheimnis:

„Wenn ihr nicht krank sein wollt, dann werdet ihr euch nie von so kleinen Sachen wie Grippe, Migräne oder Kopfschmerzen ins Bett zwingen lassen. Ich habe mich ein Leben lang dafür entschieden, dass ich nie Grippe habe. Das Ergebnis war: Ich hatte nie Grippe. Ich war vielleicht mal nicht im Vollbesitz meiner Kräfte, jedoch war ich nie so krank, dass ich zu Hause im Bett bleiben musste. Diese Art zu denken, wird auch bei euch funktionieren, wenn ihr daran glaubt.

Wenn ihr jetzt sagt: *Nein, für mich funktioniert das nicht, ich bin ständig krank*, dann werdet ihr auch in Zukunft ständig krank sein.

Ändert euer Glaubenssystem, was eure Gesundheit angeht, und ihr
werdet gesund sein!"
Anschließend sucht er sich einen jungen Campteilnehmer aus, wirft
sich mit seinen 71 Jahren auf den Boden und trägt einen Wettkampf im
Armdrücken mit dem Jungen aus! Raten Sie mal, wer immer gewinnt?

Tipps zum Abnehmen

Es ist ganz einfach, anzufangen. Ich möchte Ihnen nur fünf Ideen mit-
geben:

1. FDH

Vor kurzem hatte ich einen Vortrag in einem Unternehmen. Im
Anschluss daran stand ich noch mit einigen Teilnehmern zusammen, einer von ihnen war begeisterter Fußballer. Es ging
um das Thema Übergewicht. Der Fußballer sagte: „Ich habe
seit Jahren eine geile Diät: FDH."
Ich wollte neugierig wissen: „Was ist das? Das habe ich noch
nie gehört."
Seine Antwort: „Friss Die Hälfte."
Ganz einfach, oder?

2. Bewegen

Bewegen Sie sich, bringen Sie Ihre Herzfrequenz nach oben,
mindestens fünfmal die Woche für zwanzig Minuten. Fangen
Sie langsam an, wie auch immer. Seien Sie kreativ.

3. Nutzen Sie Fernsehzeit sinnvoll

Wenn Sie schon fernsehen müssen, nutzen Sie doch wenigstens
die Zeit und stellen Sie sich Ihren Hometrainer vor die Glotze.
Oder lassen Sie sich auf den Boden fallen und machen Sie
Bauchmuskeltraining. Wenn Sie einen Spielfilm anschauen,
nutzen Sie nur die drei bis vier Werbepausen, um fünfzehn
Liegestütze und fünfzig Sit-ups zu machen. Beobachten Sie,
was sich innerhalb kürzester Zeit bei Ihnen verändert.

4. Machen Sie Krafttraining

Trainieren Sie Ihre Muskeln! Es reicht nicht, nur Ausdauertraining zu machen. Ihre Muskeln verbrennen immer noch am meisten Fett. Machen Sie zumindest zweimal die Woche etwas mit Gewichten. Falls Sie das nicht mögen, trainieren Sie mit Ihrem eigenen Körpergewicht (z. B. Liegestütze).

5. Trinken Sie Wasser

Trinken Sie so viel Wasser wie möglich. Das durchspült und reinigt Ihren Darm. Wenn Sie es schaffen, den ganzen Tag 4-5 Liter Wasser zu trinken, haben Sie bereits einen großen Schritt getan. Ersetzen Sie zuckerhaltige Getränke durch Mineralwasser.

Wenn Sie mit nur einem Punkt beginnen möchten, dann empfehle ich Ihnen Punkt 5: Trinken Sie nichts als Wasser. Allein damit reinigen Sie täglich Ihren Körper und geben ihm die Möglichkeit, Schlacken, Giftstoffe, Bakterien und schlechte Nahrung auszuschwemmen.

Christian Bischoffs Schlüsselpunkte
zum Thema „Gesundheit"

- Die eigene Gesundheit ist das wichtigste Gut, das wir in unserem Leben besitzen. Gehen Sie sorgsam damit um.

- Im Umgang mit ihrem allerwichtigsten Gut sind viele Menschen am allerdümmsten.

- Eine goldene Regel: genug Nahrung zu sich nehmen, um täglich leistungsfähig zu sein – aber nicht mehr!

- Die einzigen beiden Stellschrauben, an denen Sie drehen können, um Übergewicht abzubauen oder zu vermeiden:
  1. weniger essen und/oder
  2. mehr bewegen!

- Die vier Gründe für Übergewicht:
  1. Unzufriedenheit
  2. mangelnder Selbstrespekt
  3. Gedankenlosigkeit
  4. Faulheit

- Vier tödliche Gedankenlosigkeiten:
  1. Essen
  2. Bewegungsmangel
  3. Alkohol
  4. Rauchen

- Alles im Leben ist ein schleichender Entwicklungsprozess. In zehn Jahren werden Sie ankommen. Die entscheidende Frage ist: wo?

Christian Bischoffs Schlüsselpunkte

- Die drei törichten Eigenlügen:
    1. „Es ist doch alles in Ordnung."
    2. „Ich bin doch gar nicht so dick."
    3. „Ich kann nichts für mein Übergewicht."

- Machen Sie einmal pro Jahr eine F. X.-Mayr-Kur

- Fünf Tipps zum Abnehmen:
    1. Friss die Hälfte
    2. Fünfmal pro Woche mindestens 20 Minuten Bewegung mit hoher Herzfrequenz
    3. Nutzen Sie Fernsehzeit sinnvoll
    4. Machen Sie Krafttraining
    5. Trinken Sie Wasser

14. Lebenseinstellung

FINDEN SIE IHRE EINZIGARTIGKEIT

„Ich teile mit Milliarden von Menschen die Erde,
aber mit niemandem meine Einzigartigkeit."
– Christa Schyboll, *1952, Autorin

Wo liegt Ihre Einzigartigkeit im Leben? Ich bin davon überzeugt, dass jeder Mensch ein Saatkorn in sich trägt, das „Einzigartigkeit" heißt. Es liegt wie ein Saatkorn in Ihnen, doch häufig geben wir dieser Saat nie die Chance, aufzugehen und zur vollen Blüte zu reifen. Wir versäumen es, sie zu fördern, zu nähren und uns um sie zu kümmern.

Jeder Mensch trägt sein ganzes Leben lang diese Saat in sich. Doch je länger diese Saat vernachlässigt wird, desto härter wird der Boden: Unser Charakter, unsere Persönlichkeit werden immer fester und so tut sich der Keimling mit jedem Jahr schwerer zu sprießen. Stattdessen bevölkert häufig Unkraut in Form von innerer Unzufriedenheit, Neid, Missgunst und Hass diesen Boden. Hass auf andere hat meistens seine Ursache im Hass gegen sich selbst – einen Menschen beschleicht das unbewusste Gefühl, dass er seiner Saat „Einzigartigkeit" nie die Chance gegeben hat, im eigenen Leben zu erblühen. Anstatt sich diese Unzufriedenheit mit dem eigenen Leben einzugestehen und etwas zu ändern, lässt jener Mensch sie lieber an anderen aus.

Vor kurzem hatte ich eine Pastorin in einem meiner Vorträge, die ab der ersten Sekunde nur das Schlechte in der Veranstaltung gesucht hat (natürlich so, dass ich es nicht mitbekommen habe). Anschließend beschwerte sie sich lauthals und ausführlich bei Gleichgesinnten. Zu mir persönlich kam diese Dame nicht.

Ich stelle mir bei solchen Erlebnissen nur noch eine Frage: Was ist im Leben solcher Menschen falsch gelaufen? Woher kommt deren innere Unzufriedenheit?

Finden Sie Ihre Einzigartigkeit

Wie können wir unsere Einzigartigkeit finden?

Stellen Sie sich vor einen Spiegel und blicken Sie sich direkt in die Augen. Dann überlegen Sie:

Wer bin ich?

Was habe ich für eine Vergangenheit?

Was habe ich alles erlebt, erfahren und durchgemacht, was kein anderer Mensch erlebt hat?

Was habe ich getan und was tue ich, was sonst niemand macht?

Was kann ich, das kaum ein anderer kann?

Was gibt es in oder an mir, das so einzigartig ist, dass ich es im Dienst für andere einsetzen könnte?

Es gibt diese Einzigartigkeit. Sie ist da. Ich verspreche es Ihnen. Sie müssen sich nur die Zeit nehmen und die Mühe machen, sie zu finden, zu definieren und anschließend zu fördern. Es kann eine Fähigkeit, ein Talent oder eine Erfahrung sein. Es muss noch nicht einmal etwas Positives sein. Wenn Sie eine negative Vergangenheit hatten, dann könnten Sie diese nutzen, um anderen Menschen zu helfen, nicht in dieselben Fallen zu tappen.

Vor kurzem sah ich ein langes Interview mit Dieter Bohlen im Fernsehen. In diesem Interview erzählte Herr Bohlen, dass er zu Beginn seiner Karriere zehn Jahre lang bei den großen Plattenfirmen „Klinkenputzen" musste, bevor er seinen Durchbruch schaffte.

Es ist an dieser Stelle vollkommen egal, was Sie von Herrn Bohlen halten. Mich inspirierten diese Worte und bestätigten (mal wieder) eine Tatsache: Kein Mensch wird erfolgreich geboren! Kein Mensch braucht herausragendes Talent! Jedoch brauchen wir die Ausdauer, unsere Einzigartigkeit immer wieder so lange zu fördern, bis eines Tages der Durchbruch kommt. Nichts geschieht von heute auf morgen.

Steht Ihnen die Konditionierung aus Ihrer Kindheit im Weg?

Jeder von uns trägt diese kleine Saat in sich. Leider haben Sie sie wahrscheinlich in Ihrer Jugend erstickt, weil Sie zu sehr auf Ihre Eltern, Lehrer, Trainer und sonstige Erwachsene gehört haben, die Sie als Vorbild hatten. Als Sie ein Baby waren, haben Sie ganz genau gewusst, was Sie in Ihrem Leben haben möchten: Sie haben hemmungslos geschrien, wenn Sie Hunger hatten. So lange, bis Ihnen jemand etwas zu essen gegeben hat.

Sie haben all das Essen, das Ihnen nicht geschmeckt hat, wieder ausgespuckt, bis Sie etwas bekamen, das Ihnen schmeckte. Kaum konnten Sie krabbeln, sind Sie überall hingegangen, wo Sie wollten. Sie haben neugierig alles angeschaut, was Sie sehen wollten. Sie kannten keine Angst. Sie sind mit offenen Armen und einer unbegrenzten Neugierde auf alles im Leben zugegangen.

Im Laufe Ihres Lebens haben Sie all diese Eigenschaften verlernt! Was ist passiert? Es gab Leute, die zu Ihnen gesagt haben:

„Fass das nicht an!"

„Mach das nicht, das ist gefährlich."

„Lass Deine Finger davon."

„Nein, das geht nicht."

„Schäm Dich dafür."

„Das brauchst Du nicht."

„Das bekommst Du nicht."

„Das darfst Du nicht machen."

„Überschätz Dich nicht."

Als Sie älter wurden, haben Sie ständig Folgendes gehört:

„Du kannst das nicht."

„Lern etwas Anständiges."

„Über Geld spricht man nicht."

„Sei nicht so egoistisch."

„Mach das aus Deinem Leben, was ich möchte."

„Du musst diese Ausbildung machen (diesen Beruf ergreifen)."

Irgendwann waren Sie so in ein Schema gepresst, dass Sie heute ein Leben führen, das Sie eigentlich überhaupt nicht leben möchten.

Sie führen ein Leben, das nicht wirklich auf Ihre Stärken und Ihre innere Begeisterung ausgerichtet ist?

Habe ich Recht? Natürlich!

Leben Sie nicht die Träume anderer – träumen und leben Sie Ihr eigenes Leben!

Nachdem Sie jahrelang täglich in Ihrer Kindheit diese Sanktionen erfuhren, haben Sie Schritt für Schritt den Bezug zu Ihrem inneren Ich verloren. Sie sind von unserer Gesellschaft so konditioniert worden, dass Sie nicht auf Ihre Bedürfnisse gehört haben, sondern nur noch so handelten, dass Sie Zuneigung, Lob und Anerkennung aus Ihrem Umfeld bekamen – sei es von Eltern, Lehrern oder Freunden. Sie haben sich darüber den Kopf zerbrochen (und tun es wahrscheinlich heute noch), was andere über Sie denken. Das Ergebnis ist, dass Sie heute Dinge tun, die andere von Ihnen erwarten, die Sie persönlich aber eigentlich überhaupt nicht zufriedenstellen:

Wir studieren Jura, weil Papa das so will.
Wir fangen gleich nach dem Schulabschluss eine Ausbildung an, weil Mama das so will – auch wenn wir eigentlich erst die Welt erkunden möchten.
Wir heiraten, weil unsere ganze Familie das so will. So ist die Tradition und so war das schon immer. Brechen Sie bloß nicht aus diesem Raster aus!
Wir gründen eine Familie und leben ein konventionelles 08/15-Leben, weil es die Gesellschaft so will.

Bei all der Konditionierung haben Sie vollkommen den Bezug zu sich selbst verloren.

> *Sie werden Einzelnen und der ganzen Gesellschaft ferngesteuert, und merken es noch nicht einmal.*

Leben Sie nicht die Träume anderer

Kein Wunder, dass die meisten Jugendlichen auf die Frage: „Was willst Du eines Tages, wenn Du groß bist, aus Deinem Leben machen?" antworten: „Ich habe keine Ahnung."

Junge Menschen lernen nicht mehr, sich mit sich selbst auseinanderzusetzen. Die täglichen Prügel in der Jugendzeit in Form von „nein", „Du solltest", „Du musst", „Du darfst nicht" haben ihre ursprüngliche Persönlichkeit bis zur Unkenntnis vernichtet! Ich möchte nicht wissen, wie oft wir alle das Wort „nein" bis zu unserem 18. Geburtstag gehört haben!! Wahrscheinlich über 100.000 Mal!!!

Ist es da noch verwunderlich, dass junge Erwachsene ohne Selbstbewusstsein, Eigenantrieb und Eigenverantwortung durchs Leben laufen? Was soll ein Geist noch Großartiges schaffen, der in den ersten 18 Jahren seiner Entwicklung das Wort „nein" öfter hört als jedes andere?

Diesen Prozess müssen Sie sofort stoppen! Wir sind ein Sklave der Gesellschaft, der Erwartungen unserer Mitmenschen und der uns anerzogenen Verhaltensweisen!

Wie können wir unsere ursprünglichen Bedürfnisse und unsere innere Saat, die Einzigartigkeit heißt, wiederbeleben?

Wie finden wir unsere Leidenschaft fürs Leben wieder?

Wie kommen wir mit uns selbst ins Reine und machen aus unserem Leben das, was WIR wirklich aus unserem Leben machen möchten?

Wie können Sie IHRE Ziele verfolgen, ohne innerlich ein Gefühl der Schuld, der Furcht oder der Zurückweisung zu spüren?

Fangen Sie in ganz kleinen Schritten an! Fragen Sie sich in jeder Alltagssituation: „Wie möchte ICH mich jetzt entscheiden?"

Hören Sie wieder mehr auf Ihre Vorlieben. Wenn alle zu einem Treffen gehen, und Sie keine Lust haben, sagen Sie „nein!"

Reden Sie sich nicht ein, dass solche Entscheidungen unbedeutend sind! Sie sind vielleicht für einen anderen Menschen ohne Bedeutung, aber für Sie selbst sind sie ab jetzt wichtig, denn es sind Ihre ersten Schritte in ein selbstbestimmtes und einzigartiges Leben.

Geben Sie sich nicht mit weniger zufrieden, als Sie haben möchten!

Wenn Sie Ihre Selbstbestimmtheit und Ihre Einzigartigkeit wiederbeleben möchten, und in Ihrem Leben das erreichen, erleben, haben und erfahren wollen, was Sie sich schon immer tief in Ihrem Inneren gewünscht haben, dann müssen Sie folgende Sätze SOFORT aus Ihrem Wortschatz streichen:

„Das ist mir egal!"
„Das ist nicht wichtig."
„Das macht keinen Unterschied."
„Das interessiert mich nicht."
„Ich weiß nicht, wie ich mich entscheiden soll."
„Mir ist es egal."
„Wie auch immer ..."
„Das ist unwichtig."

> *„Gleichgültigkeit begräbt Einzigartigkeit."*
> – Dr. phil. Manfred Hinrich, *1926,
> deutscher Philosoph, Lehrer, Journalist

Wann auch immer Sie mit einer Entscheidung konfrontiert werden, egal, wie klein oder unbedeutend sie zu sein scheint, entscheiden Sie sich so schnell wie möglich. Wenn Sie das nächste Mal essen gehen, durchstöbern Sie nicht eine Viertelstunde lang die Speisekarte, sondern entscheiden Sie sich innerhalb von 30 Sekunden.
Stellen Sie sich jedes Mal folgende Fragen:
„Wenn es mir nicht egal wäre, wie würde ich mich entscheiden?"
„Wenn es mich interessieren würde, wie würde ich reagieren?"
„Wenn ich es wissen würde, was würde ich machen?"
„Wenn es ganz wichtig wäre, für welche Option/Variante würde ich mich entscheiden?"
Es ist einfach eine innere Angewohnheit, die Wünsche und Bedürfnisse anderer Menschen vor die eigenen zu stellen, wenn Sie selbst nicht wissen, wie Sie sich entscheiden sollen. Sie sind jahrzehntelang so konditioniert worden.

Sie können diese Angewohnheit Schritt für Schritt ablegen, indem Sie ab jetzt immer das Gegenteil machen. Doch diese Veränderung geht nicht von heute auf morgen, sondern ist ein mühsamer Prozess.

Ihre Wunschliste

Erstellen Sie Ihre persönliche Wunschliste. Schreiben Sie mindestens 30 Dinge auf, die Sie in Ihrem Leben besitzen möchten. 30 Dinge, die Sie erleben möchten und 30 Orte auf dieser Welt, die Sie sehen möchten, bevor Sie sterben.

So fangen Sie an, sich mehr auf Ihre eigenen Bedürfnisse zu konzentrieren und Schritt für Schritt Ihre Saat der Einzigartigkeit zu nähren und zu füttern.

Ihr Lieblings-Notizbuch

Ich veranstaltete einmal ein Seminar für Jugendliche, bei dem ich zu Beginn auf jeden Teilnehmerplatz ein Notizbuch in unterschiedlicher Farbe legte. Als die Teilnehmer Platz genommen hatten, fragte ich in die Runde: „Wer von euch hätte gerne ein Notizbuch mit einer anderen Farbe?"
Ca. 80 Prozent der Hände gingen nach oben.
Dann sagte ich: „Wenn euch die Farbe nicht gefällt, dann tauscht mit jemand anderem, bis ihr eure Lieblingsfarbe habt. Ihr habt das Recht, in eurem Leben die Dinge zu bekommen, die ihr haben wollt."
Es dauerte nur knapp eine Minute, bis jeder Teilnehmer zufrieden mit dem Notizbuch in seiner Lieblingsfarbe auf seinem Platz saß.
Anschließend vermittelte ich den Seminarteilnehmern folgenden wichtigen Punkt: „Es war kein großes Problem für euch, das Notizbuch in eurer Lieblingsfarbe zu bekommen, aber es war der erste Schritt zu einem selbstbestimmten Leben. Ihr habt alle das Geburtsrecht, das zu bekommen, was ihr haben wollt. Ihr müsst nur lernen, es auszuüben."
Ich bin mir sicher, dass viele Teilnehmer es bis dahin nicht für lohnend hielten, wegen solch einer Kleinigkeit andere Menschen anzusprechen.

Vielleicht war nur für einen dieses kleine Spielchen ein Wendepunkt in seinem heute selbstbestimmten Leben.

„Wenn Sie immer nur das tun, was alle anderen tun, dann werden Sie auch nur dort ankommen, wo alle anderen ankommen.
Und das ist meist im tödlichen Mittelmaß!"
– Hermann Scherer, *1964, deutscher Redner und Buchautor

Kümmern Sie sich nicht um die Meinung anderer

Nichts ist einfacher, als sich über andere Menschen eine undifferenzierte Meinung zu bilden. Nichts ist einfacher, als anderen zu sagen, dass etwas nicht geht, ihnen Steine in den Weg zu rollen und Hindernisse aufzubauen. Das Problem ist, dass die meisten Menschen sich von solchen Kritikern und Nörglern irritieren und abhalten lassen.

Ihr Leben ist nur Ihr Leben –
für Ihr Leben sind nur SIE
verantwortlich.

Das bedeutet auch: Ihre Träume und Ziele sind IHRE Träume und Ziele! Kein anderer hat das Recht, Ihnen da reinzureden.
Kümmern Sie sich nicht zu sehr um die Meinung anderer. Wirklich! Wen interessiert es denn, was andere über Sie sagen? Solange Sie sich darüber Gedanken machen, sitzen Sie in einer Art goldenem Käfig.
Sie sind in Ihrem Leben erst wirklich frei, wenn Sie die Meinung anderer nicht mehr interessiert. Dieser Schritt fällt den allermeisten Menschen am allerschwersten. Ganz ehrlich: Die meisten schaffen diesen Sprung nie. Denn diese Gleichgültigkeit bringt früher oder später immer Unab-

hängigkeit mit sich. Vor dieser Unabhängigkeit haben viele Angst. Dabei gilt genau das Gegenteil: Unabhängigkeit macht sexy!!! Glauben Sie mir nicht? Sorry, aber dann waren Sie noch nie wirklich unabhängig in Ihrem Leben!

Ihr Sterbebett

> *„Ich glaube nicht, dass Menschen älter werden.*
> *Was passiert, ist, dass sie ziemlich früh im Leben aufhören*
> *zu lernen und damit stagnieren."*
> – T. S. Elliott, 1888-1965,
> amerikanisch-britischer Lyriker, Dramatiker und Essayist

Dies soll weder eine bizarre Aufforderung sein noch Angst einflößen. Doch es hilft vielen Menschen, sich Gedanken über die Prioritäten im eigenen Leben zu machen. Ein Sprichwort sagt: „Was ein Mensch sich vorstellen kann und woran er glaubt, das kann er erreichen."
Stellen Sie sich vor, Sie liegen auf Ihrem Sterbebett: Was möchten Sie in Ihrem Leben erlebt haben? Was wollen Sie getan, gemacht, unternommen haben? Welche Orte wollen Sie gesehen haben? Sind Sie von all diesen Dingen meilenweit entfernt? Dann starten Sie heute Ihre Reise!
Viele Menschen wünschen sich im Alter, dass sie Dinge in ihrem Leben anders gemacht hätten. Sich mehr auf das Wesentliche konzentriert hätten. Mehr Zeit mit Menschen und Aktivitäten verbracht hätten, die sie wirklich mögen und lieben. Weniger Zeit damit verbracht, über Dritte zu schimpfen oder sich übermäßig Sorgen zu machen. Sich über Dinge zu ärgern, die in Wirklichkeit gar nicht so wichtig waren.
Sie können jetzt verhindern, dass Sie später einmal auch einer dieser alten Menschen sind, die sich bedauernd von dieser Welt verabschieden. „Hätte ich nur das und das gemacht …"
Wenn Sie bestimmte Aspekte Ihres Lebens verändern möchten, beginnen Sie heute damit. Der Mensch ist das einzige Lebewesen auf diesem Planeten, das von heute auf morgen sein Leben verändern kann, indem es seine Einstellung verändert. Nutzen Sie diese Chance, wenn Veränderungen notwendig sind. Und haben Sie keine Angst davor!

Machen Sie den positiven Unterschied

Der positive Unterschied

Mein Mentor Dr. Ron Slaymaker hat einmal zu mir gesagt:

„Pokale sind schön. Anerkennung tut gut. Geld ist wichtig.
Macht ist für viele Menschen ein Geltungsbedürfnis.
Doch am Ende Ihres Lebens zählt nur eins:
Haben Sie einen positiven Unterschied im
Leben anderer Menschen gemacht?"

Das Stirnband

Ich halte all meine Vorträge mit einem Stirnband auf dem Kopf – es ist mein Marken- und Erkennungszeichen.
Ich bin der erste und einzige Stirnband-Redner der Welt (wahrscheinlich nicht mehr lange, bis der erste Kopier-Pirat kommt und es nachmacht …). Natürlich hat das Stirnband eine Bedeutung.
Es kann für folgende Punkte stehen, die ich meinem Publikum artikuliere:

1. „Dank dieses Stirnbands werde ich Ihnen lange und damit nachhaltig in Erinnerung bleiben. Denn Sie haben mit Sicherheit noch nie einen Redner erlebt, der sich mit Stirnband vor Sie stellt. Das Stirnband bleibt Ihnen in Erinnerung, damit bleibe ich Ihnen in Erinnerung und damit werden Sie sich auch viel leichter und öfter an die Schlüsselpunkte erinnern, die ich Ihnen versucht habe zu vermitteln."

2. „Das Stirnband steht für Einzigartigkeit. Wo liegt Ihre Einzigartigkeit?"

3. „Am Anfang des Vortrags haben Sie sich wegen meines Aussehens vielleicht amüsiert oder auch unverständlich den Kopf geschüttelt. Was auch immer Sie getan haben, es ist mir egal! Wirklich! Was Sie über mich denken:
    a) geht mich nichts an und
    b) interessiert mich nicht.

Ich bin davon überzeugt, dass wir erst richtig gut werden können, wenn wir uns nicht mehr davon beeinflussen lassen, was andere über uns denken."

4. „Nicht Ihr Aussehen ist entscheidend, sondern Ihre Leistung und Ihre Einstellung."
(Okay, lassen wir hier die Modelbranche mal außen vor. ☺)

5. „Seien Sie anders! Suchen Sie Ihre Einzigartigkeit. Und ich meine nicht: Differenzieren Sie sich. Kunden mögen Differenzieren nicht. Aber Kunden zahlen einen hohen Preis für Einzigartigkeit. Um diese Einzigartigkeit zu erreichen, brauchen Sie eine Firmenvision, die alle kennen und leben. Helen Keller, die berühmte blinde und taube Buchautorin, hat mal gesagt: Was ist schlimmer, als blind zu sein? Sehen zu können, aber keine Vision zu haben!"

6. „Nehmen Sie sich selbst nicht so wichtig. Sie sind nicht so wichtig, wie Sie immer meinen. Stattdessen lachen Sie doch mal über sich selbst. Denn an der Selbstironie erkennt man die wahre Größe eines Menschen. Und Selbstironie macht Sie sympathisch!"

Folgen Sie Ihrem Herzen

Wie können Sie Ihre Einzigartigkeit finden? Hören Sie mehr auf Ihren Bauch, auf Ihre Gefühle. Die verraten Ihnen meistens, was Sie wirklich im Leben wollen.

Diese Lösung hat mir Mike Krzyzewski geben. Er ist der renommierteste College-Trainer in den USA. Ich erhielt die Chance, drei Jahre lang im Sommer in seinem Basketball-Programm arbeiten zu dürfen. Im zweiten Jahr hatten wir Gelegenheit, mehr als eine Stunde ungestört persönlich miteinander zu sprechen. Eine meiner Fragen an ihn war: „Wie werde ich persönlich erfolgreich im Leben?" Seine einfache, konkrete, geniale und kurze Antwort: „Christian, folge immer deinem Herzen!"

Diesen Ratschlag habe ich ab diesem Tag immer versucht zu befolgen. Und ich habe es bis heute keine einzige Sekunde bereut. All die Kritiker, Nörgler und Besserwisser waren mir ab diesem Moment egal!

„Wer sich auf einen Konkurrenzkampf einlässt,
riskiert dabei, seine Einzigartigkeit zu verlieren."
– Bernhard Voigt, Student

Vergessen Sie Ihre Wettbewerber

„Um unersetzbar zu sein, müssen Sie Ihre Einzigartigkeit finden."
– Coco Chanel, 1883-1971, französische Mode-Designerin

Suchen Sie Ihre Einzigartigkeit und nutzen Sie diese, um anderen Menschen zu dienen. Dann sind Ihnen innere Zufriedenheit, Glück und Erfolg sicher. In der Theorie ganz einfach. In der Praxis dauert dieser Prozess viele Jahre und erfordert jede Menge Arbeit.

Was ist Ihre Einzigartigkeit? Ich bin mir ziemlich sicher, dass es nicht das ist, was Sie im Moment tun. Die wenigsten Firmen und Menschen leben ihre Einzigartigkeit. Stattdessen reiben sie sich im Wettbewerb mit ihren Konkurrenten auf.

Von meinem Mentor Hermann Scherer habe ich das auf sehr eindrucksvolle Art und Weise gelernt. Als ich in der Rednerbranche anfing, hatte ich sehr lange mit der Entwicklung meiner Positionierung zu kämpfen. Eines Tages gab mir Hermann den alles entscheidenden Tipp: „Christian, frage dich nie, was der Markt braucht. Mache das, wo dein Herz ist, und der Markt wird kommen."

Das war's! So ist „Der Spitzenleistungs-Experte" entstanden. Mich haben im Leben schon immer nur Spitzenleistungen interessiert. Wohlgemerkt: persönliche Spitzenleistungen, denn nicht jeder Mensch kann und muss Weltmeister werden. Außerdem liebe ich deutliche Worte: Mich hat schon immer gestört, dass Menschen sich in unserer „Light-Gesellschaft" verbal nur noch mit Samthandschuhen anfassen.

Keiner sagt dem anderen mehr die Wahrheit ins Gesicht. Mir fällt das nicht schwer: Ich habe schon immer gesagt, was ich denke. Fast alle meine Spieler haben mich folgendermaßen charakterisiert: knallhart, direkt, konfrontierend – hart, aber immer fair, sorgend für andere, direkt – sagt, was er denkt.

Zur Ehrlichkeit gehört für mich nicht nur, andere Menschen nicht anzulügen, sondern auch, ihnen direkt und persönlich die Wahrheit zu sagen, selbst wenn diese in dem Moment vielleicht hart erscheinen mag.

Der entscheidende Tipp kam von jemand anderem. Wissen Sie, wie ich das herausgefunden habe? Ich habe nachgefragt!!! Ich habe meinen Spielern gesagt, sie sollen mich bitte mal mit all meinen Stärken und Schwächen beschreiben. Ich habe meine Spieler sagen lassen, wo meine Einzigartigkeit ist. Heute stehe ich auf der Bühne und sage offen und direkt meine Meinung, denn so bin ich. Das bin ich. Damit möchte ich keinem Menschen wehtun. Doch ich bin überzeugt davon, dass Menschen immer erst mit der Wahrheit konfrontiert werden müssen, bevor wir etwas ändern. Der Mensch verändert nichts, wenn er sich wohl fühlt. Änderungen passieren erst, wenn wir unzufrieden werden.

> *„Ich bin der Retter für tausende von Jugendlichen.*
> *Ich sage ihnen nach drei Minuten im Casting von ‚Deutschland sucht*
> *den Superstar' offen und direkt, dass sie kein Talent haben,*
> *und bewahre sie so davor, dass sie jahrelang noch etwas machen,*
> *worin sie eh keine Karrierechance haben."*
> – Dieter Bohlen, geb. 1954,
> Popgigant und Jurymitglied bei „Deutschland sucht den Superstar"

Ein schönes Beispiel für Einzigartigkeit ist Apple. Apple macht das, was zig andere Firmen auch machen: Computer. Doch sie haben ein einzigartiges Design entwickelt: weiß. Dieses Design steht für Sauberkeit und Gründlichkeit. Hey, ich habe ein Apple-Notebook. Wissen Sie, warum? Ganz ehrlich: Nur wegen des Designs! Ich kann nicht im Geringsten beurteilen, ob die technischen Komponenten besser oder schlechter sind als die der Konkurrenz. Aber der Computer sieht von außen einfach am besten von allen aus! Was anderes hat mich beim Kauf nicht interessiert.

Wenn Sie Ihre berufliche Einzigartigkeit finden wollen, dann lesen Sie zur Unterstützung das Buch „Der blaue Ozean als Unternehmensstrategie" von W. Chan Kim und Renee Mauborgne.

Nehmen Sie sich nicht so wichtig

Vielleicht hilft Ihnen dieser Punkt noch: Bei all Ihrer Suche, nehmen Sie sich nicht so wichtig! Sie sind nicht so wichtig, wie Sie meinen! Ich bin nicht wichtig! Sie sind nicht wichtig!
Mein sehr geschätzter Trainerkollege Rick Stafford hat mir in dieser Beziehung mal richtig den Kopf gewaschen, was mir sehr geholfen hat (manchmal müssen wir alle mal den Kopf gewaschen bekommen!).
In meinem letzten Jahr als Trainer bei Brose Baskets Bamberg sagte er zu mir: „Christian, Du nimmst Dich hier zu wichtig. Es geht nicht um Dich."
„Du bist nicht wichtig. Ich bin nicht wichtig. Ich habe mich entschieden, hier als Trainer zu arbeiten und Teil des Programms zu sein. Ich weiß aber auch, dass es ohne mich gehen würde. Wenn sie mich heute rausschmeißen würden, dann würde die Show hier trotzdem weitergehen, denn sie muss weitergehen. Jeder ist ersetzbar. Ich bin ersetzbar und Du bist auch ersetzbar."

Wissen Sie was?
Er hatte vollkommen Recht!

Christian Bischoffs Schlüsselpunkte zum Thema „Einzigartigkeit"

- Ihre Einzigartigkeit ist ein Saatkorn, das Sie großziehen müssen.

- Leben Sie nicht die Träume von jemand anderem – träumen und leben Sie Ihr eigenes Leben!

- Geben Sie sich nicht mit weniger zufrieden, als Sie haben möchten!

- Folgen Sie Ihrem Herzen.

- Wenn Sie Ihre Einzigartigkeit gefunden haben, dann brauchen Sie sich um Wettbewerber nicht zu kümmern.

- Bei aller Einzigartigkeit: Sie sind nicht so wichtig, wie Sie es gerne hätten.

15. Lebenseinstellung

SEIEN SIE INTEGER

Die freie Enzyklopädie Wikipedia definiert „Integrität" folgendermaßen:

> *„Persönliche Integrität ist die fortwährend aufrechterhaltene Übereinstimmung des persönlichen, an einer humanistischen Ethik ausgerichteten Wertesystems mit dem eigenen Handeln. Gesellschaftlich deuten folgende Eigenschaften auf eine integre Persönlichkeit hin: Aufrichtigkeit, Humanismus, Gerechtigkeitsstreben, Vertrauenswürdigkeit, Zivilcourage. Ein integrer Mensch lebt in dem Bewusstsein, dass sich seine persönlichen Überzeugungen, Maßstäbe und Wertvorstellungen in seinem Verhalten ausdrücken. Persönliche Integrität ist als Treue zu sich selbst umschrieben worden."*

Ich möchte es auch hier wieder ganz einfach halten.

> *Persönliche Integrität bedeutet für mich:*
> *Tun Sie, was Sie sagen!*

Es gibt eine ganz einfache, goldene Regel, die jeder Mensch beachten sollte – jedoch wird sie von kaum einem beachtet:

Wenn Sie sagen, dass Sie etwas tun, dann tun Sie es auch. Und zwar nach bestem Wissen und Gewissen und so gut wie irgend möglich!

Wenn sich nur alle Menschen in unserer deutschen Gesellschaft diesen einen Satz zu Herzen nehmen würden …

Aber persönliche Integrität scheint größtenteils verloren gegangen zu sein. Wenn Sie diese Definition nehmen und an alle Menschen denken, die Ihnen spontan einfallen: Sind diese Menschen integer? Wenn Sie die Antwort geben, die die meisten geben, dann denken Sie sich jetzt: „Nein, wahre Integrität ist eine absolute Ausnahme!"

Hey, seien Sie ehrlich: Sind SIE integer nach obiger Definition?

„Wenn Sie mit Integrität leben – selbst wenn Sie nicht reich und berühmt sind – dann ist Ihr Leben wie ein glänzender Stern: In seinem Licht werden Ihnen viele Menschen auch viele Jahre später noch folgen."
– Denis Waitley (geb. 1933), Autor, Redner und Produktivitäts-Consultant

Dieser Satz von Denis Waitley trifft den Nagel auf den Kopf. Die integerste Persönlichkeit, die ich bis heute in meinem Leben kennen gelernt habe, ist mein Freund und Mentor Dr. Ron Slaymaker. Er ist nicht reich, außerhalb von Kansas auch nicht berühmt. Doch auf der Welt gibt es hunderte von Menschen, deren Vorbild er ist und die ihm jederzeit bereitwillig folgen würden!

In meinen elf Jahren als Basketballtrainer habe ich tausende von Fehlern gemacht. Das ist nicht zu verhindern, denn jeder Mensch lernt nur durch Fehler. Doch mir war es immer das Allerwichtigste, dass Menschen aus meinem Umfeld nie eine Sache über mich sagen konnten:

„Er macht das, was er gesagt hat, nicht so gut wie irgend möglich."
Im Rednergeschäft gibt es für mich eine goldene Regel: Wenn ein Termin mit einem Kunden steht, dann kann dieser Kunde sich voll darauf verlassen, dass ich zum vereinbarten Termin, am vereinbarten Ort, zur vereinbarten Zeit anwesend bin und ihm meine bestmögliche Leistung an diesem Tag gebe!
Ist das nicht selbstverständlich und eine Ehrensache? Es scheint heutzutage in den Köpfen vieler Menschen nicht mehr so zu sein. Sie glauben nicht, wie viele Anrufe ich zwei bis drei Tage vor Veranstaltungsbeginn erhalte, wo der Auftraggeber anruft und ungefähr folgende Sätze nett und durch die Blume zu mir sagt:
„Hallo Herr Bischoff! Wir wollten uns nur noch einmal kurz erkundigen, ob Sie gesund sind, ob Sie noch irgendwelche Fragen haben und ob wir uns wie besprochen zum vereinbarten Termin sehen?"

Einerseits freuen mich diese Höflichkeitsanrufe, andererseits drücken sie auch ganz klar das Misstrauen aus: Kommt unser Referent, oder lässt er uns im Stich?
Warum haben Menschen dieses Misstrauen? Weil sie in der Vergangenheit schlechte Erfahrungen gemacht haben und mit zu vielen Leuten zu tun hatten, die kein integres Verhalten an den Tag gelegt haben!

Abgemacht ist abgemacht

Vor ein paar Jahren lief in unseren Kinos der Film „Versprochen ist versprochen" mit Arnold Schwarzenegger. Schwarzenegger spielt Howard Langston, der seinem Sohn Jamie verspricht, ihm zu Weihnachten die Action-Figur „Turbo Man" zu schenken. Als er in letzter Minute zum Einkaufen geht, bemerkt er, dass diese Spielfigur kurz vor dem Heiligen Abend schon längst ausverkauft ist. Doch er unternimmt alle Anstrengungen, um sein Versprechen zu halten, denn: Versprochen ist versprochen.
Dieser Film hat eine ganz wichtige Botschaft für uns alle: Wenn Sie etwas zusagen, dann halten Sie sich auch daran, denn abgemacht ist abgemacht. Egal, wie sich die Rahmenbedingungen verändert haben. Als ich als Redner begann, buchte mich eine Schule für eine hausin-

terne Fortbildung. Ich war vollkommen neu im Geschäft und verlangte einen lächerlich niedrigen Preis ohne Fahrtkosten und Mehrwertsteuer. Der Auftraggeber plante sehr langfristig und wir terminierten die Veranstaltung über 18 Monate im Voraus. Eineinhalb Jahre und etliche Vorträge später war mein Honorarsatz beträchtlich gestiegen. Vier Wochen vor der Veranstaltung in der Schule rief ein anderer Auftraggeber bei mir an und wollte genau an diesem Tag ebenfalls eine Veranstaltung zu einem vielfach höheren Tagessatz buchen. Leider musste ich ihm absagen, denn der Schultermin war ausgemacht. Erschwerend kam hinzu, dass ich mittlerweile umgezogen war und mit der Anreise und den Steuern praktisch keinen Umsatz an diesem Tag machte. Doch es ist wichtiger, zu seinem eigenen Wort zu stehen. Das zahlt sich langfristig immer aus, denn Ihre Mitmenschen müssen wissen, dass Sie nach folgendem Prinzip leben: Abgemacht ist abgemacht.

In unseren Basketballteams haben wir im ersten Training zu Saisonbeginn immer drei Abmachungen eingeführt. Wir fragten alle Spieler, ob diese Abmachungen für sie in Ordnung wären und sie sich bereit erklären, diese auch die ganze Saison über zu leben.
Eine der Abmachungen war: „Wir lügen uns niemals an, sondern sprechen immer die Wahrheit. Egal, wie hart die Wahrheit in dem Moment auch sein mag."
Alle Spieler erklärten sich mit dieser Abmachung einverstanden.
In der Vergangenheit war uns aufgefallen, dass viele ehrgeizige Spieler bei all den sportlichen Erfolgen ihre schulischen Leistungen zu sehr vernachlässigten. Einige Eltern baten uns um Mithilfe und so entwickelten wir einen gemeinsamen Plan. Jeder Spieler musste uns Trainern alle Schulnoten mitteilen. In dem Moment, in dem ein Spieler in einem oder mehreren Fächern auf einer 5 oder schlechter stand, hatten die Eltern das Recht, seine Trainingshäufigkeit zu reglementieren, bis die schulischen Leistungen sich wieder stabilisierten. Dies war eine Abmachung, die wir alle getroffen hatten, um den Spielern klarzumachen: „Nur wenn ihr in der Schule gut seid, könnt ihr langfristig auf dem Basketballfeld erfolgreich sein, denn die Schule ist eure wichtigere Grundlage fürs Leben."
Ich hatte in dieser Saison einen Spieler mit einer beeindruckenden Persönlichkeit in der Mannschaft: Michael Lachmann. Michael war einer der Kapitäne im Team und von allen Seiten sehr respektiert.
Er stand jedoch vor einer persönlichen Herausforderung: In der Schule

hatte er große Probleme. Mitte der Saison bekam ich von seiner Mutter einen Anruf. Sie war auf einem Elternsprechtag gewesen und hatte erfahren, dass Michael mehrere schlechte Noten geschrieben hatte. Anschließend fragte sie mich, warum ich ihr das nicht gesagt hätte gemäß unserer Abmachung. Problem: Ich wusste es selbst nicht.

Also stellte ich Michael am Nachmittag unter vier Augen zur Rede. Er gab sofort sein Verschweigen und seine Fehler zu und übernahm die volle Verantwortung.

Doch ich tat, was ich tun musste: Ich suspendierte ihn für einen definierten Zeitraum. Er hatte mich angelogen bzw. nicht die Wahrheit gesagt und damit unsere teaminterne Abmachung gebrochen und mein Vertrauen missbraucht. Die Konsequenz war klar und lange vorher in der Theorie immer wieder kommuniziert worden. Doch in diesem Moment half das alles nichts. Michael war stinksauer und ging wütend aus der Halle.

Vier Tage später hatten wir ein Heimspiel. Eine Minute vor Spielbeginn passierte etwas, das ich nicht glauben konnte. Michael kam in die Halle, setzte sich auf die Tribüne und feuerte seine Mitspieler an (auf der Spielerbank darf ein Spieler bei Suspendierung nicht Platz nehmen). Nach dem Spiel gratulierte er allen Mitspielern zum Sieg. In diesem Moment wusste ich: Michael hat seine Lektion gelernt und weiß jetzt auch, was Integrität ist.

Ab diesem Tag gab es in unserer Zusammenarbeit nie mehr auch nur das kleinste Problem. Ganz im Gegenteil: Ich konnte mich auf Michael immer zu 100 % verlassen – und er sich auf mich als Trainer. Er war in den folgenden Jahren immer ein Teamleader und auch Kapitän – und heute sind wir Freunde.

Wenn ich damals nicht die harte Entscheidung mit der Suspendierung getroffen hätte, hätte ich meine eigene Integrität untergraben. Damit hätte ich mir und meinem Ruf geschadet, meine Glaubwürdigkeit bei der Mannschaft aufs Spiel gesetzt und Michael Lachmann die vollkommen falsche Botschaft fürs Leben mitgegeben.

Apropos Integrität: Gibt es die überhaupt in Ihrem Unternehmen? Im Sport scheint davon nicht mehr viel übrig zu sein. Wir sehen es fast täglich in der Fußball-Bundesliga. Heute noch stellt sich der Manager einer auf Talfahrt befindlichen Mannschaft vor laufende Fernsehkameras und sagt: „Wir stehen voll hinter unserem Trainer." Am nächsten Tag ist dieser Trainer gefeuert worden. Der Manager hat sich über Nacht wohl verlaufen und stand am nächsten Morgen deutlich überm Trainer. Ich finde es lächerlich, wie schnell Trainer im Sport gefeuert werden.

Viele dieser halbseidenen Manager haben doch keine Ahnung, wie lange der gesunde Teambildungsprozess dauert, bis jedes Teammitglied seine Rolle, seine Funktion und Aufgabe im Team verstanden hat und zur Zufriedenheit aller umsetzen kann.

Hallo, liebe Manager: Solch ein Prozess dauert länger als fünf Bundesligapartien. Ich hatte Teams, da habe ich fast acht Monate dafür gebraucht.

Vor allem aber bringen sich die Vereine mit diesen ständigen Trainerentlassungen selbst in einen Teufelskreis. Was ist denn die Botschaft für die Spieler? Die Botschaft ist doch folgende:

„Der Trainer ist das schwächste Glied und wenn etwas nicht passt, ist er der Erste, der gehen muss."

Glauben Sie, dass Spieler da noch versuchen, sich mit aller Kraft und eisernem Willen gegen Widerstände durchzusetzen, bereit sind, sich unterzuordnen, in ein Teamsystem einzufügen und das zu machen, was der Trainer sagt, auch wenn es ihnen persönlich mal nicht passt? Jeder Profisportler weiß doch, dass es viel einfacher ist, das eigene Ego zu entwickeln, sich beim Manager über den bösen Trainer zu beschweren und so lange suboptimale Leistungen zu bringen, bis ein anderes Trainergesicht vor ihm steht, das ihm vielleicht besser passt.

Sorry, aber so ist es! Wenn wir die Konsequenzen aller Trainerentlassungen in der Fußball-Bundesliga analysieren, finden wir heraus, dass sich langfristig in den allermeisten Fällen nie etwas verändert hat. Ich steckte selbst einmal als Cheftrainer in der Bundesliga in einer solch schwierigen Situation, die mit meiner Entlassung endete. In schwierigen Phasen erkennen Sie sofort die Spieler, die integer sind und ihre Leistung bringen, auch wenn Dinge nicht so laufen, wie sie es sich wünschen. In meinem damaligen Team waren es genau drei Spieler, die sich von der aktuellen Negativstimmung nicht anstecken ließen, sondern einfach täglich ihre beste Leistung abriefen. Einer von ihnen ist Christopher McNaughton, Spieler in der spanischen Profiliga. Die beiden anderen, Felix Sauer und George Stanka, sind heute ebenfalls höchst erfolgreich in ihrem beruflichen und persönlichen Leben.

Ich möchte mich damit nicht rausreden. Ich habe damals als Cheftrainer einige Fehler gemacht. Doch integre Menschen erkennt man daran, dass sie mit dir durch dick und dünn gehen.

Meine einfache Überzeugung:
Wer integer ist, wird sich auf lange Sicht immer durchsetzen.
Genauso gilt: einmal nicht integer, immer nicht integer.

Was mein Auge sieht

In meinen Vorträgen benutze ich häufig folgende zwei Sätze:

*„Was Sie tun, spricht so laut
zu mir, dass ich nicht mehr
höre, was Sie sagen!"*

und

*„Menschen glauben Ihnen im
Zweifelsfall immer das, was
Sie vormachen und nicht das,
was Sie sagen!"*

Zusammengefasst bedeutet das:

All Ihre guten und integren Worte sind wertlos, wenn sich in Ihren Taten die Inhalte Ihrer Worte nicht widerspiegeln.

Hier bin ich immer wieder überrascht über eine Berufsgruppe, mit der ich in der Vergangenheit viel zu tun hatte: Lehrer. Viele Lehrer sind Weltmeister im Klagen, Beschweren, Kritisieren und Rumnörgeln.

Die allermeisten wissen auch immer, woran es liegt: Lehrer wollen mehr Respekt von ihren Schülern. Die meisten zeigen diesen Respekt jedoch selbst nicht. Ich hatte viele Lehrerfortbildungen, in denen einige einfach nicht zugehört haben.

Beißt sich das nicht: Ein Mensch möchte respektiert werden, zeigt aber selbst keinen Respekt! Wie soll das bitte gehen???

Es gibt Lehrer die beschweren sich darüber, dass die Schüler faul sind. Sie halten jedoch seit Jahren immer den inhaltlich gleichen und monotonen Unterricht und bereiten sich nur mit minimalem Aufwand vor.

Es gibt Lehrer, die stört das gelangweilte Auftreten ihrer Schüler. Schon mal in den Spiegel geschaut? Die Schüler reflektieren im Unterricht ihre Lehrer!

Schüler sollen angeblich frech sein und stören. Viele Direktoren beobachten, dass es auch Lehrer gibt, die sich überhaupt nichts mehr sagen lassen.

Warum sind die gleichen Schüler bei einem Lehrer respektlos, beim nächsten gelangweilt und beim dritten aufmerksam dabei? Weil der erste Lehrer selbst respektlos ist, der zweite ein Langweiler und der dritte guten, lebendigen und spannenden Unterricht hält.

Warum kann ein Chef in seinem Unternehmen alle Mitarbeiter zu deren Zufriedenheit führen und bei einem anderen machen die gleichen Mitarbeiter, was sie wollen? Weil der erste Chef gute Führungsfähigkeiten hat und der zweite Chef keine!

Letztes Jahr habe ich die Jugend-Nationalmannschaft betreut. Wir waren zur Europameisterschaft in Skopje/Mazedonien. Das Land ist sehr arm, doch die Organisatoren hatten ihr Bestes getan, um den Aufenthalt für alle Nationen so angenehm wie möglich zu machen. Alle 21 teilnehmenden Teams waren im gleichen Hotel untergebracht. Das Hotel hatte keinen besonders hohen Standard. Am ersten Morgen lernte ich die freundliche, sympathische Putzfrau auf unserer Etage kennen. Von da an unterhielten wir uns jeden Morgen in gebrochenem Englisch. Ich hatte einen richtig positiven Eindruck von ihr.

Dies änderte sich jedoch schlagartig in der zweiten Woche. Nach einigen Tagen beschwerten sich die ersten Spieler, dass Sachen aus ihren Zimmern verschwunden seien. Am nächsten Morgen wollte ich laufen gehen. Als ich zum Treppengang eilte und um die Ecke ging, sah ich unsere Putzfrau im gegenüberliegenden Zimmer mit dem Rücken zu mir gedreht. Sie war mit dem Reinigen des Zimmers beschäftigt.

Instinktiv blieb ich hinter der Ecke stehen, um sie für ein paar Minuten zu beobachten.

Es dauerte keine zwei Minuten, bis sie in den Schränken und Privatsachen der Zimmerbewohner herumschnüffelte (obwohl die Tür offen war!). Sie fasste alles an, schaute es sich an, kramte in Schubladen herum, legte jedoch alles wieder zurück.

Dennoch: Solch ein Verhalten war inakzeptabel. Ich ging sofort zur Rezeption und meldete den Fall. Damit versetzte ich das komplette Hotel in Aufruhr, wurde zum Direktor zu Protokoll gebeten und berichtete Folgendes: „Ich sah die Dame, wie sie in den Privatsachen der Zimmerbewohner herumschnüffelte. Ich habe nicht gesehen, dass sie etwas gestohlen hat. Dennoch darf sie nicht in Privatsachen rumkramen. Das ist kein integres und vertrauenförderndes Verhalten."

Ab dem nächsten Morgen hat die Putzfrau kein Wort mehr mit mir geredet und mich vollkommen ignoriert. Mir war das vollkommen egal, ich hoffe, sie hat eine richtige Kündigungsdrohung bekommen (was mir die Geschäftsführung bestätigte). Ich habe nicht gesehen, wie sie etwas gestohlen hat, aber ihre Taten haben jegliches Vertrauen in sie zerstört.

Hören Sie auf, schlecht über andere zu reden

Schlecht über andere zu reden, zahlt sich nie aus. Ich habe diese Lektion sehr früh in Bamberg gelernt. Ein Trainer kam kurz vor Saisonauftakt zu mir und sagte: „Viel Spaß mit Sven Maier (Name geändert). Ich hatte ihn letzte Saison. Er wird Dir die ganze Saison nur Ärger und Probleme bereiten. Viel Spaß damit!"

Sie können sich vorstellen, was passierte, als ich zum ersten Training in die Halle ging und Sven Maier sah. Ich beobachtete alles, was er tat. Ich wartete nur darauf, dass es die ersten Anzeichen von Ärger oder Problemen gab. Sven hatte eigentlich überhaupt keine Chance bei mir. Ich hatte ihn schon in eine mentale Schublade geschoben. Ich hatte mir meine Meinung gebildet, bevor er eine Möglichkeit hatte, seinen Mund zu öffnen und mit mir zu reden. Nur logisch, dass ich ihm unbewusst mit meiner Körpersprache und meinem Verhalten eine klare Botschaft sendete: Ich weiß, dass Du ein Problemfall bist!

Das nennt man Vorurteile – einen Menschen zu verurteilen, bevor Sie ihn überhaupt persönlich kennen gelernt haben. Im Laufe der Saison hat sich herausgestellt, dass Sven überhaupt kein Problemfall war. Heute sind wir gute Freunde.

Ich habe in dieser Situation gelernt, dass ich mir nie mehr von einem anderen Trainer (oder ehrlich gesagt: von einem anderen Menschen) eine Meinung über eine dritte Person aufdrängen lasse. Stattdessen nehme ich mir die Zeit, diese Person selbst kennen zu lernen. Ich verlasse mich auf meine Menschenkenntnis, mein Gefühl und meinen Eindruck. Ich habe zudem gelernt, wenn ich alle Menschen mit Respekt behandle, und ich in meinen Taten und Worten erkennen lasse, dass ich sie schätze und eine hohe Meinung von ihnen habe, die meisten Menschen diese Erwartungen auch erfüllen.

> *Das größte Problem*
> *mit schlechtem Gerede,*
> *Gerüchten und Vorurteilen*
> *gegenüber anderen*
> *Menschen ist, dass Sie Ihre*
> *Klarheit im Kopf verlieren.*

Sie sind nicht mehr in der Lage, objektiv an eine Person oder eine Sache heranzutreten. Integre Menschen sehen die Welt mit einer unbeschreiblichen Klarheit und können damit effektivere Entscheidungen treffen. In seinem tollen Buch „The four agreements" vergleicht der Autor Don Miguel Ruiz Getratsche über andere Menschen mit einem Computervirus in Ihrem Kopf, der jedes Mal dafür sorgt, dass Sie nicht mehr so klar und unbefangen denken können wie zuvor.

Hüten Sie sich vor dummem, sinnlosem Getratsche über dritte Personen. Sei es in Gegenwart anderer oder in der Anonymität des Internets.

Hier ein paar Handlungstipps, wenn Menschen in Ihrer Gegenwart mit dieser negativen Rederei anfangen:

- Sagen Sie etwas Positives über diesen Menschen
- Wechseln Sie radikal das Gesprächsthema
- Halten Sie den Mund
- Entfernen Sie sich vom Gespräch
- Sagen Sie klipp und klar: „Ich habe keine Lust mehr, mich an solchen Gesprächen zu beteiligen."

Seien Sie intern direkt, wenn nötig, aber reden Sie nach außen nur gut über andere

Ich habe einen Trainerkollegen, der das bis zur Perfektion beherrscht: Alex Krüger, Landestrainer des Bayerischen Basketball-Verbandes und Trainer des deutschen Basketballbundes. Im Training, in Mannschaftsbesprechungen und während des Spiels ist er in der Lage, in wenigen Worten seinen Spielern klar und direkt zu sagen, was sie ändern müssen. Nach außen (und außen ist nicht nur die Öffentlichkeit, sondern jeder Mensch, der nicht Teil des Teams ist) verkauft er sein Programm und seine Spieler durchweg positiv. Das Ergebnis: Alex Krüger hat es in den letzten fünf Jahren geschafft, in Nürnberg aus dem Nichts eines der anerkanntesten Nachwuchsprogramme Deutschlands zu etablieren.
In der Basketballbranche war es für mich unerträglich, dass jeder Trainer nur über den anderen geschimpft und gelästert hat. Jeder hat bei Trainerkollegen die Fehler gesucht und das Schlechte hervorgehoben. In meiner elfjährigen Karriere habe ich nur zwei Trainer getroffen, die anders waren: Alex Krüger und Rick Stafford, zurzeit Cheftrainer in Ludwigsburg.

Reden Sie gut über Ihre Kollegen, Mitarbeiter und Kunden. Denn es kommt zu Ihnen zurück. Was Sie aussenden, wird immer in Ihr Leben zurückkehren. Wenn Sie negative Energien in Form von Kritik verbreiten, wird diese negative Energie auf Sie zurückstrahlen. In jedem Unternehmen sollte folgende Regel gelten:

> *„An diesem Ort reden wir nur gut übereinander. Wir reden gut über unseren Arbeitgeber, wir loben unsere Mitarbeiter, wir reden gut über unsere Kunden und vor allem auch gut über unsere Konkurrenten."*

Leider habe ich noch keine Firma gesehen, die das wirklich umsetzt.

Reden Sie gut über Ihre Konkurrenten

Ja, richtig gelesen! Loben Sie Ihre Konkurrenten! Versuchen Sie nie, gut auszusehen, indem Sie andere herabsetzen. Glauben Sie nie, dass Kunden zu Ihnen gerannt kommen, weil Sie Ihre Konkurrenten schlecht reden. Sie sind ziemlich dumm und naiv, wenn Sie das machen.

Ich hatte einmal einen Auftraggeber, der sich für meinen Vortrag interessierte. Im Gespräch erwähnte er, dass er mit seinen Kollegen bereits darüber gesprochen hätte und dieser Mitarbeiter ihm einen anderen Kollegen aus meiner Branche empfohlen hatte. Der Auftraggeber fragte mich, ob ich diese Person kenne.

Natürlich kannte ich sie!

Anschließend erzählte er mir, dass er von anderen gehört hätte, dass diese Person wirklich toll sei und gute Veranstaltungen mache. Ich bestätigte ihm dies alles und sagte, dass er mit dieser Person sicherlich nichts falsch machen würde, sondern echte Qualität bekäme. Anschließend redeten wir über eine mögliche Zusammenarbeit. Am Ende bekam ich den Auftrag. Ich bin mir nicht sicher, ob das passiert wäre, wenn ich meinen Mitstreiter schlechtgeredet hätte …

Was passiert, wenn eine Firma vor Kunden ihre Konkurrenten nur lobt? Die Kunden denken positiv über beide Firmen. Wenn eine Firma einmal zu mir sagt: „Herr Bischoff, wir könnten das für Sie machen, es ist jedoch nicht unser Spezialgebiet. Es gibt da die Firma ABC, die kann das viel besser für Sie machen", dann werde ich in Zukunft eine Möglichkeit suchen, mit beiden Firmen zusammenzuarbeiten.

Es geschah erst wieder vor kurzem: Ich wollte T-Shirts bedrucken. In der ersten Firma kamen wir auf keinen guten Stückpreis. Da sagte der Chef zu mir: „Gehen Sie zu ABC, die haben ein billigeres Druckverfahren und können Ihnen einen besseren Preis anbieten." Natürlich habe ich das gemacht. Doch im Anschluss habe ich mit beiden Firmen gearbeitet. Erstere konnte nämlich zig andere Aufträge für mich ausführen.

Feuern Sie jeden, der das nicht befolgt

Hier ist eine einfache Regel:

> *Schmeißen Sie jeden raus, der vor anderen nicht positiv über Ihr Unternehmen und Ihre Kunden spricht und der die eigenen Mitarbeiter nicht respektiert.*

Jetzt ist schnelles Handeln angesagt, auch wenn solche Kündigungen Ärger geben. Doch hier sollte folgende Maxime gelten:

> *Lieber einen guten Anwalt*
> *als einen miesen Mitarbeiter.*

Wenn Sie das nicht machen, haben Sie langfristig immer ein größeres Problem.

Ich hatte einen Spieler, auf den ich sehr setzte. Leider entwickelte er sich mit der Zeit vor allem in seiner Persönlichkeit in die vollkommen verkehrte Richtung. Bis wir eines Tages an einem Punkt waren, an dem er in einem Team eigentlich nicht mehr führbar war: ständige Alkoholexzesse, Schulschwänzen, mangelnde Trainingseinstellung und Krankmeldungen bei weiten Auswärtsfahrten.

Ich setzte mich damals viel zu lange mit diesem Spieler auseinander, doch eines Tages war das Maß voll. Ich ging zu unserem Manager und sagte ihm, dass der Vertrag mit diesem Spieler sofort aufgelöst werden sollte, was wir zwei Tage später auch taten. Doch in dem Gespräch merkte ich schnell, dass unser Manager mit dieser Entscheidung nicht ganz einverstanden war.

Ein paar Wochen später spielte dieser Spieler auf einmal in der Mannschaft unseres Managers. Damit hatte die Kündigung natürlich vollkommen ihre Wirkung verloren. Das Gegenteil war eher der Fall: Der Spieler erzählte auch noch allen, dass es in seinem neuen Team viel mehr Spaß mache.

Die Erfahrung zeigt, dass sich Menschen von alleine kaum ändern! In der darauffolgenden Saison flog dieser Spieler nämlich auch aus seinem neuen Team raus, nachdem er mit seiner negativen Art die komplette Team-Atmosphäre vergiftet hatte. In der nächsten Saison bekam er noch einmal eine Chance bei seinem alten Verein, nachdem ich dort nicht mehr Trainer war. Nach 18 Monaten, in denen es immer wieder Streit gab und die Trainer Unmengen von Energie und guten Willen in ihn investierten, flog er wieder raus. Jetzt spielt er unterklassig, hat keinen Schulabschluss und keine Ausbildung. Und all das gute Zureden über viele Jahre hat nicht geholfen.

Wenn Sie Mitarbeiter haben, die nicht die nötige Integrität zeigen, dann werfen Sie diese so schnell wie möglich raus. Lieber heute als morgen.

Denn ein fauler Apfel hat die Kraft, Ihren gesamten Baum zu vergiften.

Setzen Sie nie Ihre persönliche Integrität aufs Spiel

Ein integrer Mensch lebt in dem Bewusstsein, dass sich seine persönlichen Überzeugungen, Maßstäbe und Wertvorstellungen in seinem Verhalten ausdrücken. Dazu müssen Sie stehen.

In einem Jahr hatten wir in der deutschen Nachwuchs-Basketball-Bundesliga NBBL ein Team, das zu den Favoriten auf die deutsche Meisterschaft zählte. Unser größtes Problem war jedoch ein gravierendes: Wir konnten nie zusammen trainieren, da zwei Akteure schon fest in der Profimannschaft eingebunden waren.
Einer dieser Akteure war Frank (Name geändert), der zu diesem Zeitpunkt als eines der größten Nachwuchstalente in Deutschland galt. Frank und ich hatten schon jahrelang zusammengearbeitet, und er wusste genau, was ich von ihm erwartete: vollen Einsatz und die Bereitschaft, als Leader des Teams immer sein Bestes zu geben, egal wie gut oder schlecht es bei ihm persönlich lief.
Die Play-Offs begannen, Frank hatte bis dahin nie bei uns mittrainiert und wir hatten eine ganz schwierige Partie in Speyer vor uns. Natürlich spielt ein solcher Spieler, der die ganze Saison in unserer Profimannschaft ist, sofort von Beginn an in der Startaufstellung. Frank hatte nicht seinen besten Tag erwischt und zeigte schon in der ersten Halbzeit die für ihn typischen selbstzerstörerischen Symptome:
Er ließ in seiner Spielintensität nach, begann mit den Schiedsrichtern und Mitspielern zu hadern und mit dem Finger auf andere zu zeigen. Dennoch waren wir zur Halbzeit mit zehn Punkten vorne.

Leider wurde direkt nach der Pause Franks Leistung immer schlechter. Er ließ sich dreimal in Serie von einem viel jüngeren Konkurrenten schlagen, hatte keinerlei Intensität mehr auf dem Spielfeld und schadete so immer mehr der Mannschaft. Eine Situation, die einem Spieler, der das ganze Jahr in der besten Mannschaft Deutschlands trainiert und gespielt hat, nicht passieren darf.

Ich wechselte Frank aus und brachte ihn nicht mehr aufs Feld zurück. Ein Trainer muss in solchen Situationen klar zeigen, dass fehlende Bereitschaft, Aggressivität und Leidenschaft auf dem Spielfeld nicht akzeptabel sind. Von dem mangelnden Vorbild für alle anderen Mitspieler ganz zu schweigen.

Unserem Cheftrainer, Bundestrainer Dirk Bauermann gefiel diese Entscheidung nicht. Deshalb hatten wir zwei Tage später ein Gespräch. Darin kritisierte er mich für meine Entscheidung. Einen Spieler mit solch einem Status dürfe man nicht fast eine ganze Halbzeit auf der Bank sitzen lassen. Auch wenn ich seine Ansicht nachvollziehen konnte, war sie für mich nicht realisierbar. Ich hätte meine persönliche Integrität aufs Spiel gesetzt, weil ich gegen meine Überzeugungen und Werte gehandelt hätte. Damit hätte ich vor allem der Mannschaft geschadet.

In dieser Woche bis zum Play-Off-Rückspiel hatte ich mehrere eindringliche Gespräche und Videoanalysen mit Frank. Im Play-Off-Rückspiel eine Woche später war er der herausragende Mann auf dem Spielfeld, der uns fast im Alleingang in die nächste Runde trug. Er hatte für diesen Moment seine Lektion gelernt!

Harte Integritäts-Lektionen, die wir alle lernen und verstehen müssen

- Wenn jemand sagt: „Ich lüge nie", dann haben Sie wahrscheinlich einen Lügner vor sich.

- Wenn jemand die ganze Zeit nur von seinen Erfolgen berichtet, dann ist er in Wirklichkeit ein ziemlicher Versager.

- Nur die wenigsten Menschen besitzen einen gesunden Menschenverstand, Höflichkeit und Allgemeinwissen.

- Geld macht auch hässliche Menschen sexy.

- Geld regiert die Welt.

- Eigenschaften wie Integrität, Ehrlichkeit, Erfolg und Intelligenz müssen nicht extra zum Ausdruck gebracht werden.
  Sie sind einfach da und werden erkannt.

Christian Bischoffs Schlüsselpunkte zum Thema „Integrität"

- Wenn Sie sagen, dass Sie etwas tun, dann tun Sie es auch! Und zwar nach bestem Wissen, Gewissen und so gut wie irgend möglich!

- Abgemacht ist abgemacht.

- Was Sie tun, spricht so laut zu mir, dass ich nicht mehr höre, was Sie sagen!

- Hören Sie auf, schlecht über andere zu reden.

- Reden Sie nach außen nur gut über andere.

- Folgende Maxime sollte in jedem Unternehmen gelten: An diesem Ort reden wir nur gut übereinander. Wir reden gut über unseren Arbeitgeber, wir loben unsere Mitarbeiter, wir reden gut über unsere Kunden und vor allem auch gut über unsere Konkurrenten.

- Feuern Sie jeden, der diese Maxime nicht befolgt.

- Setzen Sie nie Ihre persönliche Integrität aufs Spiel.

22. MACHEN SIE DEN POSITIVEN UNTERSCHIED

Ich wünsche mir, dass ich Ihnen in diesem Buch den Anstoß geben konnte, dass Sie von nun an einen positiven Unterschied in Ihrem eigenen Leben und damit auch im Leben Ihrer Mitmenschen machen.

Was bedeutet es **„einen positiven Unterschied"** zu machen?

Persönlich

Eines Tages zurückzublicken und sagen zu können: Das war ein lebenswertes Leben. Ich habe meine Möglichkeiten und mein Potenzial voll ausgeschöpft.

Wenn andere zu Ihnen sagen

„Ich wünschte, ich könnte so sein wie Sie. Bitte bringen Sie mir bei, wie Sie das machen." Andere Menschen bewundern an Ihnen eine positive (Charakter-)Eigenschaft, Ihre Fähigkeiten, Ihr Können oder Ihr Wissen.

Beruflich/Privat

Zu wissen, dass wir ein kleiner Teil von etwas Gutem für unsere Gesellschaft (gewesen) sind, das größer, wichtiger und bedeutender ist als man selbst.

Fangen Sie bei sich selbst an! Denn Sie sind in Ihrem Leben die wichtigste Person auf diesem Planeten. In meinen Vorträgen belege ich diesen Punkt folgendermaßen:
Ich frage einen Zuhörer:
„Wie heißen Sie?"

Antwort: „Herr Meyer."

Ich: „Herr Meyer, haben Sie mit Kunden zu tun?"

„Ja."

Ich: „Denken Sie an Ihren größten und wichtigsten Kunden. Sie sind in einer wichtigen Verhandlung mit ihm. Wer ist in diesem Moment der wichtigste Mensch auf diesem Planeten?"

Herr Meyer: „Der Kunde."

Ich überrascht: „Der Kunde? Lassen Sie es mich anders formulieren: Auf der Welt gibt es nur noch zwei Menschen: Sie und Ihren wichtigsten Kunden. Einer von Ihnen muss sofort sterben. Wen möchten Sie tot umfallen sehen?"

Herr Meyer lächelt und antwortet: „Den Kunden!"

Ich halte fest: „Also haben wir jetzt herausgefunden, dass SIE der wichtigste Mensch auf diesem Planeten sind."

Sie sind der wichtigste Mensch in Ihrem Leben! Sorgen, pflegen, kümmern Sie sich um sich selbst. Denn nur, wenn es Ihnen gut geht, können Sie sich mit vollem Einsatz um Ihre Mitmenschen kümmern.

Ich habe eine einfache „Investitionsformel" für uns selbst entwickelt. Wenn Sie diese Investition täglich in sich selbst vornehmen, werden Sie es nicht glauben, wo Sie in zehn Jahren in Ihrem Leben stehen.

Tägliche Investitionsformel fürs Leben:

	Pflegen Sie Ihren Körper (20 Minuten täglich)
+	Bezahlen Sie sich selbst (= sparen. Mind. 10 % des monatlichen Einkommens legen Sie sofort zurück)
+	Bilden Sie sich weiter (30 Minuten täglich)
=	Sie werden es nicht glauben, was Sie für ein tolles Leben in zehn Jahren führen!!!

Pflegen Sie Ihren Körper

Treiben Sie täglich nur 20 Minuten Sport: joggen, walken, Fitnessübungen, Krafttraining usw.

Bezahlen Sie sich selbst

Sparen Sie sich reich. Legen Sie immer etwas zur Seite, um in Ihre eigene finanzielle Zukunft und Unabhängigkeit zu investieren, mindestens 10 % Ihres monatlichen Einkommens.
Jetzt denken Sie vielleicht: „Dafür verdiene ich nicht genug"
Es ist nicht das Entscheidende, was Sie verdienen, sondern was Sie damit machen! Schränken Sie sich in der Gegenwart finanziell etwas ein, um in der Zukunft mehr zu haben.

Bilden Sie sich weiter

Weiterbildung ist das alles Entscheidende im Leben. Sie können nichts erreichen, was Sie nicht kennen. Sie können nicht über Dinge reden, von denen Sie noch nie etwas gehört haben. Bildung ist zunächst wichtiger als praktisches Üben. Erziehung ist wichtiger als Training.
Es gilt folgende Regel im Leben:

Der Mensch, der weiß, WIE man etwas macht, wird immer einen Beruf haben. Der Mensch, der weiß, WARUM man etwas macht, wird immer sein Chef sein.

Bei meinen Vorträgen verdeutliche ich den Satz „Erziehung ist wichtiger als Training" folgendermaßen: Ich frage ins Publikum: „Wer von Ihnen hat eine Tochter im Teenager-Alter?"
Viele Hände gehen nach oben.

Ich frage weiter:
„Möchten Sie, dass Ihre Tochter Sex-Training oder Sex-Erziehung bekommt?"
Alle lachen!
In unserer heutigen Gesellschaft leben fast alle Menschen nach folgender Maxime: Jeder möchte etwas sein, keiner möchte etwas werden.
Doch das Leben zwingt uns zu einer anderen Vorgehensweise:

> *Um in Zukunft mehr zu haben,*
> *müssen wir erst als Menschen*
> *mehr werden.*

Wie werden Sie automatisch „mehr" oder einfach gesagt: besser?
Durch CDs, Bücher, Seminare, lehrhafte Gespräche mit Menschen, die mehr wissen als Sie selbst.

> *„Von der Wiege bis zur Bahre ...*
> *... Seminare, Seminare!"*
> – Martin Betschart, *1964, Schweizer Erfolgstrainer

Sie können nie zu viel lesen oder zu viele Hörbücher anhören.
Arbeiten Sie härter an sich selbst als in Ihrer Arbeit!

Ich fordere Sie auf: Investieren Sie täglich eine halbe Stunde in Ihre persönliche Entwicklung! Eine halbe Stunde täglich – 7 Tage/Woche – 1 Jahr lang = 180 Stunden = mehr als 1 Monat Arbeit.

Bilden Sie sich weiter

> *Denken Sie darüber nach, was Sie tun könnten, um Ihren Marktwert zu erhöhen, wenn Sie das nächste Mal gedankenlos den Fernseher einschalten oder mehrere Stunden im Auto sitzen und nur Musik hören.*

22. BLEIBEN SIE DEMÜTIG, DENN IM LEBEN IST ALLES RELATIV

„Jeder muss verstehen, dass wir doch alle
nur ein kleiner Furz im Kosmos der Zeit sind."
– Klaus Lachmann, Vater eines meiner Spieler in Bamberg

Bleiben Sie ein lebenslanger Lerner, seien Sie offen für Neues, bleiben Sie hungrig und gleichzeitig demütig. Wir sind alle nicht so wichtig, wie wir immer glauben. Jeder ist ersetzbar. Ich bin ersetzbar. Sie sind es auch.

In der Relation der Zeit sind Dinge meistens nicht so wichtig, wie wir sie gerne machen.

Sie glauben, etwas ist sehr gut oder sehr schlecht, eine Sache ist unmöglich, Sie sind erfolgreich oder von Misserfolg geprägt? Alles relativ …

Ein Brief einer Tochter an ihre Eltern unterstreicht den Begriff „Relation":

Liebe Mama,
lieber Papa,

seit ich im Internat bin, war ich, was das Briefeschreiben angeht, sehr nachlässig. Ich will Euch nun auf den neusten Stand bringen, aber bevor Ihr anfangt zu lesen, nehmt Euch bitte einen Stuhl. Ihr lest nicht weiter, bevor Ihr Euch gesetzt habt!

Okay?

Also, es geht mir inzwischen wieder einigermaßen. Der Schädelbruch und die Gehirnerschütterung, die ich mir zugezogen hatte, als ich aus dem Fenster des Wohnheims gesprungen bin, nachdem dort kurz nach meiner Ankunft ein Feuer ausgebrochen war, sind ziemlich ausgeheilt. Ich war nur zwei Wochen im Krankenhaus und kann schon fast wieder normal sehen.

Bleiben Sie demütig, denn im Leben ist alles relativ

Glücklicherweise hat der Tankwart einer Tankstelle das Feuer im Wohnheim und meinen Sprung aus dem Fenster gesehen und die Feuerwehr und den Krankenwagen gerufen. Er hat mich auch im Krankenhaus besucht – und da das Wohnheim abgebrannt war, und ich nicht wusste, wo ich unterkommen sollte, hat er mir netterweise angeboten, bei ihm zu wohnen. Eigentlich ist es nur ein Zimmer im ersten Stock, aber es ist doch recht gemütlich.

Er ist ein sehr netter Junge, und wir lieben uns sehr und haben vor, zu heiraten. Wir wissen noch nicht genau, wann, aber es soll schnell gehen, damit man nicht sieht, dass ich schwanger bin. Ja, Mama und Papa, ich bin schwanger. Ich weiß, wie sehr Ihr Euch freut, bald Großeltern zu sein – und ich weiß, Ihr werdet das Baby gern haben und ihm die gleiche Liebe, Zuneigung und Fürsorge zukommen lassen, die Ihr mir als Kind gegeben habt.

Ich weiß, Ihr werdet meinen Freund mit offenen Armen in unsere Familie aufnehmen. Er ist nett, wenn auch schulisch nicht besonders gebildet. Auch wenn er eine andere Hautfarbe und Religion hat als wir, wird Euch das sicherlich nicht stören.

Jetzt, da ich Euch das Neuste mitgeteilt habe, möchte ich Euch sagen, dass es im Wohnheim nicht gebrannt hat, ich keine Gehirnerschütterung und keinen Schädelbruch hatte, nicht im Krankenhaus war, dass ich nicht schwanger bin, nicht verlobt, und auch keinen Freund habe.
Allerdings bekomme ich eine Sechs in Geschichte und eine Fünf in Chemie, und ich möchte, dass Ihr diese Noten in der richtigen Relation seht!

Eure Tochter Johanna

„In jedem Ende liegt ein neuer Anfang."
– Miguel de Unamuno y Yugo, 1864-1936,
spanischer Philosoph, Dichter und Essayist

Für Ihre Zukunft wünsche ich Ihnen alles Gute!

Mögen Sie die Macht Ihrer eigenen Einstellung in sich immer mehr erforschen und nutzen.

Viel Spaß und Erfolg dabei!
Ihr Christian/Bischoff

Machen Sie den nächsten Schritt in Ihrem Leben –
mit Christian/Bischoff!

Erleben Sie ihn LIVE in seinen „ICH WILL!"-Seminarevents

Alle Informationen und die aktuellen Termine
finden Sie unter:
www.christian-bischoff.com

Nutzen Sie meinen Gutschein!

Mit diesem bekommen Sie und eine weitere Person
20% Nachlass auf das „ICH WILL!"-Seminar.

Wie funktioniert die Anmeldung?

Tragen Sie zunächst Ihre Daten sowie den Termin und den Ort Ihres Wunschseminares ein.

Zum Versenden schneiden Sie den Gutschein aus und schicken Sie diesen **im Original** entweder auf einer Postkarte aufgeklebt oder in einem Briefkuvert an folgende Adresse:

Christian/Bischoff LIFE GmbH
Fichtestraße 12
60316 Frankfurt/Main

Gutschein X3477912

Diese Karte gewährt Ihnen und einer weiteren Person
20% Nachlass auf das „ICH WILL!"-Seminar.

20 %
Gutschein

Vorname, Name

Straße, Hausnummer

Postleitzahl, Ort   E-Mail

Telefonnummer   Mein Wunschseminar (Datum/Ort)

Quellenangaben

Literatur

Allen, R. (2005). *Multiple Streams of Income: How to Generate a Lifetime of Unlimited Wealth.* Hoboken: Wiley.

Buckingham, M. (2007). *Entdecken Sie Ihre Stärken jetzt!* Frankfurt: Campus.

Canfield, J. (2007). *The Success Principles: How to get from where you are to where you want to be.* New York: Harper Collins.

Chan Kim, W. (2005). Der blaue Ozean als Strategie: Wie man neue Märkte schafft, wo es keine Konkurrenz gibt. München: Hanser.

Andere Zeiten e.V. (Hrsg.). *Der andere Advent: Initiativen zum Kirchenjahr.* Fischers Allee 18, 22763 Hamburg

Hartman, T. (1990). *Color Your Future: Using the Character Code to Enhance Your Life.* Littlestone: Fireside.

Hartman, T. (1999). *The Color Code.* New Jersey: Prentice Hall.

Osho (2005). *Freiheit – Der Mut, Du selbst zu sein.* Berlin: Ullstein.

Osho (2004). *Mut: Lebe wild und gefährlich.* Berlin: Ullstein.

Rath, T. (2005). *How full is your Bucket: Positive Strategies for Work and Life.* New York: Perseus.

Rohn, J. (1996). *7 Strategies for Wealth & Happiness.* Ohio: Wheeler.

Rohn, J. (2000). *The Five Major Pieces to the Life Puzzle: A Guide to Personal Success.* Southlake, Texas: Rohn.

Ruiz, M. (2006). *Die vier Versprechen: Ein Weg zur Freiheit und Würde des Menschen.* Berlin: Ullstein.

Spurlock, M. (2004). *Supersize Me (DVD)*. Unterföhring: Paramount.

Winget, L. (2004). *Shut Up, Stop Whining, and Get a Life*. Hoboken: Wiley.

Winkler, M. (1999). *Die neue F. X.-Mayr-Kur: Schlank, gesund und schön durch Darmreinigung*. München: GU.

Zig Ziglar (2000). *See You at the Top*. Gretna, Louisiana: Pelican.

Internet-Quellen

Übergewichts-Statistik aus dem Magazin Focus:
www.focus.de/gesundheit/ernaehrung/news/uebergewicht_
aid_53965.htm

Die Wahrheit über amerikanische Rechtsfälle:
www.usatoday.com/news/opinion/2005-01-30-tort-reform_x.htm

Berichte über kuriose Gerichtsurteile in Deutschland:
www.shz.de/dossiers/uebersicht-kuriose-rechtsfaelle/artikelansicht-
kuriose-rechtsfaelle/article/1062/sturz-eines.html

www.wdr.de/online/panorama/richter_cola_mars/index.phtml

www.channelpartner.de/knowledgecenter/recht/236176/

Die Statistik über das Fernsehverhalten der Deutschen:
www.ftd.de/politik/deutschland/:Die%20Wahrheit%20
Deutschen/263964.html